Beck-Rechtsberater
Immobilienlexikon

dtv

Beck-Rechtsberater

Immobilienlexikon

Recht und Finanzen für Haus und Grund

Von Dr. Torsten Johns

Stand: 1. April 1998

Deutscher Taschenbuch Verlag

Redaktionelle Verantwortung: Verlag C. H. Beck, München
Umschlaggestaltung: Fuhr & Partner Design-Agentur, Frankfurt/M.
Umschlagabbildung: Matthias Hoffmann, München
Satz: primustype Robert Hurler GmbH, Notzingen
Druck und Bindung: C. H. Beck'sche Buchdruckerei, Nördlingen
ISBN 3 423 05669 X (dtv)
ISBN 3 406 44155 6 (C. H. Beck)

Stichwortverzeichnis

(Die im folgenden angeführten Stichwörter sind in alphabetischer Reihenfolge erläutert. Wenn bei einem Stichwort durch → auf ein anderes verwiesen wird, findet sich unter diesem Stichwort eine Erläuterung.)

Abkürzungsverzeichnis

AfA	Absetzung für Abnutzung
AG	Amtsgericht
AGB	Allgemeine Geschäftsbedingungen
AGBG	Gesetz zur Regelung des Rechts der Allgemeinen Geschäftsbedingungen
AIZ	Allgemeine Immobilienzeitung (Zeitschrift)
Art.	Artikel
BauGB	Baugesetzbuch
BauNVO	Baunutzungsverordnung
BauR	Baurecht (Zeitschrift)
BayObLG	Bayerisches Oberstes Landesgericht
BayObLGZ	Entscheidungen des BayObLG in Zivilsachen (Entscheidungssammlung)
BeurkG	Beurkundungsgesetz
BewG	Bewertungsgesetz
BFH	Bundesfinanzhof
BFH/NV	Sammlung amtlich nicht veröffentlichter Entscheidungen des BFH (Zeitschrift)
BGB	Bürgerliches Gesetzbuch
BGH	Bundesgerichtshof
BGHZ	Entscheidungen des Bundesgerichtshofs in Zivilsachen (Entscheidungssammlung)
BMZ	Baumassenzahl
B-Plan	Bebauungsplan
BRS	Baurechtssammlung, Rechtsprechung des Bundesverwaltungsgerichts, der Oberverwaltungsgerichte der Länder und anderer Gerichte zum Bau- und Bodenrecht
BSpKG	Bausparkassengesetz
II. BV	Zweite Berechnungsverordnung
BVerfG	Bundesverfassungsgericht
BVerwG	Bundesverwaltungsgericht
DB	Der Betrieb (Zeitschrift)

DNotZ	Deutsche Notar-Zeitung (Zeitschrift)
DVBl.	Deutsches Verwaltungsblatt (Zeitschrift)
DWW	Deutsche Wohnungswirtschaft (Zeitschrift)
EigZulG	Eigenheimzulagengesetz
ErbbauVO	Erbbaurechtsverordnung
ErbSt	Erbschaftsteuer
ErbStG	Erbschaftsteuergesetz
ESt	Einkommensteuer
EStDV	Einkommensteuerdurchführungs verordnung
EStG	Einkommensteuergesetz
EStR	Einkommensteuerrichtlinien
EU	Europäische Union
FördergebietsG	Fördergebietsgesetz
GBO	Grundbuchordnung
GE	Das Grundeigentum (Zeitschrift)
GewO	Gewerbeordnung
GFZ	Geschoßflächenzahl
GG	Grundgesetz
GrESt	Grunderwerbsteuer
GrEStG	Grunderwerbsteuergesetz
GrSt	Grundsteuer
GrStG	Grundsteuergesetz
GRUR	Gewerblicher Rechtsschutz und Urheberrecht (Zeitschrift)
GRZ	Grundflächenzahl
HBauO	Hamburger Bauordnung
HeizkostenV	Heizkostenverordnung
HOAI	Honorarordnung für Architekten und Ingenieure
KG	Kammergericht/Kommanditgesellschaft
LG	Landgericht
MaBV	Makler- und Bauträgerverordnung
MDR	Monatsschrift für Deutsches Recht (Zeitschrift)
MHG	Miethöheregelungsgesetz
MietRVerbG/MRVG	Mietrechtsverbesserungsgesetz
NJW	Neue Juristische Wochenschrift (Zeitschrift)
NJW-RR	NJW-Rechtsprechungsreport (Zeitschrift)

NVwZ	Neue Zeitschrift für Verwaltungsrecht
OLG	Oberlandesgericht
OLGZ	Entscheidungen der Oberlandesgerichte in Zivilsachen (Entscheidungssammlung)
OVG	Oberverwaltungsgericht
PrangVO	Preisangabenverordnung
RDM	Ring Deutscher Makler
RDM-Rspr.	RDM-Rechtsprechung (Rechtsprechungssammlung zum Makler- und Immobilienrecht)
Rpfleger	Der Deutsche Rechtspfleger (Zeitschrift)
S.	Satz
UPR	Umwelt- und Planungsrecht (Zeitschrift)
USt	Umsatzsteuer
UStG	Umsatzsteuergesetz
UWG	Gesetz gegen den unlauteren Wettbewerb
VDM	Verband Deutscher Makler
5. VermBG	Fünftes Vermögensbildungsgesetz
VersStG	Versicherungsteuergesetz
VOB/A	Verdingungsordnung für Bauleistungen Teil A
VOB/B	Verdingungsordnung für Bauleistungen Teil B
VVG	Versicherungsvertragsgesetz
VwGO	Verwaltungsgerichtsordnung
WE	Wohnungseigentum (Zeitschrift)
WEG	Wohnungseigentumsgesetz
WEM	Wohnungseigentümer-Magazin (Zeitschrift)
WertR	Wertermittlungsrichtlinien
WertV	Wertermittlungsverordnung
WM	Wohnungswirtschaft und Mietrecht (Zeitschrift)
WoPG	Wohnungsbau-Prämiengesetz
WoVermittG	Wohnungsvermittlungsgesetz
WRP	Wettbewerb in Recht und Praxis (Zeitschrift)
ZfBR	Zeitschrift für Baurecht
ZMR	Zeitschrift für Miet- und Raumrecht
ZPO	Zivilprozeßordnung
ZVG	Zwangsversteigerungsgesetz

Literaturverzeichnis

Alheit, H.; Nachbarrecht von A-Z, 6. Aufl., 1996

Bielefeld, V.; Der Wohnungseigentümer, 5. Aufl., 1995

Blank, H.; Mietrecht von A-Z, 16. Aufl., 1998

Bub, W.-R./Schmid, M.; Grundstücke erwerben, belasten und verkaufen, 7. Aufl., 1996

Gerardy, T./Möckel, R.; Praxis der Grundstücksbewertung, 1991

Hauth, M.; Vom Bauleitplan zur Baugenehmigung, 5. Aufl., 1998

Marcks, P.; Makler- und Bauträgerverordnung, 5. Aufl., 1991

Matschke, H. D.; Immobilien ersteigern und auseinandersetzen, 7. Aufl., 1997

Reithmann, C./Meichssner, C. u. a.; Kauf vom Bauträger, 7. Aufl., 1995

Röll, L.; Handbuch für Wohnungseigentümer und Verwalter, 7. Aufl., 1996

Schmidt, W./Fröhlig, B.; Grundbuch lesen und verstehen, 3. Aufl., 1996

Schnell, R.; Haus und Finanzamt, 8. Aufl., 1998

Wegener, U./Sailer, E./Raab, S. W.; Der Makler und sein Auftraggeber, 5. Aufl., 1997

Werner, U./Pastor, W./Müller, K.; Baurecht von A-Z, 6. Aufl., 1995

A

Abberufung des Verwalters beim Wohnungseigentum. Die Abberufung des Verwalters kann mit Stimmenmehrheit beschlossen werden (§ 26 I S. 1 WEG). Die Abberufung kann auf das Vorliegen eines wichtigen Grundes beschränkt werden (§ 26 I S. 3 WEG). Diese Beschränkungsmöglichkeit ist unabdingbar. Andere Beschränkungen sind nicht zulässig (§ 26 I S. 4 WEG). Im übrigen ist die Abberufung des Verwalters jederzeit möglich (BayObLG, BayObLGZ 74, 275); nur, wenn im Verwaltervertrag eine feste Laufzeit vereinbart wurde, kann der Verwalter lediglich aus wichtigem Grunde abberufen werden. Die Gemeinschaft verzichtet mit dieser Festlegung also auf die jederzeit mögliche Abberufung. Ein wichtiger Grund ist, wenn das Vertrauensverhältnis insbesondere durch Vertragsverletzungen des Verwalters so so schwer gestört ist, daß den Wohnungseigentümern eine weitere Zusammenarbeit mit dem Verwalter bis zum Ende der Bestellungszeit nicht zugemutet werden kann (OLG Düsseldorf, DWE 81, 25). Bsp.: Abrechnung wird nicht vorgelegt (LG Freiburg, NJW 68, 1973; BayObLG, WE 93, 276); Konkurs, Vergleich, sonstiger Vermögensverfall der Verwalters (OLG Stuttgart, OLGZ 77, 433); Fälschung des Versammlungsprotokolls (BayObLG, WEM 80, 125). Eine ungerechtfertigte Abberufung hat die Folge, daß die Wohnungseigentümergemeinschaft verpflichtet ist, dem Verwalter gem. § 615 BGB die Vergütung unter Abzug ersparter Kosten bis zum Ende der Vertragszeit fortzuzahlen.

Abbruchgebot. Eine andere Bezeichnung hierfür ist „Rückbau- und Entsiegelungsgebot“ der Gemeinde (§ 179 BauGB). Das Abbruchgebot ist nicht mit der Abbruchanordnung zu verwechseln (Beseitigungsverfügung zur Beseitigung baurechtswidriger Bausubstanz). Das Abbruchgebot ist nur im Geltungsbereich eines B-Plans zulässig. *Zwei Fälle* werden unterschieden: 1. Die bauliche Anlage entspricht nicht den Festsetzungen des B-Plans und kann ihnen nicht angepaßt werden. 2. Die bauliche Anlage weist Mißstände auf, die durch Modernisierung oder Instandsetzung nicht behoben werden können (§ 177 II, III S. 1 BauGB: Bauliche Anlage entspricht nicht den allgemeinen Anforderungen an gesunde Wohn- und Arbeitsverhältnisse; Abnutzung, Alterung, Witterungseinflüsse, Einwirkungen Dritter beeinträchtigen den bestimmungsgemäßen Gebrauch). Das Abbruchgebot ist eine *Duldungsverfügung*; der Eigentümer braucht nicht selbst für den Abbruch zu sorgen (OVG Berlin, BauR 86, 327). Voraussetzung ist stets das Vorliegen *städtebaulicher Gründe* (Bsp.: Hemmung städtebaulicher Entwicklung). Die Gemeinde hat im Rahmen der vorgeschriebenen *Erörterung* (§ 175 I BauGB) Eigentümer, Mieter, Pächter und sonstige Nutzungsberechtigte zu beraten, wie die Maßnahme durchgeführt werden kann und welche Finanzierungsmöglichkeiten aus öffentlichen Kassen bestehen. Bei Wohn- und Geschäftsräumen darf der Abbruchbescheid nur vollzogen werden, wenn *Ersatzraum* zur Verfügung steht (§ 179 II BauGB). Entschädigungsregelung (§ 179 III BauGB): 1. Geldentschädigung (§§ 93 ff . BauGB) für Verlust der baulichen Anlagen und für sonstige Vermögensnachteile oder 2. Übernahmeanspruch gegenüber der Gemeinde (falls wirtschaftlich nicht zumutbar, daß Grundstück zu behalten).

Abbruchgenehmigung. In der Regel bedarf der Abbruch baulicher Anlagen der bauordnungsrechtlichen Genehmigung, da mit dem Abbruch erhebliche Gefahren verbunden sind. Wie für die Genehmigung zum Errichten und Ändern baulicher Anlagen und zum Ausheben von Baugruben (Baugenehmigung), ist auch für die Abbruchgenehmigung Voraussetzung, daß dem Vorhaben keine öffentlichrechtlichen Vorschriften entgegenstehen (z. B. § 69 I HBauO). Die Abbruchgenehmigung an sich reicht oft nicht aus, um einen Abbruch durchführen zu können. Bspw. kann es hierfür noch einer Zweckentfremdungsgenehmigung von Wohnraum oder einer denkmalschutzrechtlichen Genehmigung bedürfen.

Abgeschlossenheitsbescheinigung. *Wohnungen oder sonstige Räume* müssen in sich abgeschlossen sein, damit → Sondereigentum gebildet werden kann; *Garagenstellplätze* gelten als abgeschlossene Räume, wenn ihre Flächen durch dauerhafte Markierungen ersichtlich sind (§ 3 II WEG). Die Bescheinigung wird durch die Bauaufsichtsbehörde erteilt. Sie wird mit dem Aufteilungsplan zusammen beim Grundbuchamt eingereicht, das dann das → Wohnungseigentum ins Grundbuch einträgt. Als „abgeschlossen" gilt ein Bereich eines Hauses im wesentlichen, wenn er einen eigenen abschließbaren Zugang nach außen oder zum Treppenhaus oder zu einem Vorraum hat. Wohnungseigentum muß z. B. eine Kochgelegenheit, ein WC, ein Bad oder eine Dusche haben. Die Erfüllung heutiger Schall- und Wärmeschutznormen ist nicht nötig. Die Aufteilung eines Hauses in Sondereigentum wirkt in der Regel werterhöhend und erleichtert die Veräußerbarkeit.

Ablauf des Zwangsversteigerungsverfahrens. Vereinfachte Darstellung des Verfahrens: Es liegt ein *Vollstreckungstitel* vor, d. h. rechtskräftiges oder vorläufig vollstreckbares Endurteil (§ 704 ZPO) oder sonstiger Schuldtitel (§ 794 ZPO); Bsp.: Vollstreckungsbescheide, Hypotheken- und Grundschuldbestellungsurkunden. Die Zwangsvollstreckung darf nur aufgrund einer mit einer *Vollstreckungsklausel* versehenen Ausfertigung des Urteils erfolgen (§§ 724, 725 ZPO). Die Klausel lautet (§ 725 ZPO): „Vorstehende Ausfertigung wird dem usw. (Bezeichnung der Partei) zum Zwecke der Zwangsvollstrekkung erteilt." Der Notar, der die Hypotheken- oder Grundschuldurkunde verwahrt, erteilt auch die vollstreckbare Ausfertigung (§ 797 II ZPO). Der Titel muß vor oder bei der Vollstreckung *zugestellt* werden. Der Gläubiger beantragt die Zwangsversteigerung, woraufhin von dem Vollstreckungsgericht die Zwangsversteigerung durch Beschluß (*Anordnungsbeschluß*) angeordnet wird (§ 15 ZVG; § 20 ZVG Beschlagnahme des Grundstücks). Voraussetzung ist, daß der Schuldner im *Grundbuch* als Eigentümer eingetragen bzw. Erbe des eingetragenen Eigentümers ist (§ 17 I ZVG). Es erfolgt die *Zustellung des Anordnungsbeschlusses* zum Schuldner bzw. Bevollmächtigten (§§ 176, 178 ZPO) und ins Grundbuch wird ein *Zwangsversteigerungsvermerk* eingetragen (§ 19 I ZVG). Das Verfahren ist auf Antrag des Schuldners einstweilen auf die Dauer von höchstens sechs Monaten einzustellen, wenn Aussicht besteht, das durch die Einstellung die Versteigerung vermieden wird, und wenn die Einstellung nach den persönlichen und wirtschaftlichen Verhältnissen des Schuldners sowie nach der Art der Schuld der Billigkeit entspricht (§ 30 a ZVG, → *einstweilige Einstellung des Zwangsversteigerungsverfahrens*). Erfolgt daraufhin ein ablehnender Beschluß, kann dagegen wiederum das Rechtsmittel der *sofortigen Beschwerde* eingelegt werden. Hat der Schuldner auch damit keinen Erfolg, wird ein vereidigter Sachverständiger zwecks *Schätzung* des beschlagnahmten Grundstücks beauftragt; → Verkehrswert im Zwangsversteigerungsverfahren. Sie ist Grundlage der *Verkehrswertfestsetzung* durch das Gericht. Schließlich wird der *Versteigerungstermin* festgelegt (→ Bekanntgabe des Versteigerungstermins).

Ablösung des Gläubigers durch einen Dritten im Zwangsversteigerungsverfahren. Jeder, der Gefahr läuft, durch Zwangsvollstrekkung ein Recht an dem Gegenstand zu verlieren, ist berechtigt, den Gläubiger zu befriedigen (§ 268 BGB). Dann geht die Forderung nämlich auf ihn über. Bsp.: Im Grundbuch ist ein Wohnrecht an schlechterem Rang eingetragen als eine Grundschuld in Höhe von 10 000,– DM für eine Bank. Im Falle der Zwangsversteigerung durch die Bank würde das Wohnrecht erlöschen. Der Wohnrechtsinhaber zahlt nun die gesamte Forderung der Bank inkl. Zinsen. Befindet sich jetzt noch eine weitere Grundschuld im Grundbuch, die aber rangschlechter ist, und will auch dieser Gläuber die Zwangsversteigerung betreiben, so erlöscht das Wohnrecht nicht, weil es rangschlechter als das Wohnrecht ist. Der Gläubiger des rangbesseren Rechts wurde schließlich befriedigt.

Ablösungsbetrag. Eine andere Bezeichnung ist auch „Ausgleichsbetrag". Die Regelungen finden sich in den Landesbauordnungen (z. B. § 49 HBauO) und den zugehörigen Verwaltungsvorschriften. Bei *Neubauten* (z. B. § 48 HBauO) ist der Bauherr verpflichtet, Stellplätze für Kfz und Fahrradplätze auf dem Grundstück oder in der Nähe herzustellen, wenn ein Zu- und Abfahrtsverkehr zu erwarten ist. Zahl und Größe richtet sich nach Art und Zahl der vorhandenen und zu erwartenden Kfz und Fahrräder der ständigen Benutzer und Besucher der Anlage. Bei *Änderung* der Anlage oder ihrer Nutzung, ist nur der Mehrbedarf infolge dieser Änderung herzustellen. U. U. kann auch bei *bestehenden baulichen Anlagen* die Herstellung von Kfz- und Fahrradplätzen gefordert werden. Die Bauaufsichtsbehörde kann auf die Herstellung von Stellplätzen oder Fahrradplätzen verzichten. Im Gegenzug hat der Eigentümer einen bestimmten Geldbetrag pro nicht hergestellten Platz zu entrichten (Ablösungsbetrag). Der Betrag orientiert sich an den durchschnittlichen Herstellungskosten eines solchen Platzes. Bspw. sieht das Ausgleichsbetragsgesetz in Hamburg für Kfz-Stellplätze Ablösungsbeträge bis zu 32300,– DM bzw. für Fahrradplätze bis zu 3230,– DM vor. Diese Gelder muß die Gemeinde für die Herstellung öffentlicher Parkplätze verwenden (Zweckbindung).

Abnahme. I. *Bauvertragliche Abnahme.* Die Abnahme ist eine Hauptpflicht des Bauherrn im Werkvertragsrecht (§ 640 BGB, § 12 VOB/B). Wesentliche Funktion: Der Bauherr billigt die erbrachte Bauleistung als vertragsgemäß. Wichtige Rechtsfolgen: Gefahr des zufälligen Untergangs oder der Verschlechterung des Bauwerks geht auf den Bauherrn über (§§ 644, 645 BGB; nach § 7 VOB/B bereits *vor* Abnahme!); Verlust des ursprünglichen Erfüllungsanspruchs; Beginn der Gewährleistungsfrist (viel kürzer als die 30jährige Verjährungsfrist des Erfüllungsanspruchs); Gewährleistungs- und Vertragsstrafenansprüche bleiben nur erhalten, wenn der Bauherr die Abnahme unter Vorbehalt seiner Rechte vornimmt; Vergütungsanspruch des Bauunternehmers wird fällig. Drei Formen der Abnahme: 1. *Ausdrückliche (förmliche) Abnahme* (§ 12 Nr. 4 VOB/B); Merkmal dieser Form ist ein Abnahmeprotokoll (Abnahmeniederschrift). Es ist im Grunde eine Niederschrift der vorhandenen, zu beseitigenden Mängel. 2. *Fiktive Abnahme* (§ 12 Nr. 5 VOB/B); Die Abnahme wird fingiert, sobald der Bauunternehmer dem Bauherrn die Fertigstellung des Bauwerks mitteilt (ausdrücklich oder z. B. durch Erteilung der Schlußrechnung) und der Bauherr 12 Werktage verstreichen läßt, ohne daß der Bauherr eine förmliche Abnahme verlangt (falls der Bauherr das Werk schon benutzt: sechs Werktage ab Benutzungsbeginn). 3. *Stillschweigende (konkludente, schlüssige) Abnahme*; der Bauherr kann durch entsprechendes Verhalten den Eindruck erwecken, daß er die erbrachte Leistung als vertragsgemäß billigt (Bsp.: Zahlung des restlichen Werklohns ohne Vorbehalt, OLG Köln, BauR 92, 514). II. *Behördliche Abnahme.* Andere Bezeichnung: Bauzustandsbesichtigung. Die Bauaufsichtbehörde kann die der öffentlich-rechtlichen Vorschriften, Anordnungen und die ordnungsgemäße Erfüllung der Pflichten der am Bau Beteiligten überwachen und durch Stichproben die Ausführung genehmigungsbedürftiger Bauvorhaben überprüfen (z. B. § 77 HBauO). Bekannte behördliche Abnahmen sind die Rohbauabnahme und die Schlußabnahme.

Abrechnung. Der Bauunternehmer hat dem Bauherrn nach Beendigung seiner Arbeiten die erbrachten Leistungen in Rechnung zu stellen (prüfbare Rechnung). Sie muß kontrollierbar und nachvollziehbar sein. Sind die VOB/B Grundlage des Bauvertrags, dann sind die Anforderungen an die Abrechnungen sehr konkret in § 14 VOB/B dargestellt (Zeichnungen, Massenberechnungen usw.); so kommt dem → Aufmaß besondere Bedeutung zu. → Schlußzahlung.

Abschlagszahlung. Zahlungen des Bauherrn auf erbrachte Teilleistungen, deren Ausgleich mit der Schlußabrechnung erfolgt. I. → *Bauvertrag.* Fälligkeitsvoraussetzungen einer Abschlagszahlung: Fertigstellung der Arbeit, Vorlage prüfbarer Bauleistungsaufstellung, Antrag des Bauunternehmers auf Abschlagszahlung. Liegt ein BGB-Bauvertrag vor, so kann der Bauunternehmer nur dann eine Abschlagszahlung verlangen, wenn dies vereinbart wurde. Laut § 641 BGB ist ansonsten erst mit der → Abnahme die Vergütung des Werks fällig. Handelt es sich aber um einen Bauvertrag, in dem die VOB/B vereinbart wurde, hat der Unternehmer auf Antrag Abschlagszahlungen (§ 16 Nr. 1 VOB/B) zu bekommen. Ihre Höhe entspricht den nachgewiesenen Leistungen, also dem Baufortschritt. Sie haben in möglichst kurzen Zeitabständen zu erfolgen. II. *Architektenvertrag.* Der Architekt kann in angemessenen zeitlichen Abständen für nachgewiesene Leistungen Abschlagszahlungen fordern (§ 8 II HOAI). III. *Bauträgervertrag.* Der → Bauträger darf frühestens zu den in § 3 II MaBV beschriebenen Zeitpunkten höchstens bestimmte Teilbeträge gem. Baufortschritt beanspruchen (Ratenplan): 1. 30% der Vertragssumme (in den Fällen, in denen Eigentum am Grundstück übertragen werden soll) bzw. 20% (in den Fällen, in denen ein Erbbaurecht bestellt oder übertragen werden soll) nach Beginn der Erdarbeiten. 2. Rest der Vertragssumme: 40% nach Rohbaufertigstellung, 25% nach Fertigstellung der Rohinstallation inkl. Innenputz, ausgenommen Beiputzarbeiten, 15% nach Fertigstellung der Schreiner- und Glaserarbeiten, ausgenommen Türblätter, 15% nach Bezugsfertigkeit und Zug um Zug gegen Besitzübergabe, 5% nach vollständiger Fertigstellung.

Abschreibung. Siehe auch → Bewirtschaftungskosten. Die Wertminderung von Wirtschaftsgütern kann durch Absetzung für Abnutzung (AfA) als Verlust von den Einkünften abgezogen werden. Spezialfälle sind die erhöhte AfA (anstelle der normalen AfA), die Sonder-AfA (zusätzlich zur normalen AfA), die begrifflich als Sonderabschreibungen zusammengefaßt werden und die Absetzung für Abnutzung für außergewöhnliche technische oder wirtschaftliche Abnutzung (AfaA; zusätzlich zur normalen AfA). Die Höhe der steuerlichen Abschreibung kann von der tatsächlichen Wertminderung abweichen. Steuerliche Abschreibungen bewirken eine geringere Steuerlast des Immobilieneigentümers. I. *Normale AfA*. 1. → *Degressive Abschreibung*. 2. → *Lineare Abschreibung*. II. *Sonderabschreibungen*. 1. *Erhöhte AfA*. Bsp.: *§ 7 h EStG*: Erhöhte Absetzung bei Gebäuden in förmlich festgelegten Sanierungsgebieten und städtebaulichen Entwicklungsbereichen. Im wesentlichen gilt: Der Steuerpflichtige kann max. 10% der Herstellungskosten für Modernisierungs- und Instandsetzungsmaßnahmen im Sinne des § 177 BauGB (→ Modernisierungs- und Instandsetzungsgebot) im Jahr der Herstellung und in den neun folgenden Jahren absetzen. *§ 7 i EStG*: Erhöhte Absetzung bei Baudenkmalen im Sinne der landesrechtlichen Vorschriften (→ Baudenkmal). Abschreibung in Höhe von max. 10% der Herstellungskosten für Baumaßnahmen, die nach Art und Umfang zur Erhaltung des Gebäudes als Baudenkmal oder zu einer sinnvollen Nutzung erforderlich sind. Zeitraum: Im Jahr der Herstellung und in den neun folgenden Jahren kann die Abschreibung in Anspruch genommen werden. 2. *Sonder-AfA*. Bsp.: Sonderabschreibungen nach dem Fördergebietsgesetz. Sie dienen der Förderung der Sanierungsbemühungen in den neuen Bundesländern. Das Fördergebietsgesetz begünstigt die Anschaffung und Herstellung von abnutzbaren unbeweglichen Wirtschaftsgütern (i. w. Immobilien) sowie Modernisierungsmaßnahmen und andere nachträgliche Herstellungskosten (§ 3 FördergebietsG). Voraussetzungen der Förderung: a) Anschaffung bis zum Ende des Jahres der Fertigstellung und bisher für das Wirtschaftsgut keine → degressive AfA, erhöhte AfA oder Sonder-AfA in Anspruch genommen; *oder* b) wenn das Wirtschaftsgut zum Betriebsvermögen des Erwerbers gehört: Anschaffung muß vor dem 1. 1. 1994 erfolgt sein oder nach dem 31. 12. 1993 und dann aber das Wirtschaftsgut mindestens fünf Jahre nach der Anschaffung zu eigenbetrieblichen Zwecken verwenden; *oder* c) Wirtschaftsgut ist nach dem Jahr der Fertigstellung und nach dem 31. 12. 1991 angeschafft worden; Modernisierungsmaßnahmen oder andere nachträgliche Herstellungsarbeiten werden nach Abschluß des Vertrags durchgeführt. – Die Abschreibungssätze (§ 4 FördergebietsG) variieren mit bestimmten Stichtagen. Grob gesagt, kommt es zusätzlich darauf an, ob es sich vielleicht um Anzahlungen auf Anschaffungskosten und Teilherstellungskosten handelt, welchen Zweck die Wirtschaftsgüter wie lange erfüllen (eigenbetrieblicher Zweck, Wohnzweck). Bsp.: Erwerb einer Eigentumswohnung vor dem 1. 1. 1999. Der Kaufpreis wird en bloc an den Bauträger gezahlt. Die Wohnung soll mindestens fünf Jahre Wohnzwecken dienen. Im Jahr der Anschaffung und in den vier folgenden Jahren kann der Erwerber insgesamt 25% der Gebäudeanschaffungskosten abschreiben (zusätzlich zur → linearen AfA). Die Verteilung der Sonder-AfA auf die Jahre bleibt dem Steuerpflichtigen überlassen.

Abstand(s)flächen. Anderer Ausdruck: Bauwich.Vor den Außenwänden von baulichen Anlagen sind Abstandsflächen zur Nachbargrenze freizuhalten, es sei denn, Vorschriften erlauben eine Bebauung an der Nachbargrenze oder schreiben diese sogar vor. Abstandsflächen dienen dem Brandschutz, einer ausreichenden Belichtung und Belüftung und dem Nachbarschutz. Die komplizierte Regelung mit Beschränkungen und Ausnahmen erfolgt in den jeweiligen Landesbauordnungen (z. B. § 6 HBauO). Im Prinzip basiert die Abstandsfläche auf gedanklich heruntergeklappten Außenwänden und zusätzlich einem Anteil an der Dachhöhe.

Abstandzahlung (im weiteren Sinne). Man unterscheidet zwei Formen: I. *Abstandszahlung im engeren Sinne.* Nach § 4 a I S. 1 WoVermittG ist eine Vereinbarung, die den Wohnungssuchenden oder für ihn einen Dritten verpflichtet, ein Entgelt dafür zu leisten, daß der bisherige Mieter die gemieteten Wohnräume räumt, unwirksam. Zweck dieses Verbotes ist es, dem Altmieter die Möglichkeit eines Geschäfts mit dem Wohnungswechsel zu nehmen. Das Entgelt muß nicht in einer Geldzahlung bestehen; denkbar ist auch die Übernahme von Mietschulden. Auch der Vermieter kann Empfänger dieses Entgelts sein. So erhofft sich der Mietinteressent eine höhere

Chance, die Wohnung mieten zu können. Die Rechtsprechung sieht dies aber als eine Art Vermittlungsprovision an (LG Bonn, WM 90, 419). Sie steht dem Vermieter laut § 2 II Nr. 2 WoVermittG nicht zu. Ebenso verhält es sich, wenn der Altmieter für seine Wohnung quasi als Makler auftritt und dafür eine Abstandszahlung verlangt. Eine Abstandszahlung als Umzugskostenerstattung für den Altmieter ist zulässig, wenn die Umzugskosten nachweisbar sind (§ 4 a I S. 2 WoVermittG). II. *Ablösezahlung.* Ein Vertrag, durch den sich der Wohnungssuchende im Zusammenhang mit dem Abschluß eines Mietvertrages über Wohnräume verpflichtet, von dem Vermieter oder dem bisherigen Mieter eine Einrichtung oder ein Inventarstück zu erwerben, ist im Zweifel unter der aufschiebenden Bedingung geschlossen, daß der Mietvertrag zustande kommt. Die Vereinbarung über das Entgelt ist unwirksam, soweit dieses in einem auffälligen Mißverhältnis zum Wert der Einrichtung oder des Inventarstücks steht (§ 4 a II WoVermittG). Zweck dieser Vorschrift ist die Verhinderung einer unzulässigen Abstandszahlung im engeren Sinne (s. o.). Ein auffälliges Mißverhältnis liegt vor, wenn das Entgelt den angemessenen Preis um mehr als 50 % übersteigt (LG Traunstein 27.06.96 – 7 S 1833/96).

Abteilungen des Grundbuchs. Ein → Grundbuchblatt enthält u. a. drei Abteilungen. *1. Abteilung.* Nennung des Eigentümers; bei mehreren Eigentümern ihre Anteile und das Rechtsverhältnis zwischen ihnen. Darstellung der Grundlage der Eintragung (z. B. Kauf, Erbschaft, Zuschlag in der Zwangsversteigerung). *2. Abteilung.* Lasten und Beschränkungen des Grundstücks, mit Ausnahme der in der 3. Abteilung einzutragenden Rechte. Belastungen sind z. B. → Grunddienstbarkeiten, → Reallast, → Nießbrauch, → beschränkte persönliche Dienstbarkeiten, → Erbbaurecht, → Vorkaufsrecht, → Dauerwohnrecht. Beschränkungen sind bspw. Konkursvermerk, Zwangsversteigerungsvermerk. *3. Abteilung.* Eintragung von Hypotheken, Grundschulden, Rentenschulden.

Abtretung des Rechts im Zwangsversteigerungsverfahren. Der Gläubiger kann sein Recht an einen Dritten abtreten. Voraussetzung: Der Vollstreckungstitel (z. B. Grundschuldbestellungsurkunde) muß auf den Namen des Abtretungsempfängers umgeschrieben werden und dem Schuldner erneut zugestellt werden. Der an die Stelle des alten Gläubigers tretenden neue Gläubiger muß die Abtretung zum → Versteigerungstermin anmelden, wenn die Abtretung nach Eintragung des Zwangsversteigerungsvermerks im Grundbuch erfolgt.

Änderung der Bauplanung. Änderungen können notwendig sein, weil spätere behördliche Anordnungen dies erfordern. Oft hat aber auch der Bauherr nachträglich Änderungswünsche. *Bauunternehmer* und Bauherr werden einen neuen Preis für die geänderte Leistung vereinbaren. Bestimmte Änderungen hat der *Architekt* ohne zusätzliche Honorierung zu erbringen. So sieht die Vorplanung (§ 15 II Nr. 2 HOAI) die Untersuchung der alternativen Lösungsmöglichkeiten nach gleichen Anforderungen vor. Werden hingegen für dasselbe Gebäude auf Veranlassung des Auftraggebers mehrere Vor- oder Entwurfsplanungen nach grundsätzlich *verschiedenen* Anforderungen gefertigt, muß dies zusätzlich honoriert werden (§ 20 HOAI); Bsp.: Alternativplanung Hotel/Bürogebäude (OLG Düsseldorf, NJW-RR 91, 981). Sollen abgeschlossene Planungen aufgrund von Umständen geändert werden, die der Architekt nicht zu vertreten hat, so sind diese Änderungen zu honorieren.

Allgemeine Geschäftsbedingungen. AGB sind wegen ihrer Praktikabilität in der Wirtschaft weit verbreitet. Sie sind vorformulierte Verträge für sich wiederholende Geschäftsvorfälle (Formularverträge). Diese Verträge sind nicht Ergebnis eines Aushandelns zwischen den Vertragspartnern für den Einzelfall. Ansonsten lägen *Individualvereinbarungen* vor; sie haben stets Vorrang vor den AGB (§ 4 AGBG). Sie zeichnen sich dadurch aus, daß vorformulierte Klauseln inhaltlich zur Disposition gestellt werden (BGH, NJW 88, 410). Voraussetzung ist aber, daß die *Fähigkeiten und Kenntnisse* der Vertragspartei überhaupt die Möglichkeit geben, Einfluß auf die Vertragsgestaltung zu nehmen (BGH, WM 83, 88). Das Streichen ungewollter Klauseln, das Ankreuzen von Alternativen oder das Vorlesen und inhaltliche Erläutern der Klauseln gilt nicht als Aushandeln. AGB bevorzugen meist denjenigen, der die AGB stellt. Deswegen gibt es das den Vertragspartner schützende AGBG. Die Eigenschaft des für eine Vielzahl von Verträgen *Vorformuliertseins-*

liegt bereits dann vor, wenn eine Vertragsklausel im Gedächtnis vorformuliert wurde und in den Vertrag hineingeschrieben wird. Eine *Vielzahl* ist bereits dann erfüllt, wenn 3 bis 5 Verträge die Vertragsklausel enthalten (BGH, NJW 81, 2344) oder diese mehrfache Verwendung beabsichtigt ist. Auf die Umstellung der Formulierung kommt es dabei nicht an. Seit der Umsetzung einer EU-Richtlinie gilt *gegenüber Verbrauchern eine Sonderregelung*: Hier genügt bereits die einmalige Verwendung eines Vertrags, um als AGB zu gelten (§ 24 a AGBG). Die Bedeutung des AGBG liegt darin, daß es einige Klauselarten als unzulässig und deswegen als unwirksam deklariert. Die Unwirksamkeit bezieht sich aber immer nur auf die betreffende Klausel; der Vertrag bleibt im übrigen wirksam (§ 6 I AGBG). Wirksamkeitsvoraussetzung ist die *Einbeziehung der Klausel in den Vertrag* (§ 2 AGBG). Unwirksam sind sog. überraschende Klauseln (§ 3 AGBG). Sie sind nach den Umständen, insbesondere nach dem äußeren Erscheinungsbild des Vertrags, so ungewöhnlich, daß der Vertragspartner des AGBG-Verwenders mit ihnen nicht zu rechnen braucht. Gleiches gilt für unangemessen benachteiligende Klauseln (§ 9 AGBG). Das sind Klauseln, die mit wesentlichen Grundgedanken der gesetzlichen Regelung, von der abgewichen wird, nicht zu vereinbaren sind oder wesentliche Rechte und Pflichten, die sich aus der Natur des Vertrags ergeben, so einschränken, daß die Erreichung des Vertragszwecks gefährdet wird. In §§ 10, 11 AGBG sind zahlreiche Klauselverbote genannt. Die wichtigen §§ 2, 10, 11 AGBG finden keine Anwendung bei AGB, die gegenüber Kaufleuten verwendet werden und zusätzlich der Vertrag zum Betrieb eines Handelsgewerbes gehört (§ 24 Nr. 1 AGBG).

Allgemeine Geschäftsbedingungen im Maklerrecht. → Allgemeine Geschäftsbedingungen. Bsp. für unwirksame AGB-Klauseln: → Vorkenntnisklausel. → Hinzuziehungs- und Verweisungsklausel. → Qualifizierter Makleralleinauftrag. →Aufwendungsersatz für den Makler i. H. v. 20–25% der vereinbarten Provision (BGH, NJW, 80, 1622). → Vertragsstrafe im Falle der vorzeitigen Lösung vom Alleinauftrag.

Allgemeine Geschäftsbedingungen im Mietrecht. → Allgemeine Geschäftsbedingungen. Bsp. für unwirksame AGB-Klauseln.

Schriftformklausel für Vertragsänderungen ist unwirksam; mündlich ausgehandelte Änderung hat Vorrang (§ 4 AGBG; BGH, NJW 85, 320). Eine Klausel (z. B. Ausschluß der Mängelhaftung) darf nicht an unerwarteter Stelle textlich und graphisch versteckt sein (§ 3 AGBG; OLG Nürnberg, MDR 77, 580). Unwirksam ist die verschuldensunabhängige Haftung des Mieters für Wasserschäden (§ 3 AGBG; OLG Hamm, NJW 82, 2005). Ausschluß der Heizungspflicht in den Sommermonaten benachteiligt den Mieter unangemessen (§ 9 AGBG; LG Hamburg, DWW 88, 209). Uneingeschränktes Tierhaltungsverbot (§ 9 AGBG; LG Frankfurt, WM 90, 271). Wohnungsauszugsgebühr (§ 10 Nr. 7 AGBG; AG Kamen, WM 88, 109). Beweislastumkehr; Mieter soll Vermieter einwandfreien Zustand bei Mietbeginn bestätigen (§ 11 Nr. 15 b AGBG).

Allgemeine Geschäftsbedingungen im privaten Baurecht. → Allgemeine Geschäftsbedingungen. Bsp. für unwirksame AGB-Klauseln: Vollständiger Gewährleistungsausschluß des Bauunternehmers (§ 11 Nr. 10 a AGBG). Verkürzung der Verjährungsfrist auf die der VOB/B, ohne daß die VOB/B als Ganzes Grundlage des Bauvertrags sind (§ 23 Nr. 5 AGBG; BGH, NJW 86, 315).

Allgemeines Wohngebiet. Im → Bebauungsplan eine besondere → Art der baulichen Nutzung für die zur Bebauung vorgesehenen Flächen (Baugebiet) nach § 1 II BauNVO. Allgemeine Wohngebiete (§ 4 BauNVO) dienen vorwiegend dem Wohnen.

Alterswertminderung. Siehe auch → technische Wertminderung. Die Alterswertminderung spielt beim → Sachwertverfahren eine wichtige Rolle. Sie wird der → technischen Wertminderung zugeordnet. Nach § 23 WertV und 3.6.3.1 WertR bestimmt sich die Alterswertminderung wie folgt: Übliche Gesamtnutzungsdauer abzüglich Restnutzungsdauer ergibt das für die Alterswertminderung maßgebliche Alter. Die Wertminderung wegen Alters wird in Prozent der Herstellungskosten angegeben. Der Prozentsatz ist aus der auf einer Formel aufbauenden Tabelle in Anlage 6 WertR zu entnehmen. Entsprechend obiger Vorschrift ist die Alterswertminderung wesentlicher Bestandteil der technischen Wertminderung.

Altlasten. Unter Altlasten versteht man umweltbelastende Bodenverunreinigungen. Meist ist damit eine Gefährdung des Grundwassers verbunden. Altlasten können Altablagerungen sein, also abgelagerte Abfälle (z. B. Mülldeponien). Altlasten können auch dadurch entstanden sein, das auf heute stillgelegten Flächen früher mit umweltschädliche Stoffen gearbeitet wurde (z. B. Chemiefabrik, Tankstelle). Stellen Altlasten eine Gefahr der öffentlichen Sicherheit dar, kann der Grundstückseigentümer (Zustandsstörer) zur Sanierung der Fläche verpflichtet werden. Möglich ist auch eine Heranziehung des Verursachers (Handlungsstörer). Oft ist der Verursacher aber nicht mehr haftbar zu machen (bspw. ist die verursachende Firma konkurs). Dann muß der Grundstückseigentümer die Altlastenbeseitigung vornehmen. In Grundstückskaufverträgen wird die Haftung für Altlasten i. d. R. durch den Verkäufer ausgeschlossen. Dieser Ausschluß der gesetzlichen Sachmängelhaftung (§ 459 BGB) hat aber seine Grenze, wenn der Verkäufer eine Altlast arglistig verschweigt. Wird die Haftung jedoch nicht ausgeschlossen, so verjährt sie in einem Jahr ab der Übergabe (§ 477 BGB). Handelt es sich um Gebiete, die im Bebauungsplan als Flächen gekennzeichnet sind (§ 9 V Nr. 3 BauGB), die mit Bodenverunreinigungen durch umweltgefährdende Stoffe belastet sind oder um durch Rechtsverordnung festgelegte Gebiete (§ 81 X HBauO), so hat dies z. B. in Hamburg Konsequenzen für den Bauherrn. Der Bauantragsteller hat nämlich zusammen mit den Bauvorlagen die Ergebnisse von Bodenuntersuchungen vorzulegen; Art und Umfang etwaiger Bodenverunreinigungen müssen sich aus ihnen ergeben (§ 63 I HBauO).

Aluminiumkaschierung. Dämmplatten haben auf einer Seite meist eine dünne Aluminiumfolie, die so bezeichnet wird. Diese feuchtigkeitsundurchlässige Folie dient als → Dampfsperre. Die Folie muß sich immer auf der Rauminnenseite (wärmste Seite) befinden.

Amortisation. Andere Bezeichnung: Tilgung, Darlehensrückzahlung.

Anderkonto. Andere Bezeichnung: Notaranderkonto. Hierbei handelt es sich um ein Konto bei einem Kreditinstitut, das der Notar speziell für die Abwicklung des jeweiligen Grundstücksgeschäfts eingerichtet hat. Hier werden die Fremdgelder vorübergehend verwaltet. Das ist i. d. R. der Grundstückskaufpreis. Er wird solange auf dem Konto gehalten, bis sämtliche Bedingungen für seine Auszahlung an den Verkäufer erfüllt sind (z. B behördliche Genehmigungen, Eintragung der → Auflassungsvormerkung, Löschung von nicht zu übernehmenden Grundschulden, Eintragung der für die Finanzierung zu bestellenden Grundschulden im Grundbuch).

Anliegerbeiträge. Andere Bezeichnung: Anliegergebühren, Erschließungsbeiträge. Regelung erfolgt in §§ 127 ff. BauGB. Vor der Bebauung eines Grundstücks muß es erschlossen sein. Im wesentlichen versteht man unter Erschließung die Anlage von Straßen, Wegen, Plätzen und Grünanlagen. Im weiteren Sinne zählen auch Be- und Entwässerungsanlagen, die Versorgung mit Elektrizität, Gas und Wärme dazu. Die Erschließungsanlagen ermöglichen erst die Nutzung der Flächen zum Bebauen, werden aber nur *bis* zum Grundstück verlegt. Der Anschluß an die Anlagen ist Bauherrensache. Die Erschließungskosten werden auf die Grundstückseigentümer umgelegt. Verteilungsmaßstäbe sind: Maß der baulichen oder sonstigen Nutzung, die Grundstücksflächen, die Grundstücksbreite an der Erschießungsanlage oder eine Kombination dieser Maßstäbe (§ 131 II BauGB). Nähere Regelungen zur Erschließung finden sich in der jeweiligen Erschließungssatzung (§ 132 BauGB).

Anmeldung des Rechts im Zwangsversteigerungsverfahren. Rechte, soweit sie zur Zeit der Eintragung des Zwangsversteigerungsvermerks aus dem Grundbuch nicht ersichtlich waren, sind spätestens im → Versteigerungstermin vor der Aufforderung zur Gebotsabgabe anzumelden (§ 37 Nr. 4 ZVG). Solche Rechte beziehen sich bspw. auf bestimmte rückständige öffentliche Lasten (§ 10 I Nr. 3 ZVG).

Annuität. Gleichbleibende Jahresleistung des Schuldners gegenüber dem Gläubiger. Da die Raten immer die gleiche Höhe haben, nimmt im Laufe der Zeit der Tilgungsanteil der Annuität zu und der Nominalzinsanteil (→ Nominalzins) ab. Darlehen, die auf Annuitäten basieren, werden Annuitätendarlehen genannt. Zur Berechnung der Annuität siehe → Kapitalwiedergewinnungsfaktor.

Anschaffungskosten. Die Anschaffungskosten einer Immobilie werden für die → Abschreibung benötigt. Von den Anschaffungskosten ist nur der Gebäudeanteil abschreibbar. Grund: Der Bodenanteil unterliegt keiner Abnutzung. Die Anschaffungskosten werden im Verhältnis der Verkehrswerte von Boden- zu Gebäudeanteil aufgeteilt; hilfreich sind dabei die → Bodenrichtwerte der Gutachterausschüsse. Zu den aufzuteilenden Anschaffungskosten zählen Kaufpreis, Maklerprovision, Grunderwerbsteuer, Notar- und Gerichtskosten etc.

Antrag auf Zwangsversteigerung. Die Anordnung der Zwangsversteigerung des Grundstücks muß von dem Gläubiger beim jeweiligen Vollstreckungsgericht beantragt werden (§ 15 ZVG). Aus dem Antrag müssen folgende Angaben bezeichnet werden: Grundstück, Eigentümer, Anspruch, vollstreckbarer Titel. Dem Antrag sind die erforderlichen Urkunden beizufügen (Vollstreckungstitel – z. B. Grundschuldbestellungsurkunde – mit Vollstreckungsklausel und Zustellungsnachweis).

Anzeigepflicht des Mieters. § 545 BGB (Obhutspflicht und Mängelanzeige) bestimmt, daß der Mieter dem Vermieter unverzüglich anzuzeigen hat, wenn sich im Laufe der Mietzeit ein Mangel an der Mietsache zeigt. Das gleiche gilt, wenn eine Vorkehrung zum Schutz der Mietsache gegen eine nicht vorhergesehene Gefahr erforderlich ist oder ein Dritter sich ein Recht an der Sache anmaßt. Unterläßt der Mieter die Anzeige, so ist er zum Schadensersatz verpflichtet; er ist, soweit der Vermieter infolge der Unterlassung der Anzeige Abhilfe zu schaffen außerstande war, nicht berechtigt, Mietminderung (§ 537 BGB) geltend zu machen oder nach § 542 I Satz 3 BGB ohne Bestimmung einer Frist zu kündigen oder Schadensersatz wegen Nichterfüllung zu verlangen (§ 545 II BGB). Die Anzeigepflicht bezieht sich auf jeden Mangel; also nicht nur auf solche, die geeignet sind, die Tauglichkeit zum vertragsgemäßen Gebrauch zu mindern (das wäre nur ein Mangel im Sinne von § 537 BGB), sondern jeder Fehler, der den Vermieter veranlassen kann, einzugreifen (BGH, BGHZ 68, 281). Eine Prüfungs- und Nachforschungspflicht trifft den Mieter allerdings nicht.

Arbeitgeberauskunft. Eine Maßnahme zur → Mieterauswahl. Der Vermieter darf sich beim Arbeitgeber über den Mietinteressenten nur dann informieren, wenn der Mietinteressent ihm dies genehmigt. Ansonsten kann darin eine Verletzung des Persönlichkeitsrechts gesehen werden (Art. 1 I i. V. m. Art. 2 I GG).

Arbeitnehmersparzulage. Die Vermögensbildung der Arbeitnehmer wird vom Gesetzgeber durch das Fünfte Vermögensbildungsgesetz (Fünftes Gesetz zur Förderung der Vermögensbildung der Arbeitnehmer; 5. VermBG) gefördert. Die geförderte Vermögensbildung sind die vereinbarten *vermögenswirksamen Leistungen* des Arbeitgebers zugunsten des Arbeitnehmers. Arbeitnehmer sind Arbeiter, Angestellte und die zu ihrer Berufsausbildung Beschäftigten (§ 1 5. VermBG). Vermögenswirksame Leistungen sind Geldleistungen, die der Arbeitgeber für den Arbeitnehmer anlegt (§ 2 I 5. VermBG). Gefördert werden die verschiedensten Anlageformen (§ 2 5. VermBG). Die Spannbreite geht von (Bau-)Sparverträgen über Kapitallebensversicherungen bis zu Unternehmensbeteiligungen u. a. Die staatliche Förderung dieser vermögenswirksamen Leistungen erfolgt in der Form der Arbeitnehmer-Sparzulage (§ 13 5. VermBG). Die Arbeitnehmer-Sparzulage beträgt, soweit die vermögenswirksamen Leistungen nicht 936,– DM im Kalenderjahr übersteigen, 10% der vermögenswirksamen Leistungen (max. also 93,60 DM pro Jahr). Voraussetzung: Das zu versteuernde Jahreseinkommen darf 27 000,– DM (Alleinstehende) bzw. 54 000,– DM (zusammenveranlagte Ehegatten) nicht übersteigen.

Architektenbindung. Sie liegt vor, wenn der Käufer eines Grundstücks das Grundstück nur unter der Bedingung erwerben kann, daß er einen speziellen Architekten mit der Beplanung des Grundstücks beauftragt. Derartige Verpflichtungen des Käufers sind aufgrund Art. 10 § 3 S. 1 MRVG unwirksam. Sie unterliegen daher dem Kopplungsverbot. Es soll verhindert werden, daß der Käufer sich den Architekten nicht frei aussuchen und sich dabei an dessen Leistungsfähigkeit orientieren kann. Ein so zustande gekommener Architektenvertrag ist nichtig, der Kaufvertrag bleibt jedoch voll bestehen. Das Kopplungsverbot betrifft Architekten jedoch nicht, wenn sie als Bauträger, Generalunternehmer oder Generalübernehmer tätig sind

(BGH, NJW-RR 89, 147). Kopplungsgeschäfte im hiesigen Sinne kommen in zahlreichen Spielarten vor. Z. B. Verpflichtung des Käufers, eine Abstandszahlung an den bisher planenden Architekten zu entrichten (BGH, NJW-RR, 227). Käufer soll verpflichtet werden, den Architektenvertrag des Verkäufers zu übernehmen (BGH, NJW-RR 92, 1372). Architekt weist einem Bauherrn ein Grundstück unter der Bedingung nach, daß er mit der Planung beauftragt wird.

Architektenerfolgshonorar. § 5 IV a HOAI ermöglicht die Vereinbarung eines Erfolgshonorars für kostensenkende besondere Leistungen (zusätzlich zum eigentlichen Honorar nach HOAI). Diese Prämie kann max. 20% der eingesparten Kosten betragen, wobei der Leistungsstandard nicht vermindert werden darf. Nach Abschluß der Leistungsphase 7 (→ Architeketnleistungen) läßt sich die Einsparung gut berechnen.

Architektenhonorar. Vergütung der Architektenleistung. Um das Honorar für die Objektplanung zu berechnen, benötigt man die *anrechenbaren Kosten* des Objekts (§ 10 II HOAI) und die *Honorarzone,* in die das Objekt entsprechend seiner Planungsanforderungen (von sehr gering bis sehr hoch) eingestuft wird. Aus der entsprechenden *Honorartafel* läßt sich nun anhand der anrechenbaren Kosten und der Honorarzone eine Honorarspanne ablesen (*Mindestsatz und Höchstsatz*), innerhalb der sich das vereinbarte Vollhonorar (Gesamthonorar) befinden darf. Dieses Vollhonorar ist mit dem Prozentsatz zu multiplizieren, der sich aus § 15 I HOAI (Tabelle mit den prozentualen Anteilen der neun Leistungsphasen am Vollhonorar) ergibt. Innerhalb dieser Leistungsphasen können noch besondere Leistungen (z. B. Bauvoranfrage) gewählt werden. Die Honorierung hierfür muß in einem angemessenen Verhältnis zur Honorierung der Grundleistung stehen (§ 5 IV HOAI). Falls keine Vergleichbarkeit mit der Grundleistung besteht, kann ein Zeithonorar (§ 6 HOAI) abgerechnet werden. Das Honorar ist fällig, wenn die Leistung vertragsgemäß erbracht und eine prüffähige Honorarschlußrechnung überreicht worden ist (§§ 8, 10 HOAI). Folgende Mindestdaten muß die Rechnung enthalten: Leistungsbild (z. B. Objektplanung), Honorarzone, Honorarsatz, anrechenbare Kosten, erbrachte Leistungen und Prozentsatz der erbrachten Leistungsphasen.

Architektenleistungen. Die Architektenleistungen ergeben sich aus § 15 HOAI. Die gesamte Bandbreite der Architektenleistung (Leistungsbild) läßt sich in sog. Leistungsphasen unterteilen, denen ein prozentualer Anteil an dem Gesamthonorar zugeordnet wird. Die Leistungsphasen können sich auf Gebäude, Freianlagen oder raumbildende Ausbauten beziehen (entsprechen schwanken die prozentualen Anteile am Gesamthonorar). Bezieht sich die Architektenleistung auf Gebäude, so haben die prozentualen Anteile der Leistungsphasen am Gesamthonorar folgende Höhen (§ 15 II HOAI): 1. Grundlagenermittlung 3%; 2. Vorplanung 7%; 3. Entwurfsplanung 11%; 4. Genehmigungsplanung 6%; 5. Ausführungsplanung 25%; 6. Vorbereitung der Vergabe 10%; 7. Mitwirkung bei der Vergabe 4%; 8. Objektüberwachung 31%; 9. Objektbetreuung und Dokumentation 3%. Innerhalb dieser Leistungsphasen können noch besondere Leistungen (z. B. Bauvoranfrage) gewählt werden.

Architektenrahmenvertrag. Rahmenverträge bieten sich bei langfristigen Geschäftsbeziehungen zwischen Bauherr und Architekt an, wenn es darum geht, in der Zukunft öfter Architektenleistungen in Anspruch zu nehmen. So braucht in den jeweiligen Einzelverträgen nur noch auf den Rahmenvertrag Bezug genommen zu werden.

Architektenvertrag. Es handelt sich um einen Werkvertrag gem. §§ 631 ff. BGB. Im Architektenvertrag sollte deutlich vereinbart werden, welche → Architektenleistungen Vertragsgegenstand sein sollen. Es müssen keineswegs alle neun Leistungsphasen vereinbart werden. Anstatt so einer Vollarchitektur ist bspw. auch die Vereinbarung einer Genehmigungsphase (Leistungsphasen 1 bis 4) möglich. Im Architektenvertrag wird auch das → Architektenhonorar geregelt.

Art der baulichen Nutzung. Im → *Flächennutzungsplan* können die für die Bebauung vorgesehenen Flächen nach der *allgemeinen* Art ihrer baulichen Nutzung (Bauflächen) dargestellt werden (§ 1 I BauNVO): Wohnbauflächen (W), gemischte Bauflächen (M), gewerbliche Bauflächen (G), Sonderbauflächen (S). Für die Bebauung vorgesehene Flächen können im → *Bebauungsplan* nach der *besonderen* Art ihrer baulichen Nutzung (Baugebiete) dargestellt werden als (§ 1 II BauNVO): Kleinsiedlungsgebiete (WS), rcine Wohngebiete (WR), allgemeine Wohngebiete (WA), besondere Wohngebiete (WB), Dorfgebiete (MD), Mischgebiete (MI), Kerngebiete (MK), Gewerbegebiete (GE), Industriegebiete (GI), Sondergebiete (SO).

Atrium. Bei Atrium-Häusern der Innenhof, der von allen Seiten umschlossen ist. Die Häuser befinden sich in einer Atriumsiedlung. Mehrere Häuser sind aneinandergebaut.

Attika. Beim Flachdach der erhöhte Rand. Bei Dachgärten wird auch die → Brüstung so bezeichnet.

Aufhebung des Zwangsversteigerungsverfahrens. Das Zwangsversteigerungsverfahren ist aufzuheben, wenn der Versteigerungsantrag von dem (bzw. von allen) Gläubiger(n) zurückgenommen wird (§ 29 ZVG). Die Rücknahme des Zwangsversteigerungsantrags kann formlos erfolgen.

Auflager. Bezeichnung für die Stelle, wo ein getragenes Bauteil auf einem tragenden aufliegt (z. B. Balken auf Stütze).

Auflassung. Regelungen in §§ 873, 925 BGB. Sie ist eine Einigungserklärung von Käufer und Verkäufer. Der Eigentumswechsel bei einem Grundstück erfordert die Einigung zwischen Käufer und Verkäufer, daß das Eigentum auf den Käufer übergehen soll. Diese Erklärung muß im Kaufvertrag ausdrücklich erfolgen (auch möglich: Auflassung nachträglich zum beurkundeten Kaufvertrag erklären). Sie muß bei gleichzeitiger Anwesenheit beider Vertragspartner vor der zuständigen Stelle (meist Notar) abgegeben werden. Der Eigentumswechsel ist aber erst mit der Eintragung im Grundbuch erfolgt. → Auflassungsvormerkung.

Auflassungsvormerkung. Sie sichert den Anspruch des Käufers auf Übertragung des Eigentums (§ 883 BGB). Eine Verfügung, die nach der Eintragung der Vormerkung über das Grundstück getroffen wird, ist insoweit unwirksam, als sie den Anspruch vereiteln oder beeinträchtigen würde. Es ist meist sehr wichtig, daß die Auflassungsvormerkung im Kaufvertrag vereinbart wird, weil zwischen Kaufvertragsabschluß und Eigentumsumschreibung im Grundbuch i. d. R. Wochen, wenn nicht gar Monate vergehen können. Das hat nicht zuletzt seinen Grund in der Überlastung der Grundbuchämter. Auch noch ausstehende behördliche Genehmigungen (z. B. → Grundstücksverkehrsgesetz, → gesetzliches Vorkaufsrecht) tragen zu dieser Wartezeit bei. Ohne eine Auflassungsvormerkung könnte der Verkäufer in jenem Zeitraum weiterhin Verfügungen über das Grundstück treffen, die den Käufer benachteiligen (z. B. nochmaliger Verkauf bei einem andren Notar).

Aufmaß. Haben Bauherr und Bauunternehmer einen → Einheitspreisvertrag geschlossen und keinen Pauschalpreisvertrag (Festpreisvertrag; → Festpreis), benötigt der Bauunternehmer das Aufmaß als Grundlage für seine Schlußabrechnung (→ Abrechnung). Das Aufmaß dient der Feststellung der Leistung hinsichtlich Mengen. Das Aufmaß entspricht auch den Anforderungen an die Abrechnung im Rahmen des § 14 VOB/B. Bauherr und Bauunternehmer können das Aufmaß gemeinsam vornehmen. Dann besteht grundsätzlich eine rechtliche Bindung hinsichtlich der gemeinsamen Feststellungen (BGH, NJW 74, 646). Das Aufmaß ersetzt nicht die → Abnahme. Liegt kein gemeinsames Aufmaß vor, so kann der Bauherr sich immer noch gegen das vom Bauunternehmer selbst gemachte Aufmaß wenden.

Aufrechnung im Mietrecht. Aufrechnung ist die durch Verrechnung erreichte Tilgung zweier sich gegenüberstehender Forderungen. I. *Aufrechnungsrecht des Mieters.* Regelungen in § 552 a BGB. Der Mieter kann die Miete gegen Forderungen aufrechnen, die ihm aus § 538 BGB zustehen. Dies sind: Ersatz des Schadens, der aufgrund von Mängeln entsteht, die bei Vertragsabschluß vorhanden sind oder die später infolge eine Umstands entstehen, den der Vermieter zu vertreten hat. In Frage kommt auch der Ersatz des Schadens, der durch den Mangelbeseitigungsverzug des Vermieters verursacht wird. In diesem Falle kann der Mieter den Mietzins auch gegen die erforderlichen Aufwendungen aufrechnen, die er selbst für die Mangelbeseitigung getragen hat. Über die Aufrechnungsmöglichkeiten des § 552 a BGB hinaus darf der Mieter auch gegen Aufwendungen aufrechnen, die er infolge der Modernisierungsmaßnahmen des Vermieters (§ 541 b BGB) machen mußte (z. B. Reinigungskosten). II. *Aufrechnungsrecht des Vermieters.* Meist wird ein Vermieter gegen die einbehaltene → Kaution aufrechnen. Anlaß für die Aufrechnung ist häufig die unterlassene Schönheitsreparatur durch den Mieter (LG München I, WM 93, 346).

Aufschiebende Bedingung. Sie ist die Abhängigkeit des Wirksamwerdens eines Rechtsgeschäfts von einem ungewissen zukünftigen Ereignis. Tritt das Ereignis ein, ist das Rechtsgeschäft wirksam. Bsp.: Oft wird die Wirksamkeit eines Grundstückskaufvertrags von dem Vorliegen eines positiven → Bauvorbescheids abhängig gemacht.

Aufschrift des Grundbuchs. Auf dem Titelblatt sind im wesentlichen Amtsgericht, Grundbuchbezirk, Nummer des Grundbuchblattes und Bandnummer verzeichnet.

Aufteilungsplan. Der Aufteilungsplan gehört neben der → Abgeschlossenheitsbescheinigung zur Anlage der Eintragungsbewilligung (§ 7 IV WEG). Der Plan ist eine von der Baubehörde mit Unterschrift und Siegel oder Stempel versehene Bauzeichnung, aus der die Aufteilung des Gebäudes sowie die Lage und Größe der im → Sondereigentum und der im gemeinschaftlichen Eigentum (→ Gemeinschaftseigentum) stehenden Gebäudeteile ersichtlich ist (Aufteilungsplan); alle zu demselben → Wohnungseigentum gehörenden Einzelräume sind mit der jeweils gleichen Nummer zu kennzeichnen.

Aufwendungsdarlehen. Instrument im Rahmen der öffentlichen Bauförderung, um die laufende Finanzierungsbelastung zu senken. Das sukzessive gewährte Darlehen ist zinsgünstig ausgestaltet. Die Gewährung des Darlehens ist von verschiedenen Kriterien abhängig (Einkommen, Wohnungsgröße etc.).

Aufwendungsersatz für den Makler. Der Makler kann einen Aufwendungsersatz nur dann beanspruchen, wenn er es im Maklervertrag vereinbart hat (§ 652 BGB). Der Aufwendungsersatz dient dem Makler einige Wagnisse des Maklergeschäfts abzusichern (z. B.

schwer vermittelbares Objekt, erfolglose Beendigung des Maklervertrages). Der Aufwendungsersatz erfaßt nur solche Kosten, die durch den einzelnen Maklerauftrag verursacht werden (z. B. Grundbuchauszug, Anzeigenkosten) und nicht gemeine Kosten, wie die Miete fürs Maklerbüro. Außerdem sind der Arbeitzeitaufwand und der entgangene Gewinn nicht im Aufwendungsersatz enthalten (OLG Frankfurt, DB 86, 1065). In Formularverträgen (→ Allgemeine Geschäftsbedingungen) müssen sich *Aufwendungspauschalen* noch im Rahmen der tatsächlichen Aufwendungen bewegen; gehen sie darüber hinaus, wird die Pauschale als unzulässiges → erfolgsunabhängiges Honorar des Maklers angesehen. Problematisch ist hierbei, die Grenze zwischen Zulässigkeit und Unzulässigkeit zu ziehen. In Individualvereinbarungen hingegen (→ Allgemeine Geschäftsbedingungen) liegt die Grenze erst im Bereich der Sittenwidrigkeit (z. B. 50% der Courtage als Aufwendungsersatz sind zulässig für den Fall, daß der Maklerkunde von der Kaufverpflichtung zurücktritt; BGH, DB 76, 189). Keine Probleme bereitet eine formular- oder individualvertragliche Vereinbarung des Ersatzes von *konkretem Aufwand* (Nennung der Kostenpositionen im Maklervertrag). Grundsätzlich bedarf ein Aufwendungsersatz der *notariellen Beurkundung*, wenn er in der Lage ist, einen wirtschaftlichen Druck zum Abschluß des Kaufvertrags auszuüben. Das hängt vom prozentualen Anteil an der Provision ab (Grenze: 10% der Provision; BGH, RDM-Rspr. A 149–1), aber auch von der absoluten Summe und ihrer Bedeutung für den Zahlungspflichtigen (große Schwierigkeit der Beurteilung aus Maklersicht). In der *Wohnraumvermittlung* ist eine Aufwendungspauschale nicht zulässig. Der Makler darf neben der Courtage nur nachgewiesene Auslagen einfordern und das auch nur soweit sie eine Monatsmiete übersteigen. Der Makler kann aber vereinbaren, daß er bei Nichtzustandekommen des Mietvertrags die nachweisbar entstandenen Auslagen ersetzt bekommt (§ 3 III WoVermittG).

Aufwendungsersatzanspruch des Mieters bei Modernisierung. Unter → Modernisierung sollen hier im Sinne des § 541 b I BGB Maßnahmen zur Verbesserung, zur Einsparung und zur Schaffung neuen Wohnraums verstanden werden. Aufwendungen, die der Mieter im Zusammenhang mit solchen Maßnahmen machen mußte, hat der Vermieter dem Mieter zu ersetzen (§ 541 b III BGB). Diese Aufwendungen umfassen bspw. Kosten der Reinigung, des Tapezierens und Beschaffens neuer Möbel, welche wegen der anderen Stellfläche nötig sind (LG Essen, WM 81, 67). Auch Essenskosten - unter Anrechnung ersparter Kosten - im Falle der Küchenmodernisierung fallen hierunten (LG Hamburg, WM 85, 262). Hinsichtlich der Aufwendungen kann der Mieter Vorschuß verlangen (§ 541 b III BGB).

Ausblühungen. Beton, Putz oder Mauerwerk können weiße Salzausscheidungen bekommen (Kristallkruste). Sie entstehen durch chemische Prozesse im Material. Erst nach Abschluß dieser Prozesse ist mit einem Ende der Verkrustung zu rechnen. Bspw. mit einer harten Bürste oder verdünnter Salzsäure lassen sie sich (vorläufig) entfernen.

Ausführungsplanung. → Architektenleistungen. Die Ausführungsplanung ist Leistungsphase fünf gem. § 15 HOAI. Hier werden die Entwurfsplanung und die Ausführungsplanung durchgearbeitet. Endgültige vollständige Ausführungs-, Detail- und Konstruktionszeichnungen in z. T. sehr großem Maßstab werden angefertigt. Die Planung wird ausführungsreif.

Auskragung. Frei über das → Auflager hinausragende Bauteile (z. B. Träger, Balkon).

Auskunft des bisherigen Vermieters. Eine Maßnahme zur → Mieterauswahl. Ohne Einwilligung des Mietinteressenten kann eine Nachfrage des neuen Vermieters beim bisherigen Vermieter des Mietinteressenten nicht als zulässig erscheinen. Siehe Begründung unter → Arbeitgeberauskunft.

Auskunftspflicht des Vermieters. Die Auskunftspflicht des Vermieters bezieht sich nur auf solche Umstände, die aus Vermietersicht erkennbar für den Mietinteressenten von Bedeutung sind. Der Vermieter kann davon ausgehen, daß der Mietinteressent hinsichtlich solcher Umstände, auf deren Klärung er Wert legt, Fragen stellt (BGH, NJW 82, 376). Aber Umstände, die nur dem Vermieter bekannt sind und die geeignet sind, den Vertragszweck zu behindern, muß der Vermieter von sich aus offenbaren (BGH, DWW 68, 301; z. B. mitteilen, daß der Vermieter selbst nur Untervermieter oder Erbpächter ist). Verletzt der Vermieter seine Auskunftspflicht, stehen dem Mieter die Anfechtung wegen Irrtums (§ 119 BGB), die Anfechtung wegen Täuschung (§ 123 BGB) oder der Schadensersatzanspruch wegen Verschuldens bei Vertragsschluß zu. Möglich ist auch die → Mietminderung, wenn der Mietsache eine zugesicherte Eigenschaft fehlt oder diese später wegfällt (§ 537 II BGB). Die Zusicherung liegt aber i. d. R. nur vor, wenn der Vermieter ausdrücklich erklärt, daß er für das Vorhandensein einer bestimmten Eigenschaft einstehen will.

Ausnahmen und Befreiungen. Oft begriffliche Zusammenfassung unter „Abweichungen" (in neugefaßten Landesbauordnungen). Eine zu enge Anwendung von bauordnungsrechtlichen und bauplanungsrechtlichen Vorschriften kann zu unverhältnismäßigen Erschwernissen von Baugenehmigungen führen. Deswegen sieht § 31 BauGB Ausnahmen und Befreiungen vor, die im Ermessen der Bauaufsichtsbehörde liegen. *Ausnahmen* sind solche Abweichungen vom B-Plan, die im B-Plan nach Art und Umfang bereits vorgesehen sind. *Befreiungen*sind solche Abweichungen, die nicht bereits im B-Plan vorgesehen sind, aber die Grundzüge der Planung nicht berühren, nachbarliche Interessen und öffentliche Belange berücksichtigen. Zusätzlich gelten alternativ die Voraussetzungen: Allgemeinwohl erfordert Befreiung; Abweichung ist städtebaulich vertretbar; Durchführung des B-Plans würde zu einer nicht beabsichtigten Härte führen. Abweichungen sollen *Einzelfallcharakter* haben.

Ausschreibung. Mit dem Ausschreibungsverfahren will der Bauherr Angebote der Baufirmen einholen. Während das formelle Verfahren gem. VOB/A meist von öffentlichen Bauherrn oder bei privaten großen Projekten durchgeführt wird, kommt es sonst zur unverbindlichen Ausschreibung. Die Ausschreibung hat als Grundlage das (Bau-) Leistungsverzeichnis des Architekten. Die angeschriebenen Baufirmen teilen daraufhin ihre Konditionen mit. Der Ausschreibung schließen sich Auftragsvergabeverhandlungen an.

Außenbereich. Ob ein Bauvorhaben zulässig ist, hängt von der Lage des Grundstücks ab: im Geltungsbereich eines qualifizierten B-Plans, im → Innenbereich oder im Außenbereich. Außenbereichsbebauung wird in § 35 BauGB geregelt. Grundsätzlich sind im Außenbereich nur bestimmte Bauvorhaben zulässig (*privilegierte Vorhaben*); Bsp: bestimmte Bauten, die dem land- und forstwirtschaftlichen Betrieb dienen (z. B. Ställe); Bauten für gartenbauliche Erzeugungen; Bauten des Fernmeldewesens und der öffentlichen Versorgung (Wasser, Elektrizität usw.); Vorhaben, die wegen besonderer Anforderungen in den Außenbereich gehören(z. B. Schießstände; BVerwG, BauR 78, 385); Vorhaben im Zusammenhang mit Kernenergie und Wind- oder Wasserenergie. *Sonstige Vorhaben* sind ausnahmsweise zulässig, wenn ihre Ausführung und Benutzung öffentliche Belange nicht beeinträchtigt, und die Erschließung gesichert ist (z. B. Bau eines Ersatzwohnhauses; Erweiterung des Hauses auf zwei Wohnungen).

B

Backstein. Andere Bezeichnung für → Mauerstein.

Bagatellreparaturen. Andere Bezeichnung: Kleinreparaturen. In Mietvertragsformularen kann unter bestimmten Bedingungen ein Teil der Instandsetzungspflicht des Vermieters aus § 536 BGB auf den Mieter übertragen werden. Worauf sich die Bagatellreparaturen beziehen, läßt sich aus § 28 III S. 2 II. BV entnehmen: Kleine Instandhaltungen umfassen nur das Beheben kleiner Schäden an den Installationsgegenständen für Elektrizität, Wasser und Gas, den Heiz- und Kocheinrichtungen, den Fenster- und Türverschlüssen sowie den Verschlußvorrichtungen für Fensterläden. Der BGH (BGH, WM 91, 89) hat folgende Bedingungen für die Übernahme von Bagatellreparaturen aufgestellt: Maximale Höhe der einzelnen Bagatellreparatur 100,– DM (hiervon abweichend 150,– DM – OLG Hamburg, WM 91, 385; OLG München, WM 91, 388; BGH, DWW 92, 207). Festlegung einer Höchstgrenze für einen bestimmten Zeitraum (z. B. Jahr). Beschränkung auf Teile, die dem direkten und häufigen Zugriff des Mieters ausgesetzt sind. Die zeiträumliche Höchstbegrenzung kann mit einer Größenordnung von 300,– bis 400,– DM angenommen werden; 8 bis 10% der Jahresmiete dürfen aber nicht überschritten werden (OLG Stuttgart, WM 88, 149).

Balken. Waagerechte tragende Bauteile aus massivem Holz oder miteinander verleimten Brettern (z. B. im Deckenbereich). Der Begriff kann auch synonym für derartige Bauteile aus anderen Materialien verwendet werden. So z. B. für Träger im Stahlbau, für Unterzug im Stahlbetonbau.

Balkendecke. Eine Decke kann aus in einer Richtung verlegten Balken bestehen, die für andere Bauteile, wie Platten aus Holz u. a. als → Auflager fungieren.

Balustrade. Aus kleinen Säulen bestehendes Brüstungsgeländer. Die kleinen Säulen werden als Baluster bezeichnet.

Bankauskunft. Instrument der → Mieterauswahl.Grundsätzlich unterliegt das Kreditinstitut dem Bankgeheimnis. Kreditinstitute erteilen aber ihren Kunden oder anderen Kreditinstituten für deren Kunden sog. Bankauskünfte (Voraussetzung: berechtigtes Interesse). Sie sind lediglich allgemeine Feststellungen über die wirtschaftlichen Verhältnisse, die Kreditwürdigkeit und Zahlungsfähigkeit des Kunden (z. B. Angaben über ungedeckte Schecks, Kreditüberziehungen ohne ausreichende Sicherheiten, Wechselproteste, Lastschriftrückgaben). Sie umfassen keine zahlenmäßigen Kontostände und dergl. Handelt es sich nicht um ins Handelsregister eingetragene Kaufleute oder um juristische Personen, so bedarf eine Bankauskunft der Einwilligung des betroffenen Bankkunden. Bei unrichtigen Bankauskünften kann sich das Kreditinstitut schadensersatzpflichtig machen.

Bargebot. Bezeichnung für den bar zu zahlenden Teil des geringsten Gebots (§ 49 ZVG). Es ist der Teil des → geringsten Gebots, welcher der Kostendeckung und zur Deckung bestimmter Ansprüche dient (§ 10 Nr. 1 bis 3 und § 12 Nr. 1, 2; z. B. öffentliche Lasten) bzw. der das geringste Gebot übersteigende Teil des Meistgebots.

Barwert. Man kann ihn als Gegenwartswert künftiger Zahlungen umschreiben. Er ist für das → Ertragswertverfahren von großer Bedeutung. Zahlungen in der Zukunft haben rational betrachtet aus heutiger Sicht nicht den Wert, als wenn sie bereits heute gezahlt würden („Geld heute ist mehr wert als Geld morgen„: 1,– DM hat wegen der schleichenden Geldentwertung soviel Wert wie 1,03 DM ein Jahr später). Daher werden die künftigen Zahlungen auf den heutigen Zeitpunkt abgezinst. Man geht also davon aus, daß die Zahlungen, wenn sie bereits heute erfolgen sollten, geringer ausfallen, als wenn sie zu ihren tatsächlichen Zeitpunkten in der Zukunft gezahlt würden. I. *Barwert einer Zahlung*. Bei einem beispielhaften Zinssatz von 6% soll die eigentlich erst in einem Jahr fällige Zahlung in Höhe von 1000,– DM bereits heute erfolgen. Dann würden heute aber nicht 1000,– DM, sondern 1000,– DM/$(1+0{,}06)^n$=*943,40* DM gezahlt werden. Denn 943,40 DM wären bei einer Geldanlage zu einem Zinssatz von 6% in einem Jahr jene 1000,– DM. Obig angewendete Formel nennt sich Abzinsungsfaktor und lautet in allgemeiner Form: $1/(1+i)^n$, wobei i=Zinssatz, n=Zeit in Jahren. Der Abzinsungsfaktor entspricht dem Vervielfältiger in II. für eine Zahlung, d. h. für die Betrachtung eines Jahres (anstatt mehrerer). II. *Barwert mehrerer gleicher Zahlungen*. Bsp.: Zinssatz 6%, an drei Jahresenden werden 1000,– DM fällig. Diese insgesamt 3000,– DM haben heute folgenden Wert: 1000,– DM x $((1+0{,}06)^3-1)/(0{,}06 \times (1+0{,}06)^3)$=*2673,01* DM. Die verwendete Formel nennt man Abzinsungssummenfaktor, nachschüssiger Rentenbarwertfaktor, Vervielfältiger oder Barwertfaktor und ist die Umkehrung des → Kapitalwiedergewinnungsfaktors. Sie lautet allgemein:

$$((1+i)^n-1)/(i \times (1+i)^n).$$

Einfacher ist jedoch die Entnahme der bereits ausgerechneten Barwertfaktoren aus einschlägigen Tabellen.

Bauantrag. Durch Einreichen des Bauantrags wird das Baugenehmigungsverfahren in Gang gesetzt. Der Inhalt des Bauantrags ergibt sich aus der jeweiligen landesrechtlichen Verordnung; z. B. § 2 Bauvorlagenverordnung in Hamburg: Auszug aus Liegenschaftskarte und -buch; Lageplan mindest. 1:500 mit bestimmten Angaben (bspw. Grundstücksgrenzen, vorhandene Bauwerke, Baulasten); Berechnungen über das Nutzungsmaß; Baumbestandsplan; Bauzeichnungen (Grundrisse, Schnitte, Ansichten) mindest. 1:100; Baubeschreibung; Betriebsbeschreibung; Standsicherheitsnachweise etc.

Bauartklassen der Versicherung. Die Prämie der → Hausrat- und → Gebäudeversicherung orientiert sich auch an der Bauartklasse des Gebäudes. So läßt sich jedes Gebäude anhand der Beschaffenheit von Außenwänden (z. B. Mauerwerk, Holzfachwerk) und Dacheindeckung (harte oder weiche Eindeckung) einer Bauartklasse zuordnen. Daraus folgt, daß ein Strohdach die Einordnung eines Hauses in eine ungünstigere Bauartklasse bewirkt (Feuerrisiko).

Bauaufsichtsbehörde. Aufgabe: Kontrolle der Bautätigkeiten (Bauaufsicht). Das umfaßt u. a. Erteilung von → Baugenehmigungen, →

Abbruchgenehmigungen, Abbruchbescheiden (→ Abbruchgebot). Bauaufsichtsbehörden sind meist dreistufig organisiert: untere, obere, oberste Baufsichtsbehörde. Sachlich zuständig sind die unteren Baufsichtsbehörden (Einreichung des Bauantrags usw.).

Baubeschreibung. Sie ist eine allgemeine Darstellung der Baumaßnahme hinsichtlich ihrer baulichen Ausstattung; gerade für den Erwerber eines Neubaus von großem Interesse. Detaillierter ist das → Leistungsverzeichnis, in dem die voraussichtlichen Materialmengen, gegliedert nach Gewerken, angegeben werden. Das Leistungsverzeichnis hat besondere Bedeutung für die → Ausschreibung.

Baubetreuer. Nach § 34 c I Nr. 2 b) GewO bedarf derjenige, der als Baubetreuer, im fremden Namen für fremde Rechnung wirtschaftlich Bauvorhaben vorbereitet oder durchführt der behördlichen Erlaubnis. Der Baubetreuer ist nicht mit dem → Bauträger zu verwechseln. Seine Aufgaben können bspw. die Grundstücks- und Baufinanzierungsbeschaffung, die Koordinierung der Geldflüsse für das Bauvorhaben, aber auch die Vermietung bzw. der Verkauf sein.

Baudenkmal. Eine bauliche Anlage, die als Baudenkmal eingeordnet wird, bedarf bezüglich bestimmter Vorhaben spezieller Genehmigungen. Grundlage sind die *Denkmalschutzgesetze* der einzelnen Bundesländer. Besondere Bedeutung haben diese Gesetze für Abbruch, Instandsetzung, Instandhaltung oder Modernisierung derartiger Bauwerke. Stets ist eine behördliche *Interessenabwägung* nötig. Die Einordnung als Baudenkmal setzt ein öffentliches Interesse an Erhaltung und Nutzung des Bauwerks voraus. Kriterien sind bspw. Seltenheitswert, dokumentarischer, exemplarischer Wert, Alter, Originalität, Integrität des Objektes (VGH, BRS 50, Nr. 135). Das Alter an sich begründet noch keinen Denkmalsstatus. Die Einordnung als Denkmal erfolgt landesrechtlich unterschiedlich: entweder durch bestimmten Verwaltungsakt für das spezielle Objekt (z. B. Eintragung in eine Denkmalliste) oder nur aufgrund einer gesetzlichen Vorschrift. Der Beschränkung durch den Denkmalschutz stehen verschiedene steuerliche Vorteile gegenüber (→ Abschreibung).

Baueinstellung. Anderer Begriff: Stillegung. Die Baueinstellung kann durch die Bauaufsichtsbehörde entsprechend der jeweiligen Landesbauordnung angeordnet werden. Z. B. § 75 HBauO: u. a. Einstellung wegen Beginn des Vorhabens vor Genehmigungszugang (auch → Schwarzbau) oder fehlende Unterrichtung der Nachbarn über genehmigungsbedürftige Bau- oder Abbruchvorhaben durch den Bauherrn spätestens zwei Wochen vor Ausführungsbeginn; Abweichen von Genehmigungen oder Verstoß gegen Vorschriften; Verwendung von Bauprodukten, die unberechtigt mit dem CE- oder Ü-Zeichen versehen sind; . Bei Mißachtung der Baueinstellung kann die Bauaufsichtsbehörde die Baustelle versiegeln oder die vorhandenen Geräte etc. in amtlichen Gewahrsam nehmen.

Bauerwartungsland. Nach § 4 II WertV sind dies Flächen, die nach ihrer Eigenschaft, ihrer sonstigen Beschaffenheit und ihrer Lage eine bauliche Nutzung in absehbarer Zeit tatsächlich erwarten lassen. Diese Erwartung kann sich insbesondere auf eine entsprechende Darstellung dieser Flächen im → Flächennutzungsplan, auf ein entsprechendes Verhalten der Gemeinde oder auf die allgemeine städtebauliche Entwicklung des Gemeindegebiets gründen. Ein Rechtsanspruch auf die tatsächliche Verwirklichung der Erwartung besteht nicht. Gegenüber Flächen der Land- und Forstwirtschaft hat Bauerwartungsland einen höheren Wert. Siehe auch → Entwicklungsstufen des Baulandes.

Baugebot. Regelung in § 176 BauGB. Aus städtebaulichen Gründen kann die Gemeinde ein Baugebot anordnen (z. B. Gestaltung des Ortsbildes, Wohnungsknappheit, bessere Ausnutzung der Infrastruktur; BVerwG, ZfBR 90, 143). Das Baugebot verpflichtet zur Bauantragsstellung. In B-Plan-Gebieten kann die Gemeinde den Eigentümer verpflichten innerhalb angemessener Frist, sein Grundstück gemäß Bebauungsplan zu bebauen oder vorhandene Bauwerke an den B-Plan anzupassen. Außerhalb des B-Plan-Gebiets, aber im → Innenbereich, soll ein Baugebot bewirken, daß das Grundstück baurechtlich entsprechend genutzt wird (insbesondere Baulückenschließung). Fehlt es an wirtschaftlicher Zumutbarkeit, wird entweder von der Durchsetzung des Baugebots abgesehen oder der Eigentümer kann von der Gemeinde die Übernahme des Grundstücks verlangen. Druckmittel der Gemeinde: Zwangsgeld und Enteignung.

Baugeldkonto. Auch: Baukonto genannt. Es handelt sich um ein Kontokorrentkonto, auf dem sich die gesamten aus dem Bauvorhaben und der damit zusammenhängenden Baufinanzierung ergebenden Zahlungsflüsse abspielen.

Baugenehmigung. Siehe auch → Bauschein. Die positive Entscheidung der Bauaufsichtsbehörde über einen → Bauantrag nennt sich Baugenehmigung. Nähere Regelungen in den jeweiligen Landesbauordnungen. Prinzipiell ist das Bauen ohne Baugenehmigung nicht zulässig (Schwarzbau); Konsequenz kann eine Abbruchanordnung sein (→ Abbruchgebot). Eine Baugenehmigung zeigt, daß das Vorhaben den öffentlich-rechtlichen Vorschriften entspricht.

Baugesetzbuch (BauGB). Das BauGB ist rechtliche Grundlage für das Bauordnungs- und Bauplanungsrecht. Tiefergehende Vorschriften ergeben sich aus den Bauordnungen der Bundesländer. Im *ersten Kapitel* (Allgemeines Städtebaurecht) werden folgende Themen geregelt: Bauleitplanung (z. B. Flächennutzungsplan, Bebauungsplan); Sicherung der Bauleitplanung (z. B. Veränderungssperre, Teilungsgenehmigung, gesetzliche Vorkaufsrechte); Regelung der baulichen und sonstigen Nutzung, Entschädigung (z. B. B-Plan-Gebiet, Innenbereich, Außenbereich, Ausnahmen und Befreiungen, Planungsschaden); Bodenordnung (Umlegung, Grenzregelung); Enteignung; Erschließung; Naturschutzmaßnahmen. Das *zweite Kapitel* (Besonderes Städtebaurecht) enthält u. a. folgende Regelungsfelder: Sanierungsmaßnahmen; Entwicklungsmaßnahmen; Erhaltungssatzung und städtebauliche Gebote (z. B. Baugebot). Das *dritte Kapitel* umfaßt u. a. Vorschriften über die Wertermittlung, Zuständigkeiten und gerichtliche Verfahren, das *viete Kapitel* Überleitungs- und Schlußvorschriften.

Baugrenze. Linien in einem Bebauungsplan, bis an die Gebäude herangebaut werden dürfen – ein geringfügiges Überschreiten kann zugelassen werden (§ 23 III BauNVO). Ansonsten ist ein Überschreiten nur für kleinere Bauteile zulässig (z. B. Balkone, Erker).

Baugrenzen gelten sowohl über- als auch unterirdisch. Verwechslungsgefahr mit → Baulinien.

Baugrubenverkleidung. Sie dient der Sicherung der Baugrube gegen Wasser und Wegrutschen des Erdreichs. Oft werden → Spundwände gesetzt.

Bauhandwerkersicherungsgesetz. Das Bauhandwerkersicherungsgesetz bewirkte die Einführung der Vorschrift § 648 a (Sicherheitsleistung des Bestellers) in das BGB. Danach kann der Bauunternehmer vom Bauherrn Sicherheit für die von ihm zu erbringenden Vorleistungen verlangen. Das geschieht in der Weise, daß der Bauunternehmer dem Bauherrn eine angemessene Frist zur Sicherheitsleistung bestimmt, nach deren Ablauf er seine Leistung verweigert. Die Sicherheitsleistung kann bis zur Höhe der voraussichtlichen Vergütung verlangt werden. Als Sicherheit kann bspw. eine Bankbürgschaft dienen. Der Bauunternehmer hat dem Bauherrn die üblichen Kosten der Sicherheitsleistung bis zu einem Höchstsatz von 2% pro Jahr zu erstatten. Die Sicherheitsleistung ist u. a. nicht möglich, wenn der Bauherr eine natürliche Person ist und die Bauarbeiten zur Herstellung oder Instandsetzung eines Einfamilienhauses mit oder ohne Einliegerwohnung ausführen läßt. In diesem Falle ist eine Sicherheitsleistung nur dann möglich, wenn ein Baubetreuer eingeschaltet ist, der über die Finanzierungsmittel des Bauherrn verfügen kann. Hat der Bauunternehmer bereits eine Sicherheit im Sinne des § 648 a BGB, kann er nicht zusätzlich eine → Bauhandwerkersicherungshypothek beanspruchen.

Bauhandwerkersicherungshypothek. Alternative zur Bauhandwerkersicherung (→ Bauhandwerkersicherungsgesetz). Regelung in § 648 BGB. Sieht der Bauunternehmer die Gefahr, seine Vergütung könnte nicht beglichen werden, hat er folgende Möglichkeit: Mittels einstweiliger Verfügung kann er die Eintragung einer Vormerkung auf Einräumung einer Bauhandwerkersicherungshypothek bei Gericht beantragen. Voraussetzung: Glaubhaftmachung der Forderungshöhe durch Vorlage prüffähiger Rechnungen mit den entsprechenden Verträgen. Bleiben Rechtsmittel des Bauherrn erfolglos, wird die Sicherungshypothek ins Grundbuch eingetragen. Nachteil der Sicherungshypothek: meist nur nachrangige Stelle im Grundbuch, wegen bereits eingetragener Grundschulden; daher Unsicherheit für die tatsächliche Sicherheit des Bauunternehmers.

Bauherr. Der Bauherr erstellt ein Bauvorhaben selbst oder durch Dritte entweder für eigene oder für fremde Rechnung.

Bauherrengemeinschaft. Zusammenschluß von → Bauherren für dasselbe Bauvorhaben.

Bauherrenhaftpflichtversicherung. Sie schützt den Bauherrn vor Schadensersatzansprüchen Dritter. Die am Bau Beschäftigten und der Bauherr haben keinerlei Ansprüche. Die Prämienhöhe richtet sich u. a. nach der vereinbarten Versicherungssumme.

Bauherrenmodelle. Anlagekonzeption, die von einem Initiator des betreffenden Projekts prospektmäßig vertrieben wird. Das Projekt wird von einem Baubetreuer (oft der Initiator selbst) und meist auch von einem Treuhänder realisiert. Die notwendigen Verträge werden im Namen und für Rechnung des steuersparwilligen Kapitalanlegers geschlossen. Eine Spielart des Bauherrenmodells ist der geschlossene Immobilienfonds (z. B. in Form der Gesellschaft bürgerlichen Rechts).

Baukosten. Baukosten setzen sich aus reinen Baukosten und Baunebenkosten zusammen. → Baunebenkosten (z. B. Architekten-, Statiker-, Vermessungs-, Finanzierungskosten) betragen erfahrungsgemäß um 20% der Baukosten. Die reinen Baukosten unterteilt man in Rohbau- und Ausbaukosten, wobei beide Positionen rund 50% der reinen Baukosten ausmachen. Eine detaillierte Systematik findet sich in → DIN 276, die der Architekt bspw. für die Vorplanung (→ Architektenleistungen) benögt.

Bauland. Andere Bezeichnung für „baureifes Land“ im Sinne von § 4 IV WertV. Flächen, die nach öffentlich-rechtlichen Vorschriften baulich nutzbar sind.

Baulandwertentwicklung. Die Preisentwicklung des Baulandes ist ein stufenweiser Prozeß, der über die Phasen Bauerwartungsland, Rohbauland und baureifes Land verläuft. → Entwicklungsstufen des Baulandes. In der Anfangsphase des Bauerwartungslandes geht man von einem Wert des Bodens aus, der nur rund 15% des baureifen Landes ausmacht. S. hierzu die nachfolgende Tabelle:

Stufe	Merkmal	v. H. des Wertes von baureifem Land
Bauerwartungsland		
1	Bebauung nach der Verkehrsauffassung in absehbarer Zeit zu erwarten	15–40
2	Im Flächennutzungsplan als Baufläche dargestellt	25–50
3	Aufstellung eines Bebauungsplanes beschlossen	35–60
4	Bebauungsplan aufgestellt. Je nach geschätzter Dauer bis zur Rechtskraft und Grad der Erschließungsgewißheit	50–70
Rohbauland		
5	Innerhalb der im Zusammenhang bebauten Ortsteile gelegen. Erschließung erforderlich	50–70
6	Bebauungsplan rechtskräftig. Bodenordnung erforderlich	60–80
7	Bebauungsplan rechtskräftig. Bodenordnung nicht erforderlich	70–85
8	Bebauungsplan rechtskräftig. Erschließung gesichert	85–95
Baureifes Land		
9	Bebauungsplan rechtskräftig oder innerhalb der im Zusammenhang bebauten Ortsteile gelegen. Erschließung erfolgt oder bereits vorhanden. Erschließungsbeitragspflichtig*)	100

*) In hochwertigen Lagen bleibt die Frage der Erschließungsbeitragspflicht im Gründstücksverkehr vielfach unberücksichtigt.

Entnommen aus: Gerardy, T./Möckl, R.: Praxis der Grundstücksbewertung, 1991

Baulast. Regelungen in den Landesbauordnungen (z. B. § 79 HbauO). Erklärung des Eigentümers oder des Erbbauberechtigten (mit Zustimmung des Eigentümers) gegenüber der Bauaufsichtsbehörde hinsichtlich einer freiwilligen öffentlich-rechtlichen Verpflichtung zugunsten eines anderen Grundstücks. Sie betrifft ein das Grundstück betreffendes Handeln, Dulden oder Unterlassen. Wirksamkeit durch Eintragung ins Baulastenverzeichnis. Die Baulast ist auch gegenüber Rechtsnachfolgern wirksam. Sie geht durch schriftlichen Verzicht der Bauaufsichtsbehörde unter. Weil die Baulast kein Nutzungsrecht gegen den Baulastübernehmer begründet, ist meist eine → Grunddienstbarkeit zugunsten des Eigentümers/Erbbauberechtigten nötig. Baulasten sind nicht aus dem Grundbuch ersichtlich - nur aus dem Baulastenverzeichnis. Bsp. für Baulasten: Zugangsbaulast (§ 4 II HBauO); Baulast für die Errichtung auf mehreren Grundstücken (§ 4 III HBauO); Abstandsflächenbaulast (§ 7 HBauO).

Bauleistungsversicherung. Andere Bezeichnung: Bauwesenversicherung. Durch sie sind Schäden an der Baustelle und ihren Einrichtungen abgedeckt. Im wesentlichen handelt es sich dabei um Handlungen unbefugter Dritter und um höhere Gewalt.

Bauleiter. Bauleiter ist der mit der Objektüberwachung (Bauüberwachung) betraute Verantwortliche (→ Architektenleistungen; Leistungsphase 8). Seine Aufgaben (§ 15 II HOAI): Überwachung der Ausführung, gemeinsames → Aufmaß, → Abnahme, Überwachung der Mängelbeseitigung, → Bauzeitenplan u. a. Die Landesbauordnungen verlangen das Vorhandensein eines „verantwortlichen Bauleiters“ (z. B. § 57 HBauO; als besondere Leistung nach § 15 II HOAI vereinbar). Im Unterschied zum mit der Objektüberwachung beauftragten Bauleiter, ist er gegenüber der Bauaufsichtsbehörde verantwortlich. Der verantwortliche Baulieter hat auch auf den sicheren bautechnischen Betrieb auf der Baustelle zu achten. Beide Bauleiterfunktionen werden oft in Personalunion wahrgenommen.

Bauleitpläne. Aufgabe der Bauleitplanung ist, die bauliche und sonstige Nutzung der Grundstücke in der Gemeinde nach Maßgabe des BauGB vorzubereiten und zu leiten. Bauleitpläne (§§ 1 ff. BauGB) sind der → Flächennutzungsplan (vorbereitender Bauleitplan) und der → Bebauungsplan (verbindlicher Bauleitplan). Sie sollen u. a. einer sozialgerechten Bodennutzung dienen.

Bauliche Veränderung des Gemeinschaftseigentums. Bauliche Veränderungen und Aufwendungen, die über die ordnungsmäßige Instandhaltung oder Instandsetzung des gemeinschaftlichen Eigentums hinausgehen, können nicht mehrheitlich beschlossen werden (§ 22 I S. 1 WEG). Das bedeutet, es muß ein einstimmiger Beschluß vorliegen. Das ist aber nur dann nicht erforderlich, wenn keinem Wohnungseigentümer durch die Maßnahme in seinen Rechten über das bei einem geordneten Zusammenleben unvermeidliche Maß hinaus ein Nachteil erwächst (§ 22 I S. 2 i. V. m. § 14 Nr. 1 WEG); Bsp.: Beeinträchtigung des optischen Gesamtbildes des Hauses, Gefährdung der Statik, belästigende Immissionen. Eine solche Maßnahme kann auch nicht von einem einzelnen Wohnungseigentümer gefordert werden (§ 22 I S. 1 WEG). Hat ein Wohnungseigentümer o. g. Maßnahme nicht zugestimmt, so braucht er sich auch nicht an deren Kosten beteiligen. Allerdings hat er auch keinen Anspruch, an den Nutzungen der Maßnahme beteiligt zu werden (§ 16 III WEG). Der Wohnungseigentümer kann einen Beschluß der Wohnungseigentümergemeinschaft anfechten (§ 23 IV WEG; → Beschlußanfechtung beim Wohnungseigentum).

Baulinie. Im Gegensatz zu → Baugrenzen muß auf dieser im B-Plan verzeichneten Linie gebaut werden – eine geringfügige Abweichung kann zugelassen werden (§ 23 II BauNVO). Ansonsten ist ein Vor- oder Zurückspringen des Baus nur ausnahmsweise zulässig (z. B. Balkone, Erker). Baulinien gelten sowohl über- als auch unterirdisch.

Baumassenzahl. Nach § 21 BauNVO gibt die Baumassenzahl (BMZ)an, wieviel Kubikmeter Baumasse je Quadratmeter Grundstücksfläche zulässig sind. Im wesentlichen ergibt sich die Baumasse aus den Außenmaßen des Gebäudes. Die Obergrenzen der BMZ in den im B-Plan festgesetzten Baugebieten ergeben sich aus § 17 BauNVO.

Baumschutz. Neben der Baugenehmigung ist oft auch die Erlaubnis zum Fällen von Bäumen notwendig. Gemeinden haben die Möglichkeit, Baumschutzsatzungen aufzustellen. In ihnen werden Kriterien festgelegt, welche Bäume gefällt werden dürfen (z. B. Größe, Stammumfang in bestimmter Höhe über dem Erdboden). Ausnahmeregelungen können das Scheitern des Baus verhindern (z. B. Ersatzanpflanzungen, Ausgleichsbeträge).

Baunebenkosten. → Baukosten. Sie sind nicht Bestandteil der anrechenbaren Kosten, die Grundlage für die Berechnung des → Architektenhonorars sind.

Baunutzungsverordnung (BauNVO). Die BauNVO ist als Konkretisierung des BauGB hinsichtlich der Bauleitplanung zu verstehen. Sie behandelt die Themen → Art der baulichen Nutzung, → Maß der baulichen Nutzung (→ Grundflächen-, Geschoßflächen-, Baumassenzahl), Bauweise (→ geschlossene Bauweise, offene Bauweise) und überbaubare Grundstücksfläche (→ Baugrenze, Baulinie). Trotz öfterer Änderung der BauNVO, gelten die alten Fassungen für die während ihrer jeweiligen Gültigkeit aufgestellten oder geänderten Bauleitpläne fort.

Bauordnungsrecht. Eine veraltete Bezeichnung lautet Baupolizeirecht. Im Unterschied zum → Bauplanungsrecht, regelt es die Ausführung des Bauvorhabens auf dem Grundstück, also *wie* letzteres bebaut werden darf (Errichtung, Abbruch, Nutzung usw.). Das Bauordnungsrecht findet seinen Ausdruck im wesentlichen in den Landesbauordnungen (z. B. → Abstandsflächen).

Bauplanungsrecht. Im Unterschied zum → Bauordnungsrecht klärt das Bauplanungsrecht die Frage, *ob* überhaupt ein Grundstück bebaut werden darf. Das Bauplanungsrecht ist im wesentlichen im BauGB und in der BauNVO fixiert.

Baupolizei. Veraltete Bezeichnung für → Bauaufsichtsbehörde.

Bauschein. Bezeichnung für das Schriftstück → „Baugenehmigung“; es muß auf dem Bau stets bereitgehalten werden.

Bauschild. Andere Bezeichnung: Baustellenschild, Bautafel. Regelungen in den Landesbauordnungen. Z. B. § 14 III HBauO: Der Bauherr hat bei der Ausführung genehmigungsbedürftiger Bauvorhaben an der Baustelle, vom öffentlichen Weg aus sichtbar, einen Hinweis mit folgenden Angaben anzubringen: Bezeichnung des Vorhabens, Namen und Anschrift der Bauherrn, Entwurfsverfassers, Bauleiters, Unternehmers der Hauptgewerke. Der Zweck ist die Gefahrenabwehr. Zusätzlich hat das Bauschild fürs Projekt und die Beteiligten auch eine Werbefunktion.

Bausparbeitrag. Im Bausparvertrag mit einer Bausparkasse vereinbarter Sparbeitrag des Bausparers (regelmäßiger Sparbeitrag heißt Regelsparbeitrag). Die Summe aller Bausparbeiträge des Bausparers inkl. der angesammelten Bausparzinsen ergibt das *Bausparguthaben*, das auch als Bauspareinlage bezeichnet wird. Die Bausparzinsen liegen meist nur wenig über dem Zinssatz für Spareinlagen mit gesetzlicher Kündigungsfrist. Dieser Nachteil wird durch die relativ geringe Verzinsung des → Bauspardarlehens ausgeglichen.

Bauspardarlehen. Das Bauspardarlehen ergibt sich aus der Differenz von → Bausparsumme und Bausparguthaben (→ Bausparbeitrag). Meist relativ niedrigverzinsliches, im Grundbuch nachrangig zu sicherndes Darlehen, daß dem Bausparer aufgrund seines Bausparvertrags mit der Bausparkasse gewährt wird. Nach Leistung von Bauspareinlagen hat der Bausparer eine Rechtsanspruch auf Gewährung eines Bauspardarlehens (§ 1 II BSpKG). Das Darlehen ist nur für wohnungswirtschaftliche Maßnahmen zu verwenden (§ 1 III BSpKG: z. B. Errichtung, Beschaffung, Erhaltung und Verbesserung von überwiegend zu Wohnzwecken bestimmten Gebäuden und von Wohnungen, insbesondere von Eigenheimen und Eigentumswohnungen, Erwerb von Bauland und Erbbaurechten). Wann das Bauspardarlehen ausgezahlt wird hängt von den → Zuteilungsvoraussetzungen der Bausparsumme ab.

Bausparkassen. Bausparkassen sind Kreditinstitute, deren Geschäftsbetrieb darauf gerichtet ist, Einlagen von Bausparern (*Bauspareinlagen*) entgegenzunehmen und aus den angesammelten Beträgen den Bausparern für wohnungswirtschaftliche Maßnahmen

Gelddarlehen (→ *Bauspardarlehen*) zu gewähren (§ 1 I BSpKG). Diese Tätigkeit wird als *Bauspargeschäft* bezeichnet. Es darf nur von Bausparkassen betrieben werden. Die *Bausparmasse* (im wesentlichen die Summe aller Bauspareinlage) dient der Gewährung der → Bauspardarlehen. Diese Selbstfinanzierung der Bauspargemeinschaft ergibt eine gewisse Unabhängigkeit vom schwankenden Kapitalmarkt.

Bausparsumme. Summe aus Bausparguthaben und Bauspardarlehen; Grundlage des Bausparvertrags.

Bausperre. Es gibt zwei *gesetzliche Bausperren* (Veränderungssperre, Zurückstellung). Voraussetzung für eine *Veränderungssperre* (§ 14 BauGB) ist, daß ein Beschluß über die Aufstellung eines B-Plans besteht. Zur Verhinderung planungsgefährdender Baumaßnahmen kann die Gemeinde eine Veränderungssperre beschließen (als Satzung, § 16 BauGB). Das bedeutet, daß Vorhaben i. S. d. § 29 BauGB (Errichtung, Änderung von baulichen Anlagen etc.) und Abbrüche nicht durchgeführt werden dürfen. Gleiches gilt für erhebliche oder wesentlich wertsteigernde nicht genehmigungs-, zustimmungs- oder anzeigepflichtige Veränderungen. Ausnahmen sind u. U. möglich. Gesetzlich bereits fixierte Ausnahmen (Bsp.): Die Veränderungssperre berührt nicht Vorhaben, die vor ihrem Inkrafttreten genehmigt wurden. Geltungsdauer (§ 17 BauGB): zwei Jahre, Verlängerung auf drei Jahre; besondere Umstände ermöglichen Verlängerung auf vier Jahre; danach erneuter Beschluß möglich. Entschädigungsanspruch bei längerer Dauer als vier Jahre. Eine *Zurückstellung* von Baugesuchen (§ 15 BauGB) ist dann möglich, falls die Voraussetzungen einer Veränderungssperre gegeben sind, sie aber nicht beschlossen wird bzw. eine beschlossene Veränderungssperre noch nicht in Kraft getreten ist. Geltungsdauer: max. zwölf Monate, Anrechnung bei der Veränderungssperre. Neben den gesetzlichen Bausperren gibt es die *faktische Bausperre*. Bsp.: rechtswidrige Ablehnung des Bauantrags. Sie beginnt etwa drei Monate nach Einreichen des Bauantrags. Anrechnung bei der Geltungsdauer von Veränderungssperre und Zurückstellung.

Bausummenüberschreitung. Darunter versteht man die Abweichung der tatsächlichen Baukosten von den durch den Architekten prognostizierten Baukosten. Die vorhergesagten Baukosten sind laut § 10 II HOAI die Kostenschätzung (Vorplanung; → Architektenleistungen), die Kostenberechnung (Entwurfsplanung; → Architektenleistungen) und der Kostenanschlag (Mitwirkung bei der Vergabe; → Architektenleistungen). Die Bausummenüberschreitung kann eine Schadensersatzpflicht des Architekten auslösen. Sollte der Mehraufwand zu einer Wertsteigerung des Baugrundstücks geführt haben, muß diese gegengerechnet werden (BGH, BauR 94, 268). Auch, wenn der Architekt notwendige Kosten vergessen hat, gelten diese nicht als schadensersatzpflichtige Größe; sie wären sowieso angefallen („Sowiesokosten"). Zwei Situationen werden unterschieden: 1. *Architekt hat Baukostengarantie gegeben.* Voraussetzung ist eine vorlegbare ausdrückliche Vereinbarung zwischen Architekt und Bauherr. Der Architekt muß die klare Aussage treffen, daß er für die Mehrkosten einsteht. Die bloße Nennung der geschätzten Herstellungskosten im Architektenvertrag gilt nicht als Garantie (OLG Düsseldorf, DAB 94, 65). Der Architekt hat dann für die ersatzfähigen Mehrkosten einzutreten. 2. *Architekt hat keine Baukostengarantie gegeben.* Dem Architekten werden Toleranzgrenzen hinsichtlich der Bausummenüberschreitung zugebilligt. Die Höhe der Toleranzgrenzen ist sicherlich davon abhängig, ob die Kostenprognose eine Kostenschätzung, eine Kostenberechnung oder ein Kostenanschlag war (s. o.); in dieser Reihenfolge ist eine zunehmende Treffsicherheit (sprich: geringere Abweichung) zu vermuten. Trotzdem ist es der Rechtsprechung nicht gelungen, einheitliche Toleranzgrenzen festzulegen. Die Schwankungsbreite ist erheblich: z. B. 14, 86% (OLG Hamm, BauR 91, 246), 30% (OLG Stuttgart, BauR 77, 426).

Bautagebuch. Obwohl keine Pflicht des Bauherrn zur Führung eines Bautagebuchs besteht, empfiehlt es sich in Hinblick auf mögliche Streitigkeiten mit den am Bau Beteiligten. Die Führung eines Bautagebuchs durch den Architekten ist in der Grundleistung der Leistungsphase 8 (Objektüberwachung; → Architektenleistungen, Bauleitung) aufgeführt (§ 15 II HOAI). Bspw. werden Angaben gemacht über das Wetter, Beginn und Beendigung von Arbeiten, Baustellenzustand (Unfallverhütungsvorschriften), Anwesenheit des Architekten, Geräte- und Materialeinsatz, Arbeitsunterbrechungen, Unfälle.

Bautenstandsbericht. Besondere Bedeutung hat der Bautenstandsbericht für die Darlehensteilauszahlung. Der Bericht über die (Teil-) Fertigstellung des Bauwerks dient dem Darlehensgeber zur Orientierung, ob jeweils ein bestimmter Bauabschnitt erreicht ist, der als Bedingung für die Teilauszahlung vereinbart wurde.

Bauträger. Der Bauträger ist selbst → Bauherr. Er baut auf eigenem Grundstück im eigenen Namen für eigene oder für fremde Rechnung. Bauträger benötigen für ihre Tätigkeit die Erlaubnis nach § 34 c GewO. Bauträger kann demnach nicht werden, wer nicht die erforderliche Zuverlässigkeit besitzt (z. B. innerhalb der letzten fünf Jahren rechtskräftige Verurteilung wegen Diebstahls, Erpressung, Betrugs) oder wer in ungeordneten Vermögensverhältnissen lebt (z. B. Konkurs eröffnet). Darüberhinaus muß der Bauträger bei der Ausführung seiner Tätigkeit die Makler- und Bauträgerverordnung (MaBV) beachten. Das bedeutet für ihn bspw. Erfüllung bestimmter Sicherungspflichten bezüglich entgegengenommener Vermögenswerte des Auftraggebers (→ Abschlagszahlung, → Freistellungserklärung), Verwendungsbeschränkungen der Auftraggebergelder, Getrennte Vermögensverwaltung der Auftraggebergelder, bestimmte Buchführungspflichten. Die Einhaltung der MaBV-Vorschriften wird nach § 16 MaBV kalenderjährlich durchgeführt (z. B. durch Wirtschaftsprüfer). Verstöße sind Ordnungswidrigkeiten. Siehe auch → Baubetreuer.

Bauvertrag. Vereinbarung (Werkvertrag) zwischen Bauunternehmer und Bauherr bezüglich der Bauwerkserstellung. Er kann sich auf das gesamte Bauwerk oder auch nur auf ein einzelnes Gewerk beziehen. Der Werkvertrag wird auch als Werklieferungsvertrag bezeichnet. Wichtige Formen des Bauvertrags sind → Einheitspreisvertrag und Pauschalpreisvertrag (→ Festpreis). Besondere Bedeutung kommt der Frage zu, ob es sich um einen Bauvertrag auf BGB-Grundlage (Werkvertragsrecht §§ 631 ff. BGB) oder VOB/B-Grundlage (→ Verdingungsordnung für Bauleistungen) handelt.

Gerade bei → Abnahme, → Abrechnung, → Abschlagszahlung und → Gewährleistungsansprüchen bestehen wesentliche Unterschiede.

Bauvoranfrage. Nähere Regelungen in den Landesbauordnungen. Gegenüber dem Bauantrag ist die Bauvoranfrage als weniger aufwendige Vorabklärung der Baumöglichkeit anzusehen. Insofern reduziert sie im Falle des negativen Ausgangs der Anfrage die vergeblichen Planungskosten und Gebühren.Die Fragen, die in der Bauvoranfrage gestellt werden, bekommen durch den → Bauvorbescheid eine verbindliche Antwort, die auch später für die Baugenehmigung gilt.

Bauvorbescheid. Er wird aufgrund einer → Bauvoranfrage erteilt. Im Gegensatz zur viel ausführlicheren Baugenehmigung berechtigt der Bauvorbescheid aber noch nicht zum Beginn der Bauarbeiten. Ein Vorbescheid gibt dem Käufer eines Baugrundstücks hinreichende Sicherheit für die Realisierung seines Vorhabens; daher sollte er vor dem endgültigen Kauf eines Grundstücks vorliegen.

Bauvorlagen. Unterlagen, die dem → Bauantrag beigefügt werden müssen.

Bauzeitenplan. Der Bauzeitenplan (meist in Form eines Balkendiagramms) dient der zeitlichen Koordination aller Arbeiten auf der Baustelle. Der Bauzeitenplan sollte gerade bei der Einzelvergabe von Bauleistungen Bestandteil des → Bauvertrags sein. Wichtig ist, daß er stets den sich ändernden Umständen auf der Baustelle angepaßt wird (Fortschreibung). Der Bauzeitenplan und seine Überwachung sind in der Leistungsphase 8 (Objektüberwachung) enthalten (→ Architektenleistungen).

Bearbeitungsgebühren. I. d. R. werden für die Bearbeitung von Darlehensanträgen Bearbeitungsgebühren berechnet. Sie liegen z. B. bei 1% der beantragten Darlehenssumme.

Bebauungsplan. Er ist neben dem → Flächennutzungsplan einer der beiden → Bauleitpläne (verbindlicher Bauleitplan). Der B-Plan gibt die rechtsverbindlichen Festsetzungen der städtebaulichen Ordnung wieder (§ 8 BauGB). Liegt ein Flächennutzungsplan vor, so ist er aus diesem zu entwickeln. Bspw. kann der B-Plan folgende Festsetzungen enthalten (§ 9 BauGB): → Art und → Maß der baulichen Nutzung, Bauweise (→ Baunutzungsverordnung), überbaubare Grundstücksfläche (→ Baunutzungsverordnung), Mindestmaße für die Grundstücke, höchstzulässige Zahl der Wohnungen in Wohngebäuden, Verkehrsflächen, Führung von Versorgungsleitungen. zu unterscheiden sind qualifizierter und einfacher B-Plan. Der *qualifizierte B-Plan* enthält allein oder gemeinsam mit sonstigen baurechtlichen Vorschriften Mindestfestsetzungen: Art und Maß der baulichen Nutzung, überbaubare Grundstücksflächen, örtliche Verkehrsflächen. Fehlt eine dieser Festsetzungen, liegt ein *einfacher B-Plan* vor. Ein Bauantrag wird dann nach den § 34 BauGB (Zulässigkeit von Vorhaben innerhalb der im Zusammenhang bebauten Ortsteile) und § 35 BauGB (Bauen im Außenbereich) entschieden. → Ausnahmen und Befreiungen vom B-Plan sind möglich.

Beitritt zu einem Zwangsversteigerungsverfahren. Wird nach der Anordnung der Zwangsversteigerung ein weiterer → Antrag auf Zwangsversteigerung des Grundstücks gestellt, so erfolgt kein Anordnungsbeschluß (→ Ablauf des Zwangsversteigerungsverfahrens), sondern ein Beitrittsbeschluß (§ 27 ZVG). Das bedeutet, daß der Beitritt des Antragstellers zu dem Verfahren zugelassen wird. Der Gläubiger, zu dessen Gunsten der Beitrittsbeschluß ergeht, hat dieselben Rechte, wie wenn auf seinen Antrag hin die Versteigerung angeordnet wäre.

Bekanntgabe des Versteigerungstermins. Der Termin für die Zwangsversteigerung muß sechs Wochen vor dem Termin im Amtsblatt des jeweiligen Amtsgerichts bekanntgemacht werden (§ 43 I ZVG); wird diese Frist nicht eingehalten, so ist der Versteigerungstermin aufzuheben und ein neuer zu bestimmen. Wenn das Versteigerungsverfahren einstweilig eingestellt war, beträgt die Bekanntmachungsfrist zwei Wochen. Inhalt der Bekanntmachung: Objektbezeichnung; Zeit und Ort der Versteigerung; Hinweis auf die Zwangsvollstreckung; Aufforderung, die einstweilige Einstellung bzw. die Aufhebung des Verfahrens zu bewirken, falls ein der Versteigerung entgegenstehendes Recht (bspw. Eigentum eines Dritten am → Zubehör eines Grundstücks) besteht; Aufforderung, die Rechte anzumelden, welche nach der Eintragung des Zwangsversteigerungsvermerks im Grundbuch eingetragen wurden.

Belehrungspflicht des Notars. Nach § 17 BeurkG hat der Notar die Pflicht, den Willen der Parteien zu erforschen, den Sachverhalt zu klären, die Beteiligten über die rechtliche Tragweite des Geschäfts zu belehren und ihre Erklärungen klar und unzweideutig in der Niederschrift wiederzugeben. Er muß darauf achten, daß Irrtümer und Zweifel vermieden sowie unerfahrene und ungewandte Beteiligte nicht benachteiligt werden. Zweifel, ob das Geschäft dem Gesetz oder dem wahren Willen der Beteiligten entspricht, soll der Notar mit den Beteiligten erörtern. Bestehen die Beteiligten trotz der Zweifel des Notars auf der Beurkundung, soll der Notar die Belehrung und die dazu abgegebenen Erklärungen der Beteiligten in der Niederschrift vermerken. Die Belehrungspflicht des Notars erschöpft sich demnach in den rechtlichen Auswirkungen des Vertrags. Wirtschaftliche oder steuerliche Wirkungen zu erläutern, ist nicht von der notariellen Belehrungspflicht abgedeckt.

Beleihungsgrenze. Sie gibt die Höhe des Anteils am → Beleihungswert an, der vom Darlehensgeber finanziert werden kann. In der Kreditwirtschaft liegen diese Grenze meist zwischen 40 und 80% des Beleihungswertes. Darüber hinaus sind i. d. R. weitere Sicherheiten und höhere Darlehenszinsen zu akzeptieren.

Beleihungsunterlagen. Der Darlehensgeber möchte vor der Darlehensgewährung den → Beleihungswert feststellen und dann darüber ein Urteil fällen, ob und in welcher Höhe ein Darlehen gewährt werden soll. Hierzu benötigt er bestimmte Beleihungsunterlagen: z. B. Grundbuchauszug, Auszug aus dem Liegenschaftsbuch, beglaubigte Abschrift des Kaufvertrags, Objektfotos, Wirtschaftlichkeitsberechnung, Grundsteuer- und Einheitwertbescheid, Bauzeichnungen, Baubeschreibung, Lageplan, Nachweise über die Gebäudeversicherungen.

Beleihungswert. Der Beleihungswert ist Grundlage für die Darlehensgewährung. Zur Feststellung des Beleihungswerts benögt man die → Beleihungsunterlagen. Nach dem Beleihungswert richtet sich die → Beleihungsgrenze. Der Beleihungswert ist im wesentlichen der Verkehrswert, der noch um einen internen Sicherheitsabschlag des Darlehensgebers verringert wird. So beträgt der Beleihungswert meist max. 90% des Verkehrswerts.

Beratungsgebühr des Maklers. Ein Anspruch auf Entgelt für die Vermittlung oder den Nachweis der Gelegenheit zum Abschluß von Mietverträgen über Wohnräume steht dem Wohnungsvermittler nur zu, wenn infolge seiner Vermittlung oder infolge seines Nachweises ein Mietvertrag zustande kommt (§ 2 I WoVermittG). Außer diesem Entgelt (Erfolgshonorar) dürfen für Tätigkeiten, die mit der Vermittlung oder dem Nachweis der Gelegenheit zum Abschluß von Mietverträgen über Wohnräume zusammenhängen, sowie für etwaige Nebenleistungen keine Vergütungen irgendwelcher Art, insbesondere keine Einschreibgebühren, Schreibgebühren oder Auslagenerstattungen, vereinbart oder angenommen werden. Dies gilt nicht, soweit die nachgewiesenen Auslagen eine Monatsmiete übersteigen. Es kann jedoch vereinbart werden, daß bei Nichtzustandekommen eines Mietvertrages die in Erfüllung des Auftrages nachweisbar entstandenen Auslagen zu erstatten sind (§ 3 III WoVermittG). Durch diese Vorschrift wird verhindert, daß der Makler für ohnehin maklertypische Leistungen (z. B. Beratung hinsichtlich der Mietvertragsgestaltung) zusätzlich eine Honorierung fordern kann. Zudem ist es wettbewerbswidrig (§ 3 UWG), in der Werbung auf jene sowieso kostenlosen Leistungen hinzuweisen und den Eindruck zu erwecken, sie würde regulär kostenpflichtig sein.

Bereitstellungszinsen. Meist werden dem Darlehensnehmer irgendwann ab Darlehenszusage Bereitstellungszinsen für noch nicht in Anspruch genommene Darlehensbeträge berechnet. Der Zeitpunkt, ab wann Bereitstellungszinsen erhoben werden, ist sehr unterschiedlich. Genauso schwankt die Höhe der Bereitstellungszinsen (bspw. sind 4% p. a. durchaus möglich). Bereitstellungszinsen sind nicht im → Effektivzins enthalten. Sie müssen also zusätzlich bei den Finanzierungsangeboten verglichen werden.

Beschlagnahme. Der Anordnungsbeschluß zur Zwangsversteigerung gilt zugunsten des Gläubigers als Beschlagnahme des Grundstücks (§ 20 I ZVG). Sie wird mit Zeitpunkt wirksam, in dem der Anordnungsbeschluß (→ Ablauf des Zwangsversteigerungsverfahrens) dem Schuldner zugestellt wird (§ 22 I S. 1 ZVG). Sie wird auch mit dem Zeitpunkt wirksam, mit dem das Ersuchen um Eintragung des Versteigerungsvermerks dem Grundbuchamt zugeht (§ 22 I S. 2 ZVG). Die Beschlagnahme betrifft ebenfalls diejenigen Gegenstände, auf welche sich bei einem Grundstück die Hypothek erstreckt (§ 20 II ZVG). Was das ist, beantwortet § 1120 BGB: z. B. → Zubehör, soweit es Eigentum des Grundstückseigentümers ist. Nach § 21 I ZVG umfaßt die Beschlagnahme auch land- und forstwirtschaftliche Erzeugnisse. Aber bspw. Miet- und Pachtzinsforderungen und das Recht des Pächters auf den Fruchtgenuß sind von der Beschlagnahme nicht betroffen (§ 21 II, III ZVG). Die Beschlagnahme hat die Wirkung eines Veräußerungsverbots (§ 23 I ZVG).

Beschlußanfechtung beim Wohnungseigentum. Der Wohnungseigentümer kann einen Beschluß der Wohnungseigentümergemeinschaft anfechten (§ 23 IV WEG; → Beschlußanfechtung). Die Anfechtung hat aber innerhalb eines Monats seit Beschlußfassung zu erfolgen. Das Amtsgericht, in dessen Bezirk das Grundstück liegt, entscheidet im Verfahren der freiwilligen Gerichtsbarkeit auf Antrag eines Wohnungseigentümers oder des Verwalters über die Gültigkeit von Beschlüssen der Wohnungseigentümer (§§ 23 IV i. V. m. 43 I Nr. 4 WEG).

Beschränkte persönliche Dienstbarkeit. Regelungen in §§ 1090 bis 1093 BGB. Ein Grundstück kann in der Weise belastet werden, daß demjenigen, zu dessen Gunsten die Belastung erfolgt, berechtigt ist, das Grundstück in bestimmter Weise zu benutzen oder daß ihm eine sonstige Befugnis zusteht, die den Inhalt einer → Grunddienstbarkeit bilden kann (§ 1090 BGB). Wesentlicher Unterschied zur Grunddienstbarkeit ist die Berechtigung einer *bestimmten* Person und nicht des *jeweiligen* Eigentümers. Eine besondere Form der beschränkten persönlichen Dienstbarkeit ist das Wohnungsrecht (auch Wohnrecht genannt), wie es in § 1093 BGB dargestellt ist (Anwendung der Vorschriften über den → Nießbrauch). Bspw. für

Schenkung oder Erbschaft kann ein Wohnrecht als Gegenleistung vereinbart werden. Im Gegensatz zu diesem dinglichen Wohnrecht, kann das sog. → Dauerwohnrecht (§§ 31 ff. WEG) veräußert und vererbt werden.

Besichtigungsrecht der Wohnungseigentümer. Jeder Wohnungseigentümer ist verpflichtet, das Betreten und die Benutzung der im Sondereigentum stehenden Gebäudeteile zu gestatten, soweit dies zur Instandhaltung und Instandsetzung des gemeinschaftlichen Eigentums erforderlich ist; der hierdurch entstehende Schaden ist zu ersetzen (§ 14 Nr. 4 WEG). Insofern kann der Verwalter vom Wohnungseigentümer verlangen, daß er ihm Zutritt zu seinem Sondereigentum verschafft.

Besichtigungsrecht des Vermieters. Ein Besichtigungsrecht des Vermieters ergibt sich aus Treu und Glauben (§ 242 BGB). Die Rechtsprechung hat dem Vermieter für die verschiedensten Situationen ein Besichtigungsrecht zu gebilligt (z. B. Modernisierung, Instandsetzung, Verkauf, Weitervermietung). Der Vermieter kann ohne Grund alle zwei Jahre eine Kontrollbesichtigung der Wohnung durchführen (LG Stuttgart, ZMR 85, 273). Jede Besichtigung ist wenigstens 24 Stunden vorher anzumelden (AG Köln, WM 86, 86). Bei berufstätigen Mietern haben zwischen Anmeldung und Besichtigung vier Tage zu liegen (AG Lüdenscheid, WM 90, 489). Die ortsüblichen Besuchzeiten liegen ca. zwischen 10 bis 13 Uhr und zwischen 15 bis 18 oder 20 Uhr. Der Vermieter kann den Mieter auf Duldung der Besichtigung zu verklagen (§ 890 ZPO).

Besondere Leistungen. Architektenleistungen (z. B. § 15 II HOAI mit beispielhaften Nennungen), die zu den → Grundleistungen hinzutreten, diese ganz oder teilweise ersetzen (Honorar: § 5 IV, V HOAI). Treten sie zu den Grundleistungen hinzu, kann für sie ein schriftlich vereinbartes Honorar berechnet werden. Voraussetzung ist aber, daß sie im Verhältnis zu den Grundleistungen einen nicht unerheblichen Arbeits- und Zeitaufwand verursachen. Das Honorar muß in angemessenem Verhältnis zu dem Honorar für die Grundleistung stehen, mit der die besondere Leistung vergleichbar ist. Bei fehlender Vergleichbarkeit ist ein Zeithonorar zu wählen. Ersetzt die besondere Leistung die Grundleistung ganz oder teilweise, ist sie mit der Honorarhöhe in Rechnung zu stellen, die dem Honorar der Grundleistung entspricht. Bsp. für besondere Leistungen sind: Mitwirken bei der Kreditbeschaffung, → Bauvoranfrage, Mitwirken bei der Beschaffung der nachbarlichen Zustimmung.

Besondere Wohngebiete. Im → Bebauungsplan eine besondere → Art der baulichen Nutzung für die zur Bebauung vorgesehenen Flächen (Baugebiet) nach § 1 II BauNVO. Besondere Wohngebiete (Gebiete zur Erhaltung und Entwicklung der Wohnnutzung; § 4 a BauNVO) sind überwiegend bebaute Gebiete, die aufgrund ausgeübter Wohnnutzung und vorhandener sonstiger Anlagen eine besondere Eigenart aufweisen und in denen unter Berücksichtigung dieser Eigenart die Wohnnutzung erhalten und fortentwickelt werden soll. Besondere Wohngebiete dienen vorwiegend dem Wohnen; sie dienen auch der Unterbringung von Gewerbebetrieben und sonstigen Anlagen, soweit diese Betriebe und sonstigen Anlagen nach der besonderen Eigenart des Gebiets mit der Wohnnutzung vereinbar sind.

Bestandsschutz. Bestandsschutz läßt sich durch den eigentumsschützenden Art. 14 GG begründen. Ist ein Bauwerk *rechtmäßig* errichtet worden, ist es gegen nachträgliche Rechtsänderungen geschützt. Es kann daher nicht die Beseitigung des Bauwerks gefordert werden (BGH, NVwZ 86, 245). Problem: Abgrenzung der Maßnahmen, die mit dem Bestandsschutz im Einklang stehen und denen, die über den Bestandsschutz hinausgehen. Bestandsschutz beinhaltet das Recht auf Maßnahmen zur Erhaltung und zeitgemäßen Nutzung (BVerwG, NJW 86, 2126). Dabei muß die Identität des Gebäudes gewahrt bleiben. Erhaltungsmaßnahmen dürfen nicht den Charakter eines Neubaus oder gar Ersatzbaus annehmen. Ein Auswechseln des Dachgebälks wegen Holzbockbefalls ist aber bspw. möglich. Gleiches gilt für den Wiederaufbau nach einem Brand (BVerwG, DVBl. 75, 501).

Bestandsverzeichnis des Grundbuchs. Das → Grundbuchblatt enthält u. a. das Bestandsverzeichnis. Hier sind im wesentlichen Grundstücke, Miteigentumsanteile, → grundstücksgleiche Rechte eingetragen. Sie werden in bestimmter Weise erfaßt. Und zwar durch

Aufführung von: → Gemarkung, Karte (→ Flur, → Flurstück), Liegenschaftsbuch (→ Kataster), Wirtschaftsart und Lage, Größe.

Bestehenbleibende Recht. Hierunter versteht man diejenigen Rechte, die vom Ersteher im Rahmen der Zwangsversteigerung zu übernehmen sind. Es bleiben die Rechte bestehen, die im Verhältnis zum Recht des Gläubigers an einer besseren Rangstelle stehen. Voraussetzung: Der Anordnungsbeschluß bezüglich dieses rangbesseren Rechts ist dem Schuldner vier Wochen vor dem → Versteigerungstermin zugestellt worden (§ 44 II ZVG). Siehe auch → Erlösverteilung im Zwangsversteigerungsverfahren.

Bestellung des Verwalters beim Wohnungseigentum. Regelung in § 26 WEG. Der Verwalter ist für die Verwaltung des Gemeinschaftseigentums zuständig. Über die Bestellung und Abberufung des Verwalters beschließen die Wohnungseigentümer mit Stimmenmehrheit. Die Bestellung darf auf höchstens fünf Jahre vorgenommen werden. Die Abberufung des Verwalters kann auf das Vorliegen eines wichtigen Grundes beschränkt werden. Andere Beschränkungen der Bestellung oder Abberufung des Verwalters sind nicht zulässig. Die wiederholte Bestellung ist zulässig; sie bedarf eines erneuten Beschlusses der Wohnungseigentümer, der frühestens ein Jahr vor Ablauf der Bestellungszeit gefaßt werden kann. Fehlt ein Verwalter, so ist ein solcher in dringenden Fällen bis zur Behebung des Mangels auf Antrag eines Wohnungseigentümers oder eines Dritten, der ein berechtigtes Interesse an der Bestellung eines Verwalters hat, durch den Richter zu bestellen. Damit wird klar, daß die Wohnungseigentümergemeinschaft verpflichtet ist, einen Verwalter zu bestellen.

Beteiligte des Zwangsversteigerungsverfahrens. § 9 ZVG nennt die Beteiligten des Zwangsversteigerungsverfahrens: 1. Grundstückseigentümer (Schuldner); Zwangsversteigerung betreibender Gläubiger; diejenigen, für welche zum Zeitpunkt der Eintragung des Zwangsversteigerungsvermerks ein Recht im Grundbuch eingetragen ist; 2. Mieter; Pächter; u. a. (Voraussetzung: Anmeldung des Rechts beim Vollstreckungsgericht).

Beton. Beton ist im wesentlichen eine Mischung aus → Zement, Wasser und → Zuschlagstoff. Nach Erhärtung wird Beton zu künstlichem Gestein. Man unterscheidet verschiedene Formen vom Beton (z. B. → Leichtbeton, → Ortbeton).

Betondachstein. Dachziegel, die aus Beton in maschineller Weise hergestellt werden (→ Frankfurter Pfanne).

Betriebskosten. Andere Bezeichnung: Nebenkosten. Siehe auch → Bewirtschaftungskosten. I. d. R. nehmen Mietverträge Bezug auf § 27 II BV, der den Betriebskostenbegriff klärt. Danach sind Betriebskosten die Kosten, die dem Eigentümer (Erbbauberechtigten) durch das Eigentum am Grundstück (Erbbaurecht) oder durch den bestimmungsmäßigen Gebrauch des Gebäudes oder der Wirtschaftseinheit, der Nebengebäude, Anlagen, Einrichtungen und des Grundstücks laufend entstehen. Sach- und Arbeitsleistungen des Eigentümers (Erbbauberechtigten), durch die Betriebskosten erspart werden, dürfen mit dem Betrage angesetzt werden, der für eine gleichwertige Leistung eines Dritten, insbesondere eines Unternehmers, angesetzt werden könnte. Die Umsatzsteuer des Dritten darf nicht angesetzt werden. Anlage 3 der II. BV enthält eine abschließende Aufzählung der auf die Mieter umlagefähigen Betriebskosten: 1. Laufende öffentliche Lasten des Grundstücks. 2.Kosten der Wasserversorgung. 3. Kosten der Entwässerung. 4. Kosten des Betriebs der zentralen Heizungsanlage einschließlich der Abgasanlage oder die Kosten des Betriebs der zentralen Brennstoffversorgungsanlage oder die Kosten der eigenständig gewerblichen Lieferung von Wärme, auch aus Anlagen im Sinne einer zentralen Heizungsanlage einschließlich der Abgasanlage oder die Kosten der Reinigung und Wartung von Etagenheizungen. 5. Kosten des Betriebs der zentralen Warmwasserversorgungungsanlage oder Kosten der eigenständig gewerblichen Lieferung von Warmwasser, auch aus Anlagen im Sinne zentraler Heizungsanlagen einschließlich der Abgasanlage oder Kosten der Reinigung und Wartung von Warmwassergeräten. 6. Kosten verbundener Heizungs- und Warmwasserversorgungsanlagen. 7. Kosten des Betriebs des maschinellen Personen- oder Lastenaufzuges. 8. Kosten der Straßenreinigung und Müllabfuhr. 9. Kosten der Hausreinigung und Ungezieferbekämpfung. 10. Kosten der Gartenpflege. 11. Kosten der Beleuchtung. 12. Kosten der Schornsteinreinigung. 13. Kosten der Sach- und Haftpflichtversicherung. 14. Kosten für den Hauswart. 15. Kosten des Betriebs der Gemeinschafts-Antennenanlage oder des Betriebs der mit einem Breitbandkabelnetz verbundenen privaten Verteilanlage. 16. Kosten des Betriebs der maschinellen Wascheinrichtung. 17. Sonstige Betriebskosten.

Betriebskostenabrechnung. Andere Bezeichnung: Betriebskostenerklärung. Nach § 4 I MHG dürfen für → Betriebskosten im Sinne des § 27 II. BV Vorauszahlungen in angemessener Höhe verlangt werden. Über die Vorauszahlungen ist jährlich abzurechnen. Sinn der Betriebskostenabrechnung ist es, festzustellen, ob die gezahlten Vorauszahlungen ausgereicht haben, die tatsächlich angefallenen Betriebskosten zu decken. Ggf. ergibt sich so die Pflicht des Mieters eine Betriebskostennachzahlung zu leisten. Kommt der Vermieter seiner Abrechnungspflicht über die Betriebskosten nicht nach, und sind die angefallenen Betriebskosten für den Mieter oder das Gericht nicht feststellbar, kann der Mieter vom Vermieter verlangen, daß er ihm die Vorauszahlungen zurückzahlt (LG Essen, WM 92, 200). Hinsichtlich der Gestaltung muß die Abrechnung so gefaßt sein, daß der durchschnittliche Mieter sie auch ohne besondere wohnungswirtschaftliche Abrechnungskenntnisse gedanklich und rechnerisch nachvollziehen kann (BGH, NJW 82, 573). Mindestangaben der Betriebskostenabrechnung sind (BGH, WM 82, 207): Zusammenstellung der gesamten Ausgaben, unter Aufführung der einzelnen Betriebskosten; Verteilerschlüssel muß angegeben und erläutert werden; der Mieteranteil muß berechnet werden; die Vorauszahlungen des Mieters müssen abgezogen werden.

Betriebskostenerhöhung. Der Vermieter hat das Recht, Betriebskostenerhöhungen durch schriftliche Erklärung anteilig auf den Mieter umzulegen. Die Erklärung ist nur wirksam, wenn in ihr der Grund für die Umlage bezeichnet und erläutert wird (§ 4 I, II MHG). Sollten sich die Betriebskosten ermäßigen, hat der Vermieter die Miete vom Zeitpunkt der Ermäßigung ab entsprechend herabzusetzen. Die Ermäßigung hat der Vermieter dem Mieter unverzüglich mitzuteilen (§ 4 IV MHG). Zweckmäßigerweise wird die Betriebskostenerhöhungserklärung mit der Betriebskostenabrechnung abgeben. So ist dem Recht des Mieters auf Nachprüfbarkeit der Kostenerhöhung Genüge geleistet. Ist im Mietvertrag eine Bruttomiete vereinbart, so kann diese wegen der Betriebskosten aufgrund § 4 II MHG nur erhöht werden, wenn Entsprechendes im Mietvertrag vereinbart wurde. Das gleiche gilt bei Vereinbarung einer → Betriebskostenpauschale (LG Köln, WM 85, 375).

Betriebskostenpauschale. Wird im Mietvertrag eine Betriebskostenpauschale neben der Nettokaltmiete vereinbart, so sind mit dieser Pauschale alle oder nur ein Teil (je nach Vereinbarung) Betriebskosten abgegolten. Eine Abrechnung, wie bei den Betriebskostenvorauszahlungen (→ Betriebskostenabrechung) findet darüber nicht statt. Hat sich der Vermieter die Erhöhung der Pauschale im Mietvertrag nicht vorbehalten, kann er höhere Betriebskosten nicht mehr umlegen. Er kann auch keine Nachzahlung verlangen, sogar wenn die Kosten sich verdoppelt haben (AG Bad Oldesloe, WM 80, 235). Das Risiko liegt aber auch beim Mieter. Sollten sich die Betriebskosten verringern, kann er keine Herabsetzung der Pauschale verlangen. Die Heizungs- und Warmwasserkosten dürfen seit Inkrafttreten (1. 3. 1981) der Heizkostenverordnung (HeizkostenV) nicht mehr als Pauschale berechnet werden (→ Heizkosten). Insofern sind diese Kostenbestandteile auch bei älteren Mietverträgen aus der Betriebskostenpauschale herauszurechnen (OLG Hamm, ZMR 86, 436). Siehe auch → Betriebskostenerhöhung.

Beurkundungspflicht. Ein Vertrag, durch den sich jemand verpflichtet, das Eigentum an einem Grundstück zu übertragen oder zu erwerben, bedarf der notariellen Beurkundung (§ 313 S. 1 BGB). Dieser Formzwang hat drei Funktionen: 1. Schutz vor übereilten Entschlüssen, 2. Beratung und Belehrung über die Rechtsfolgen des Vertrags (→ Belehrungspflicht des Notars), 3. Beweisfunktion. Der notariellen Form sind aber nicht nur die eigentlichen Grundstückskaufverträge unterworfen. Auch indirekt hiermit (rechtlich) zusammenhängende Geschäfte bedürfen dieser Form (z. B. Vorvertrag; Vorkaufrecht; Bau- bzw. Baubetreuungsvertrag, falls er eine Einheit mit dem Grundstückskaufvertrag bildet). Wird die Formpflicht nicht beachtet, so hat das für das Geschäft die *Nichtigkeit*zur Folge (§ 125 S. 1 BGB). Erfolgen jedoch Auflassung und Eintragung in das

Grundbuch, wird der formnichtige Vertrag seinem ganzen Inhalt nach gültig (§ 313 S. 2 BGB). Davor kann sich noch jeder der Vertragspartner auf die Unwirksamkeit des Vertrags berufen.

Bewehrung. Biegezugspannungen aufnehmende Stahleinlagen (Stäbe bzw. Matten) in Beton – der dann als Stahlbeton (bewehrter Beton) bezeichnet wird – oder in Mauerwerk. Die Bewehrung erfolgt nach einem Bewehrungsplan. Die Stahleinlage muß von einer genügend dicken Betonschicht umgeben sein, da sie sonst durch fortschreitende Korrosion beschädigt wird.

Bewertung eines Abbruchgrundstücks. Nach § 20 WertV werden drei Situationen für eine Grundstücksbewertung (genauer: Ertragswertermittlung als Grundlage für die Ermittlung des → Verkehrswerts) unterschieden. Es wird im weiteren Sinne mit dem → Ertragswertverfahren gearbeitet. I. *Sofortiger Abbruch* (§ 20 I WertV). → Reinertrag abzüglich Bodenwertverzinsung ergibt einen negativen Ertragswert für das Gebäude (Formel aus dem Ertragswertverfahren anwenden). Dann gilt: EW=BW-FK, wobei EW=Ertragswert, BW=Bodenwert, FK=Freilegungskosten (Abbruchkosten). II. *Kurzfristig verzögerter Abbruch.* Eine beschränkte und daher unwirtschaftliche Nutzung ist für eine bestimmte Dauer bis zum Abbruch noch möglich. 1. *Variante* (Liquidationsverfahren; § 20 II WertV; 3.5.8 WertR): Der Ertragswert des Grundstücks ist die Summe aus Barwert des Reeinertrags und Barwert des um die Abbruchkosten verringerten Bodenwerts. Dann ergibt sich der Ertragswert aus folgender Formel: $EW=RE \times V+(BW-FK) \times 1/(1+i)^n$, wobei Kürzel wie unter I. und V=Vervielfältiger, RE=Reinertrag, $1/(1+i)^n$=Abzinsungsfaktor für die Dauer bis zum Abbruch, i=Liegenschaftszinssatz (z. B. 4% werden für i als 0,04 geschrieben). 2. *Variante* (direkte Anwendung des Ertragswertverfahrens; 3.5.8 WertR): $EW=(RE-i \times (BW-FK)) \times V+BW-FK$. III. *Längerfristig verzögerter Abbruch* (§ 20 III WertV). Die Verzögerung wird zeitlich mit der Restnutzungsdauer des Gebäudes gleichgesetzt. Bsp. für eine solche Verzögerung kann ein Zweckentfremdungsverbot sein. Es wird bei der Ertragswertermittlung davon ausgegangen, daß der Boden für die Restnutzungsdauer wegen der Abbruchverzögerung einen fiktiven Bodenwert (Bf) hat, der der vorhandenen Nutzung entspricht, aber doch von

dem abweicht, der für das Grundstück in unbebauter Form gilt (BW). Der Bodenwertanteil am Ertragswert besteht aus dem fiktiven Bodenwert und der über die Restnutzungsdauer abgezinsten Differenz zum Bodenwert eines unbebauten Grundstücks. Daraus ergibt sich folgende Formel:
$EW=(RE-i \times Bf) \times V+Bf+(BW-Bf) \times 1/(1+i)^n$.

Bewertungsstichtag. An den Bewertungsstichtagen werden die für die → Zuteilungsreihenfolge der Bausparverträge erforderlichen → Bewertungszahlen festgelegt.

Bewertungszahl. Eine der → Zuteilungsvoraussetzungen der Bausparsumme ist das Erreichen einer Mindestbewertungszahl (andere Bezeichnung: Mindestzielbewertungszahl). Die Bewertungszahl des jeweiligen Bausparvertrags ist für die → Zuteilungsreihenfolge entscheidend. Es gibt verschiedene Varianten, eine Bewertungszahl zu errechnen. Eine gängige Variante ist folgende: Summe aller Bausparguthaben des Bausparers an den bisher durchlaufenen → Bewertungsstichtagen, geteilt durch die Bausparsumme. Die Bewertungszahl drückt die Sparleistung des Bausparers unter Berücksichtigung der Sparzeit und Sparhöhe aus.

Bewirtschaftungskosten. Beim → *Ertragswertverfahren* müssen die Bewirtschaftungskosten vom → Rohertrag abgezogen werden, um den → Reinertrag zu erhalten (§ 16 I WertV). Nach § 18 I WertV umfassen sie Verwaltungskosten, Betriebskosten, Instandhaltung, Mietausfallwagnis und Abschreibung. Anmerkung: Die Betriebskosten enthalten nicht die durch Umlagen gedeckten Betriebskosten. Die → Abschreibung (Ausgleich für die Alterung) ist bereits über den Vervielfältiger in der Restnutzungsdauer berücksichtigt (3.5.2.1 WertR). Die Verwaltungskosten können 3 bis 5% des Rohertrags ausmachen (3.5.2.2 WertR). Das Mietausfallwagnis ist etwa mit 2% des Rohertrags bei Miet- und gemischt genutzten Grundstücken und mit 4% des Rohertrags bei Geschäftsgrundstücken anzusetzen (3.5.2.5 WertR).

Biberschwanz. Dachziegelform (Flachziegel), die glatt, d. h. ohne Profil und am unteren Ende in Bogenform abgerundet ist (s. Bildanhang 5).

Bieter. Bezeichnung für denjenigen, der bei der Zwangsversteigerung ein Gebot abgibt.

Bietersicherheit. Der Bieter muß auf Verlangen des betreibenden Gläubigers Sicherheit leisten (§ 67 I ZVG). Sie beträgt 10% des Bargebots, mindestens aber muß sie die Verfahrenskosten decken (§ 68 I ZVG). Die Sicherheitsleistung ist durch Hinterlegung von Geld oder bestimmten inländischen Wertpapieren zu bewirken (§ 69 I ZVG).

Bieterstunde. Zwischen der Aufforderung ein Gebot abzugeben und der Schließung der Versteigerung muß mindestens eine Stunde liegen. Sie wird zur Abgabe der Gebote genutzt. Die Bieterstunde wird solange verlängert, bis – trotz der Aufforderung des Gerichts zur Abgabe weiterer Gebote – keine Gebote mehr abgegeben werden (§ 73 ZVG). Das letzte Gebot wird mittels dreimaligen Aufrufens verkündet.

Binder. Im → Mauerverband befindlicher Stein, der zur Längsrichtung senkrecht verläuft. Binder können auch als ganze Binderschicht gemauert werden (s. Bildanhang 6).

Blaufäule. Holzverfärbung, die meist bei Weichholz (z. B. Kiefernholz) auftritt. Ursache hierfür ist der Befall durch Bläuepilze. Kaum Beeinflussung der Holzfestigkeit.

Boardinghouse. Eine klare begriffliche Definition ist schwierig. Dennoch kann ein Boardinghouse annähernd als Gebäude mit Mietwohnungen bezeichnet werden, die mit einem hotelartigen Service verbunden sind (z. B. Wäschepflege, Gebäudereinigung, Telefondienst, Einkaufsservice). Boardinghouses dienen überwiegend längerfristig Gästen als Unterkunft.

Bodengutachten. Das Bodenrisiko, auch Baugrundrisiko ist allein vom Bauherrn zu tragen. Die Bodenverhältnisse (Bodenmaterial, Grundwasserverhältnisse, Verunreinigungen etc.) können ein Bauvorhaben im Extremfall zum Scheitern bringen. Deswegen sollte grundsätzlich ein Bodengutachten eingeholt werden. Hierzu werden meist Probebohrungen vorgenommen, die Boden- bzw. Wasserproben zutage fördern. Diese sind hinsichtlich bestimmter Eigenschaften zu untersuchen.

Bodenordnung. Die Bodenordnung läßt sich in zwei Maßnahmen unterteilen. Umlegung (§§ 45 ff. BauGB) und Grenzregelung (§§ 80 ff. BauGB). *Umlegung*: Die Gemeinde kann im Geltungsbereich eines → Bebauungsplans oder im → Innenbereich zur Erschließung oder Neugestaltung bestimmter Gebiete bebaute und unbebaute Grundstücke neu ordnen. Das hat in der Weise zu geschehen, daß nach Lage, Form und Größe für die bauliche oder sonstige Nutzung zweckmäßig gestaltete Grundstücke entstehen. Voraussetzung für die Umlegung ist, daß ein B-Plan aufgestellt worden bzw. in Kraft getreten ist. Die Umlegung muß für die Verwirklichung des B-Plans erforderlich sein. Ab der Bekanntgabe des Umlegungsbeschlusses gilt eine Verfügungs- und Veränderungssperre (§ 51 BauGB). Bspw. dürfen dann keine genehmigungs-, zustimmungs-, anzeigepflichtigen baulichen Anlagen mehr errichtet oder geändert werden. Die Gemeinde vereinigt die im Umlegungsgebiet gelegenen Grundstücke rechnerisch zu einer Masse (Umlegungsmasse). Hiervon werden bestimmte Flächen, wie Verkehrsflächen oder Flächen für Grünanlagen abgezogen, so daß sich die Verteilungsmasse ergibt (§ 55 BauGB). Daraus sollen den Eigentümern gleichwertige Grundstücke wie die ursprünglichen zugeteilt werden. Verteilungsmaßstab ist entweder das jeweilige Wertverhältnis der Grundstücke zueinander vor der Umlegung oder aber das jeweilige Flächenverhältnis. U. U ist ein Geldausgleich nötig. Im Unterschied zur Umlegung ist die *Grenzregelung* formal unkomplizierter und bezieht sich nur auf ein begrenzteres Gebiet. Die Grenzregelung dient der ordnungsmäßigen Bebauung einschließlich Erschließung oder zur Beseitigung baurechtsdwidriger Zustände (§ 80 I BauGB). Sie ist nur im B-Plan-Gebiet oder im Innenbereich zulässig. Es können benachbarte Grundstücke oder Teile davon ausgetauscht werden, wenn es im öffentlichen Interesse liegt. Die Gemeinde kann ebenso benachbarte Grundstücke, insbesondere Splittergrundstücke oder Teile benachbarter Grundstücke einseitig zuteilen. Wertänderungen werden durch Geld ausgeglichen.

Bodenrichtwert. Bodenrichtwerte (§ 196 BauGB) sind Bodenpreise, die der → Gutachterausschuß festgestellt hat. Für jedes Gemeindegebiet sind durchschnittliche Lagewerte für den Boden auf Grund der Kaufpreissammlung des Gutachterausschusses zu ermitteln. Hierbei ist der unterschiedliche Entwicklungszustand (→ Entwicklungsstufen des Baulandes) zu berücksichtigen. In jedem Falle sind Bodenrichtwerte mindestens für erschließungsbeitragspflichtiges und erschließungsbeitragsfreies Bauland zu ermitteln. In bebauten Gebieten sind Bodenrichtwerte mit dem Wert zu ermitteln, der sich ergeben würde, wenn der Boden unbebaut wäre. Bodenrichtwerte werden veröffentlicht und dienen auch steuerlichen Zwecken. Sie sind eine große Hilfe bei der → Immobilienbewertung.

Bodenwert. Der Bodenwert wird in der Immobilienbewertung sowohl beim → Ertragswertverfahren als auch beim → Sachwertverfahren benötigt. Der Bodenwert ist prinzipiell durch das → Vergleichswertverfahren zu ermitteln (§§ 15 II, 21 II WertV). Es können auch die → Bodenrichtwerte herangezogen werden (2.3.1 WertR). Die Bodenrichtwerte müssen aber hinsichtlich der gegebenen Grundstücksverhältnisse entsprechend angepaßt sein (2.3.3 WertR). Über die WertV bzw. WertR hinaus kann bspw. auch das vielfach kritisierte → Residualverfahren zur Bodenwertermittlung herangezogen werden.

Boiler. Warmwasserbereiter, in dem eine bestimmte Zeit das Wasser warmgehalten werden kann.

Bonität. Andere Bezeichnung: Kreditwürdigkeit. Der Darlehensgeber muß vor Darlehensvergabe prüfen, ob der Darlehensnehmer unter Berücksichtigung eines angemessenen Lebensstandards in der Lage ist, Tilgungs- und Zinslast des Darlehens zu tragen. Darüber hinaus wird die bisherige Zahlungsmoral geprüft.

Brandwand. Sie dient dem Brandschutz. Brandwände werden zwischen benachbarten Gebäuden oder Gebäudeteilen erstellt. Sie sind feuerbeständig und dabei standsicher. Brandwände müssen bis unter die Dachhaut führen. So soll ein Übergreifen des Feuers vermieden werden. Türen in Brandwänden müssen feuersicher sein.

Brennwertkessel. Mit Heizöl oder Gas betriebener Heizkessel. Merkmale sind eine relativ hohe Energieausnutzung und stark abgekühlte Abgase. Brennwertkessel nutzen die Abwärme der Abgase. Bindung der Schadstoffe im Heizkessel.

Briefgrundschuld. Die Ausführungen zur → Briefhypothek können auf die Briefgrundschuld übertragen werden (§ 1192 BGB). → Eigentümergrundschuld, → Grundschuld.

Briefhypothek. Nach § 1116 I BGB wird über die → Hypothek ein Hypothekenbrief erteilt. Mit der Übergabe des Briefes erwirbt der Gläubiger die Hypothek (§ 1117 I BGB). Wird die Erteilung des Briefes ausgeschlossen, liegt eine Buchhypothek vor (§ 1116 II BGB). → Eigentümerhypothek.

Brüstung. 1. Wand, die – wie ein Geländer – um eine Fläche zum Schutz vor Herabfallen verläuft (z. B. Balkonbrüstung, Flachdachbrüstung). 2. Wand zwischen Fensterbankoberkante und Fußboden (Fensterbrüstung).

Bruttomiete. Andere Bezeichnung: Inklusivmiete, Bruttowarmmiete. Sämtliche Betriebskosten sind im Mietzins enthalten (Grundmiete, also Nettokaltmiete oder Nettomiete plus Betriebskosten). Wegen der HeizkostenV dürfen die Heiz- und Warmwasserkosten nicht mehr enthalten sein, da eine verbrauchsabhängige Erfassung der Kosten nötig ist (→ Heizkosten). Daher sind Bruttomieten in diesem Sinne nicht mehr zulässig; es verbleibt die Vereinbarung einer Bruttokaltmiete, die damit als ein Bsp. für eine Teilinklusivmiete betrachtet werden kann. Siehe auch → Betriebskostenerhöhung.

Bürgschaft. Im Bürgschaftsvertrag verpflichtet sich der Bürge gegenüber dem Gläubiger eines Dritten, für die Erfüllung der Verbindlichkeit des Dritten einzustehen (§ 765 I BGB). Der Bürge kann die Befriedigung des Gläubigers verweigern, solange nicht der Gläubiger eine Zwangsvollstreckung gegen den Hauptschuldner ohne Erfolg versucht hat (Einrede der Vorausklage; § 771 BGB). Diese Einrede der Vorausklage ist ausgeschlossen (§ 773 BGB), z. B. wenn der Bürge auf die Einrede verzichtet, insbesondere wenn er sich als

Selbstschuldner verbürgt hat oder wenn anzunehmen ist, daß das die Zwangsvollstreckung in das Vermögen des Hauptschuldners nicht zur Befriedigung des Gläubigers führen wird. Falls es dazu kommt, daß der Bürge den Gläubiger befriedigt, geht die Forderung des Gläubigers gegen den Hauptschuldner auf den Bürgen über (§ 774 BGB).

C

Center-Management. Als Center-Management wird die technische, kaufmännische Verwaltung und die wirtschaftliche Entwicklungssteuerung von Gewerbezentren (z. B. Einkaufszenrum) bezeichnet. Die Entwicklungssteuerung bedeutet z. B. Koordination der Werbegemeinschaft der gewerblichen Mieter, Öffentlichkeitsarbeit für das Gewerbezentrum, Motivation der Mieter zur Verbesserung der Betriebsergebnisse, Marktforschung, Pflege des Mietermixes.

Chiffreanzeige. Andere Bezeichnung: Kennzifferanzeige. Anzeigeform, bei der der Inserent in der Anzeige annonym bleibt, d. h. weder Namen noch Telefonnummer zu erkennen gibt. Die Kontaktaufnahme ist nur über die in der Anzeige dargestellte Kennziffer möglich, unter deren Angabe der Antworter sein Reaktionsschreiben an das Anzeigenmedium sendet (z. B. Zeitung, Zeitschrift). Der Inserent bekommt das Reaktionsschreiben daraufhin von dem Anzeigenmedium übermittelt. Er kann sich danach überlegen, ob er nun seinerseits mit dem Antworter direkt Kontakt aufnimmt oder nicht – erst dann würde er seine Anonymität aufgeben. Chiffreanzeigen dürfen aus wettbewerbsrechtlichen Gründen nur von Privaten geschaltet werden.

D

Dachformen. Die Gestalt des Daches kann verschiedenste Formen annehmen: → Flachdach, → Krüppelwalmdach, → Mansarddach, → Pultdach, → Giebeldach, → Sheddach, → Tonnendach, → Walmdach, → Zeltdach (s. Bildanhang 1).

Dachfuß. Bei einem geneigten Dach die unterste Stelle.

Dachhaut. Äußerste, wasserführende Schicht des Daches (z. B. → Dachziegel, Dachpappe bei Flachdächern). Schutz vor Schnee, Wind etc.

Dachstuhl. Gerüst aus Balken, das das geneigte Dach trägt. Konstruktiv unterscheidet man Kehlbalkendach (Form des Sparrendachs), → Pfettendach, → Sparrendach (s. Bildanhang 3).

Dachziegel. Dachziegel werden zur Bedeckung des geneigten Daches schuppenartig verlegt. Man unterscheidet verschiedene Formen. → Biberschwanz, → Falzziegel, → Frankfurter Pfanne, → Hohlpfanne, → Hohlziegel (s. Bildanhang 5).

Damnum. Andere Bezeichnung: Disagio, Darlehensabgeld. Das Damnum ist die Differenz zwischen dem Nominalbetrag des Darlehens (Nennwert) und dem tatsächlichen Auszahlungsbetrag. Das Damnum kann als vorab auf den Nominalbetrag zu zahlender Zins betrachtet werden. Der laufend zu entrichtende Nominalzinssatz verringert sich infolge des Damnums. Der Effektivzinssatz entspricht jedoch dem Effektivzinssatz in dem Fall ohne Damnum; schließlich ist das Damnum als Zins darin genauso berücksichtigt, als wenn anstatt des Damnums ein höherer Nominalzinssatz vereinbart worden wäre. Bsp.: Auszahlungsbetrag des Darlehens 95%, Rückzahlungbetrag (Nominalwert) des Darlehens 100%.

Dampfsperre. Die Wärme der Innenräume nimmt Luftfeuchtigkeit auf und wandert – gerade in der kalten Jahreszeit – von innen nach außen. Dabei muß verhindert werden, daß die Feuchtigkeit in die Wärmedämmung gelangt und so die Dämmwirkung gefährdet. Dies wird durch eine sog. Dampfsperre erreicht. Sie muß sich deshalb *vor* der Wärmedämmung befinden. Eine Beschädigung der Dampfsperre mindert die wärmedämmende Wirkung. Bsp.: → Aluminiumkaschierung (s. Bildanhang 4).

Darlehen. Andere Bezeichnung: Kredit, Fremdkapital. Regelungen in §§ 607 ff. BGB. Grundlage des Darlehens ist ein Darlehensvertrag, in dem die Darlehensbedingungen festgelegt werden.

Dauerwohnrecht. Ein → grundstücksgleiches Recht. Regelungen in §§ 31 ff. WEG. Ein Grundstück kann in der Weise belastet werden, daß derjenige, zu dessen Gunsten die Belastung erfolgt, berechtigt ist, unter Ausschluß des Eigentümers eine bestimmte Wohnung in einem auf dem Grundstück errichteten oder zu errichtenden Gebäude zu bewohnen oder in einer anderen Weise zu nutzen (§ 31 I WEG). Für das Dauernutzungsrecht gelten die Vorschriften für das Dauerwohnrecht entsprechend (§ 31 III WEG). Das Dauerwohnrecht ist veräußerlich und vererblich (§ 33 I WEG).

Degressive Abschreibung. Form der normalen → Abschreibung. Regelungen in § 7 V EStG. Die degressive Abschreibung gilt für Neubauten und geht zunächst von hohen Abschreibungssätzen aus, die im Laufe der Zeit fallen. Bspw. für Wohngebäude, die der Steuerpflichtige hergestellt oder bis zum Ende des Jahres der Fertigstellung angeschafft hat (nach dem 31. 12. 1995 abgeschlossener Kaufvertrag bzw. nach diesem Zeitpunkt gestellter Bauantrag), gelten folgende Abschreibungssätze: 1.-8. Jahr: jeweils 5%; 9.-14. Jahr: 2,5%; 15.-50. Jahr: 1,25%.

Dienstbarkeiten. Drei Arten von Dienstbarkeiten gibt es: → Grunddienstbarkeit, → beschränkte persönliche Dienstbarkeit, → Nießbrauch.

DIN. Kürzel für: Deutsches Institut für Normung e. V. DIN-Normen werden von diesem Institut aufgestellt und in numerierten Normblättern publiziert. DIN-Normen existieren in den verschiedensten Bereichen, so auch für den Baubereich (z. B. Normen für Bauleistungen, Materialien).

DIN 276. Diese Norm gilt für die Ermittlung und Gliederung der Kosten im Hochbau. Sie ist daher für die Kostenermittlungen der Architekten von besonderer Bedeutung. DIN 276 definiert Kostenbegriffe und gliedert die Kosten in Kostengruppen, die in Anmerkungen näher beschrieben werden.

DIN 277. DIN-Norm für die Ermittlung des umbauten Raums. Sie teilt sich in DIN 277/1950 und DIN 277/1973/87 auf. Letztere ist die neue Fassung der Ersteren. In der Praxis empfiehlt es sich, für Bauten, die vor 1973 errichtet wurden, die DIN 277/1950 zu verwenden.

DIN 283. DIN-Norm, die nicht mehr gilt, aber dennoch weiterhin verwendet wird. Sie enthält Regelungen für die Berechnung der Wohn- und Nutzflächen.

Dingliches Vorkaufsrecht. Siehe auch → Vorkaufsrecht. Regelungen in §§ 1094 ff. BGB und laut § 1098 I BGB auch in §§ 504 bis 514 BGB aus dem → schuldrechtlichen Vorkaufsrecht. Im Gegensatz zum schuldrechtlichen Vorkaufsrecht hat das dingliche Vorkaufsrecht die *Wirkung einer Vormerkung* zur Sicherung des durch die Ausübung des Rechts entstehenden Anspruchs auf Übertragung des Eigentums (§ 1098 II BGB). Insofern wird die Mißachtung des Vorkaufsrechts verhindert. Denn das Grundbuchamt darf den Käufer solange nicht ins Grundbuch eintragen, bis der Vorkaufsverpflichtete den Nachweis erbracht hat, daß er den Vorkaufsberechtigten über den Verkauf unterrichtet hat (§ 510 I BGB) und die Ausübungsfrist des Vorkaufsrechts abgelaufen ist (§ 510 II BGB). Die Mitteilung an den Vorkaufsberechtigten erfolgt i. d. R. durch den Notar. Er schickt eine beglaubigte Abschrift an den Vorkaufsberechtigten. Letzterer muß innerhalb von zwei Monaten erklären, ob er sein Vorkaufsrecht ausübt. I. *Subjektiv-dingliches Vorkaufsrecht.* Das Vorkaufsrecht ist mit dem Eigentum an einem bestimmten Grundstück verbunden (§ 1103 I BGB). II. *Subjektiv-persönliches Vorkaufsrecht.* Das Vorkaufsrecht ist mit einer bestimmten Person verbunden (§ 1103 II BGB).

Doppelmakler. Kennzeichen des Doppelmaklers ist es, daß er jeweils mit Auftraggeber und dem Interessenten einen Maklervertrag geschlossen hat. Diese Form ist durchaus marktüblich. Nach § 654 BGB ist der Anspruch auf die Courtage und den →Aufwendungsersatz ausgeschlossen, wenn der Makler vertragswidrig auch für den anderen Teil tätig gewesen ist. Dies ist zu differenzieren: I. *Doppelte Nachweistätigkeit.* Der Makler bringt die Vertragsparteien lediglich zusammen und nimmt keine Interessen einer Seite wahr; es befindet sich in keinem Interessenkonflikt. II. *Makler ist für eine Seite Vermittlungsmakler und für die andere Nachweismakler.* Auch hier besteht kein Interessenkonflikt. Schließlich hat er nur die Interessen der einen Seite zu wahren und nicht die beider. III. *Doppelte Vermittlungstätigkeit.* Jeweils ein Vermittlungauftrag von beiden Seiten führt zu einem Interessenkonflikt des Maklers. Deswegen ist er verpflichtet beide Seiten von dem jeweiligen Vermittlungsauftrag zu unterrichten (BGH, NJW 64, 1467). Als „ehrlicher Makler" hat er bemüht zu sein, einen Interessenausgleich zu schaffen. Er darf keine Seite bevorzugen (BGH, NJW 68, 150). Befolgt der Makler diesen Grundsatz nicht, verliert er gem. § 654 BGB seinen Courtageanspruch.

Doppelversicherung. Es darf das gleiche Risiko nicht doppelt versichert werden. Prinzip: Die Entschädigung darf nicht höher als der Schaden sein. Der Versicherungsnehmer kann die Aufhebung des später abgeschlossenen Versicherungsvertrags verlangen. Hat der Versicherungsnehmer die Doppelversicherung in betrügerischer Absicht vorgenommen, sind beide Verträge nichtig.

Dorfgebiet. Im → Bebauungsplan eine besondere → Art der baulichen Nutzung für die zur Bebauung vorgesehenen Flächen (Baugebiet) nach § 1 II BauNVO. Dorfgebiete (§ 5 BauNVO) dienen der Unterbringung der Wirtschaftsstellen land- und forstwirtschaftlicher Betriebe, dem Wohnen und der Unterbringung von nicht wesentlich störenden Gewerbebetrieben sowie der Versorgung den Bewohnern des Gebietes dienender Handwerksbetriebe. Auf die Belange der land- und forstwirtschaftlichen Betriebe einschließlich ihrer Entwicklungsmöglichkeiten ist vorangig Rücksicht zu nehmen.

Dränage. Andere Bezeichnung: Drainung. Eine Drainage ist ein System aus Rohren und ggf. Gräben zur Entwässerung feuchter Böden. Besonders, um Keller vor Durchfeuchtungen zu schützen, werden sie eingesetzt. Dabei werden um den Keller herum Rohre verlegt, die oben Schlitze aufweisen. Die Drainagerohre werden durch Filtermaterial geschützt, damit Erdreich nicht die Schlitze verschließt. Das kann durch eine Kiesschicht erfolgen, in der die Rohre verlegt werden. Die Rohre können bspw. an den Abwasserkanal angeschlossen werden.

Dreispänner. Befinden sich in einem Mehrfamilienhaus pro Geschoß drei Wohnungen, die an einem Treppenhaus liegen, spricht man vom Dreispänner.

Drempel. Andere Bezeichnung: Kniestock. Außenwand zwischen Fußboden (oberste Geschoßdecke) und Dachschräge. Je höher diese Wand, desto größer ist der dahinterliegende Dachraum.

Drosselklappe. Klappe in Rohren, die verstellt werden kann. Dadurch wird z. B. der Rauchdurchgang in Schornsteinen reguliert (Beeinflussung des Auftriebs).

Duldung von Instandhaltungsmaßnahmen. Der Vermieter hat nach § 541 a BGB gegenüber dem Mieter einen Anspruch darauf, daß der Mieter Einwirkungen auf die Mietsache duldet, die der Erhaltung der Mieträume oder des Gebäudes dienen. Nur so ist der Vermieter dahingehend abgesichert, daß er seiner Erhaltungspflicht (→ Instandhaltung/Instandsetzung im Mietrecht) nachkommen kann. Verweigert der Mieter dem Vermieter die Duldung besagter Einwirkungen, so kann er sich schadensersatzpflichtig machen. Die Duldung der Maßnahmen berührt nicht das Recht des Mieters auf → Mietminderung während der Durchführung dieser Maßnahmen (LG Mannheim, WM 86, 139). Handelt es sich nicht um Notstandsarbeiten, so sind für die Durchführung Unzeiten nicht zulässig (Unzeiten sind meist Sonn- und Feiertage, Sonnabendnachmittage, Werktage ab 19 Uhr).

Durchlauferhitzer. Durchlauferhitzer heizen Leitungswasser während des Durchlaufens durch ein dünnes (Kupfer-)Rohr bis zur gewünschten Temperatur auf. Meist werden sie elektrisch betrieben. Große Verkalkungsgefahr bei hartem Wasser.

E

Effektivzinssatz. Andere Bezeichnung: effektiver Jahreszinssatz. Der Effektivzinssatz gibt im Gegensatz zum Nominalzinssatz den tatsächlichen Zinssatz an. Er nennt die jährliche prozentuale Gesamtbelastung, bezogen auf die nominale Darlehenssumme an. Nach § 4 PrangVO müssen darin alle im Laufe der Zeit im Zusammenhang mit dem Darlehen auftretenden Preisfaktoren berücksichtigt werden. Der Effektivzinssatz schließt z. B. folgende Faktoren mit ein: Nominalzinssatz, Tilgung, → Damnum, Kosten einer vorgeschriebenen Risikolebensversicherung, Darlehensvermittlerkosten, Bearbeitungsgebühr, Verwaltungskostenbeiträge. Falls sich die Preisfaktoren im Laufe der Zeit ändern können, ist der „anfängliche Effektivzinssatz" zu nennen.

Ehegattenzustimmung zur Veräußerung der Immobilie. Nach § 1365 BGB kann sich ein Ehegatte nur mit Zustimmung des anderen Ehegatten verpflichten, über sein Vermögen im ganzen zu verfügen. Hat er sich ohne die Zustimmung des anderen Ehegatten verpflichtet, so kann er die Verpflichtung nur erfüllen, wenn der andere Ehegatte einwilligt. Dieses absolute Veräußerungsverbot soll den anderen Ehegatten bezüglich seines eherechtlichen Ausgleichsanspruchs schützen; das Verbot ist darüber hinaus eine Schutzbestimmung für die Familiengemeinschaft zur Erhaltung der wirtschaftlichen Grundlage der Familie (BGH, BGHZ 40, 218). Was als „Verfügen über das Vermögen im ganzen" zu betrachten ist, hängt von der Größe des Gesamtvermögens ab. Beträgt aber das verbleibende Vermögen, über das also nicht verfügt wird, 30% des Gesamtvermögens, so greift das Verfügungsverbot nicht (BGH, BGHZ 77, 293/9). Handelt es sich um ein Rechtsgeschäft im Sinne einer ordnungsmäßigen Verwaltung und verweigert der Ehegatte die Zustimmung ohne ausreichenden Grund oder hindern Krankheit bzw. Abwesenheit an der Zustimmungserklärung, so kann das Vormundschaftsgericht auf Antrag des Ehegatten die Zustimmung des anderen ersetzen; gleiches gilt für den Fall, das mit dem Aufschub der Erklärung Gefahr verbunden ist (§ 1365 BGB).

Eigenbedarf. Eigenbedarf wird als berechtigtes Interesse des Vermieters an der Beendigung des Mietverhältnisses gesehen. Als Eigenbedarf wird bezeichnet, wenn der Vermieter die Räume als Wohnung für sich, die zu seinem Hausstand gehörenden Personen oder seine Familienangehörigen benötigt (§ 564 b II Nr. 2 BGB). Wird die Wohnung nach ihrer Überlassung an den Mieter in eine Eigentumswohnung umgewandelt *und* verkauft, so kann sich der (Erst-)Erwerber erst nach Ablauf einer *Sperrfrist*von drei Jahren auf Eigenbedarf berufen. Im Ergebnis kann der Vermieter erst nach Ablauf der Sperrfrist die Kündigung aussprechen; deswegen ist die Wohnung erst nach Ablauf der Sperrfrist *und* der Kündigungsfrist frei. Diese Sperrfrist kann durch Rechtsverordnung der Landesregierungen für einen Zeitraum von fünf Jahren auf drei Jahre verlängert werden, wenn eine ausreichende Versorgung der Bevölkerung mit Mietwohnungen zu angemessenen Bedingungen in einer Gemeinde oder einem Teil der Gemeinde besonders gefährdet ist. Das sog. Sozialklauselgesetz vom 22. 4. 1993 (BGBl. I S. 466) ermächtigt die Landesregierungen mit der gleichen Begründung die Sperrfrist auf zehn Jahre zu verlängern (diese Sperrfristverlängerung ist allerdings nicht zeitlich befristet). Der durch den Eigenbedarf begünstigte *Personenkreis* ist von der Rechtsprechung immer wieder hinterfragt worden. So ist für nahe Familienangehörige wie Kinder (OLG Karlsruhe, NJW 82, 889) und Enkel (AG Nürnberg, WM91, 39) stets eine Eigenbedarfskündigung möglich. Bei entfernteren Familienangehörigen wird auf den Einzelfall abgestellt (sozialer Kontakt etc.; AG Springe, WM 91, 554). Der Eigenbedarf muß vernünftige und nachvollziehbare Gründe haben (BGH, WM 88, 47). Der Wunsch hinsichtlich des Eigenbedarfs muß ernsthaft sein; Rechtsmißbrauch soll verhindert werden. Eine unzureichende Unterbringung der durch den Eigenbedarf begünstigten Personen ist stets ein Grund (z. B. gesundheitliche Gründe; berufliche Gründe; Vergrößerung der Familie). Eigenbedarf ist nicht begründet, wenn die Wohnung für den Bedarf ungeeignet ist (z. B. fehlende Wohnberechtigung nach WoBindG; AG Münster, WM 91, 111). Die Gründe für den Eigenbedarf dürfen nicht schon bei Abschluß des Mietvertrags festgestanden haben oder abzusehen gewesen sein (BVerfG, WM 89, 114; BVerfG, WM 94, 132). Die Eigenbedarfskündigung ist rechtsmißbräuchlich, wenn der geltend gemachte Wohnbedarf mit Hilfe anderer Objekte ohne wesentliche

Abstriche befriedigt werden könnte (BVerfG, 89, 114; LG Berlin, WM 90, 510); z. B. freigewordener Wohnraum. Es kommt bei der Zulässigkeit der Eigenbedarfskündigung auch auf das Ausmaß des Wohnbedarfs an (BVerfG, WM 91, 145).

Eigenleistung. Andere Bezeichnung (umgangssprachlich): Muskelhypothek. Bauherren können durch entsprechende eigene Leistungen am Bau die Baukosten verringern. Diese Arbeitsleistung wird oft auch von Verwandten und Bekannten des Bauherrn übernommen. Voraussetzung für Eigenleistung ist aber eine gewisse fachliche Geschicklichkeit. Zudem sollte bedacht werden, daß es zu einer starken zeitlichen Inanspruchnahme des Bauherrn kommen kann, und sich u. U. die Bauzeit verlängert. Es ist daher vor einem zu hoch geplanten Eigenleistungsanteil zu warnen. Die Eigenleistung wird vom Kreditinstitut bei der Darlehensbeantragung entsprechend berücksichtigt (bewertet zu Unternehmerpreisen).

Eigengeschäft des Maklerauftraggebers. Bemüht sich der Auftraggeber parallel zum Makler um Interessenten, und kommt es mit einem von ihnen zum Vertragsabschluß, so handelt es sich dabei um ein sog. Eigengeschäft. Beim → qualifizierten Makleralleinauftrag ist dem Auftraggeber das Eigengeschäft untersagt.

Eigenheimzulage. Das Eigenheimzulagengesetz (EigZulG) begünstigt die Herstellung oder Anschaffung einer Wohnung im eigenen Haus oder einer Eigentumswohnung (§ 2 I EigZulG). Begünstigt sind auch Ausbauten und Erweiterungen (§ 2 II EigZulG). Die Eigenheimzulage kann im Jahr der Anschaffung bzw. Herstellung und in den folgenden sieben Jahren in Anspruch genommen werden (§ 3 EigZulG). Der *Eigennutzung* steht die unentgeltliche Überlassung an einen Angehörigen gleich (§ 4 EigZulG). Anspruch hat nur derjenige Steuerpflichtige dessen Gesamtbetrag der Einkünfte des ersten Jahres zuzüglich des Gesamtbetrags der Einkünfte des vorangegangenen Jahres 240000,– DM nicht übersteigt (zusammenveranlagungsfähige Ehegatten 480000,– DM). Die Eigenheimzulage kann nur für *ein* Objekt beansprucht werden; zusammenveranlagungsfähige Ehegatten können sie für insgesamt *zwei* Objekte beanspruchen (*Objektbeschränkung*; § 6 I EigZulG). Der *Förderzeitraum* für das

Folgeobjekt ist um die Kalenderjahre zu kürzen, in denen der Anspruchsberechtigte die Eigenheimzulage für das Erstobjekt in Anspruch hätte nehmen können (§ 7 S. 3 EigZulG). *Bemessungsgrundlage* der Eigenheimzulage sind die Herstellungs- bzw. Anschaffungskosten *zuzüglich* der Anschaffungskosten für den dazugehörigen Grund und Boden (§ 8 EigZulG). Für Ausbauten und Erweiterungen gelten die Herstellungskosten als Bemessungsgrundlage. Die Eigenheimzulage spaltet sich in drei Komponenten (§ 9 EigZulG): I. *Fördergrundbetrag*(§ 9 II EigZulG). Jährlich 5% der Bemessungsgrundlage, max. 5000,– DM. Geringere Förderung für Altbauten (Altbauten = Anschaffung der Wohnung nach Ablauf des zweiten auf das Jahr der Fertigstellung folgenden Jahres) und für Ausbauten und Erweiterungen: 2,5% der Bemessungsgrundlage, max. 2500,– DM. II. *Öko-Zulage* (§ 9 III EigZulG). Sie gilt nicht für Ausbauten und Erweiterungen. 1. *Zulage für heizenergiesparende Maßnahmen*. Wärmepumpanlagen, Wärmerückgewinnung. Erhöhung des Fördergrundbetrags um jährlich 2% der Bemessungsgrundlage, max. um 500,– DM. 2. *Zulage für Niedrigenergiehäuser*. Der Fördergrundbetrag erhöht sich um 400,– DM. II. *Kinderzulage* (§ 9 V EigZulG). 1500,– DM pro Kind, für das der Anspruchsberechtigte oder sein Ehegatte im jeweiligen Kalenderjahr des Förderungszeitraums einen Kinderfreibetrag oder Kindergeld erhält. → Vorkostenabzug.

Eigentümergrundschuld. Eine → Grundschuld, die dem Grundstückseigentümer an seinem Grundstück selbst zusteht. Nach § 1192 BGB finden die Vorschriften über die Hypothek auf die Grundschuld entsprechende Anwendung. Deswegen sei hier auf die → Eigentümerhypothek verwiesen; Ausnahme: Eine Grundschuld kann auch für den Eigentümer bestellt werden (§ 1196 I BGB). Die Eigentümergrundschuld kann abgetreten (§ 1154 I BGB) und verpfändet werden. Ihm steht somit jederzeit ein gutes Sicherungsinstrument für künftige Darlehen zur Verfügung. Abtretungserklärung und Briefübergabe machen aus der Eigentümergrundschuld wieder eine Fremdgrundschuld, wobei der Gläubiger nicht im Grundbuch erwähnt wird.

Eigentümerhypothek. Eine → Hypothek, die dem Grundstückseigentümer an seinem Grundstück selbst zusteht. Eine Eigentümerhypothek entsteht durch verschiedene wesentliche Umstände: 1. Eine Hypothek bleibt bestehen, wenn der Grundstückseigentümer die Hypothek erwirbt; das gleiche gilt, wenn der Gläubiger das Grundstück (z. B. durch Erbschaft; durch Verzicht des Gläubigers, § 1168 BGB) erwirbt (§ 889 BGB). Die so bestehenbleibende Hypothek wird dann zur Eigentümerhypothek. Sie verwandelt sich laut § 1177 I BGB in eine → Eigentümergrundschuld, wenn dem Eigentümer die Forderung aus der Hypothek nicht zusteht. Wesentliche Konditionen (z. B. Zinssatz) der Hypothek bleiben jedoch bestehen. 2. Ist die Hypothek schon bestellt, aber die Forderung (noch) nicht entstanden (§ 1163 I S. 1 BGB), so liegt eine Eigentümerhypothek vor. 3. Erlischt die Forderung des Hypothekengläubigers, so erwirbt der Grundstückseigentümer die Hypothek; es ist eine Eigentümerhypothek entstanden (§ 1163 I S. 2 BGB). 4. Zwischen Bestellung einer → Briefhypothek und der Übergabe des Hypothekenbriefs liegt eine Eigentümergrundschuld vor (§ 1163 II BGB).

Eigentümerversammlung. Regelungen in §§ 23, 24 WEG. In der Eigentümerversammlung finden der Informationsaustausch zwischen der Wohnungseigentümergemeinschaft und dem Verwalter und die Beschlußfassungen statt. Die Versammlung der Wohnungseigentümer wird von dem Verwalter mindestens einmal im Jahr einberufen. Die Versammlung der Wohnungseigentümer muß von dem Verwalter in den durch → Vereinbarung der Wohnungseigentümer bestimmten Fällen, im übrigen dann einberufen werden, wenn dies schriftlich unter Angabe des Zweckes und der Gründe von mehr als einem Viertel der Wohnungseigentümer verlangt wird. Fehlt ein Verwalter oder weigert er sich pflichtwidrig, die Versammlung der Wohnungseigentümer einzuberufen, so kann die Versammlung auch, falls ein Verwaltungsbeirat bestellt ist, von dessen Vorsitzenden oder seinem Vertreter einberufen werden. Die Einberufung erfolgt schriftlich. Die Frist der Einberufung soll, sofern nicht ein Fall besonderer Dringlichkeit vorliegt, mindestens eine Woche betragen. Den Vorsitz in der Wohnungseigentümerversammlung führt, sofern diese nichts anderes beschließt, der Verwalter. Über die in der Versammlung gefaßten Beschlüsse ist eine Niederschrift aufzunehmen. Die Niederschrift ist von dem Vorsitzenden und einem Wohnungseigentümer und, falls ein Verwaltungsbeirat bestellt ist, auch von dessen Vorsitzenden oder seinem Vertreter zu unterschreiben. Jeder Wohnungseigentümer ist berechtigt, die Niederschriften einzusehen.

Einbruch. Einbruch-Diebstahl wird i. d. R. von der → Hausratversicherung abgedeckt. Im wesentlichen können Entwendungen, Beschädigungen und Zerstörungen (auch Vandalismus, d. h. Beschädigung/Zerstörung ohne Entwendung) der versicherten Sachen reguliert werden.

Einfacher Maklervertrag. Einfachste Form des → Maklervertrags, in der sich weder Makler noch Auftraggeber zu etwas Hauptsächlichem verpflichten. Der einfache Maklervertrag weist daher nicht die besonderen Merkmale des → Makleralleinauftrags auf. Er ist an keine Form gebunden und kann deswegen als → mündlicher, → schriftlicher oder → stillschweigender Maklervertrag abgeschlossen werden. Die Kündigung ist jederzeit möglich. Die Frage der Honorierung wird durch die → Provisionsvoraussetzungen geklärt.

Einfriedung. Sie wird auch als Einfriedigung bezeichnet. Darunter versteht man alles das, was das eingefriedigte Grundstück nach außen schützt und ein Hindernis für all das darstellt, was von außen her den Frieden auf dem Grundstück stören bzw. seine Nutzung beeinträchtigen könnte (HmbOVG, BRS 35, Nr. 112). Das gleiche gilt umgekehrt (Schutz der Außenwelt vor Einflüssen, die vom Grundstück ausgehen). Die bauliche Anlage, die als Einfriedung gilt, muß hierzu die alleinige oder zumindest überwiegende Funktion als Einfriedung haben (HmbOVG 19.10.78, Bf II 49/77). Bspw. gilt eine Garagenwand nicht als Einfriedung. Teilweise sind durchbrochene Einfriedungen bis zu einer Höhe von 1,5 m nicht baugenehmigungspflichtig; bei gewerblich genutzten Grundstücken bis zu 2,25 m (z. B. § 11 HBauO). Die Begrenzungen gelten nicht für Hecken und dergleichen als Einfriedungen. Ein Holzflechtzaun kann bereits im Widerspruch zur im B-Plan festgesetzten → offenen Bauweise stehen und als Verunstaltung angesehen werden (OVG Berlin, UPR 93, 117).

Einheitspreisvertrag. Sind die VOB Grundlage des Bauvertrags, so gilt dieser als Einheitspreisvertrag, wenn keine andere Vereinbarung besteht (z. B. Pauschalpreisvertrag; → Festpreis). Die Vergütung kann zu Einheitspreisen erfolgen, wenn im Leistungsvertrag (Bauvertrag) technisch und wirtschaftlich einheitliche Teilleistungen (Menge in Maß, Gewicht oder Stückzahl) angegeben werden (§ 5 Nr. 1 a) VOB/A). Die tatsächlich ausgeführten Leistungen werden durch → Aufmaß festgestellt. Der Preis pro Mengeneinheit (Einheitspreis; er ist ein Festpreis) multipliziert mit der geleisteten Menge ergibt den Preis für die jeweilige Leistungsposition (Positionspreis). Z. B.: Unter Position 1 der Berechnung findet sich der Preis für alle Fußleisten (Positionspreis 2500,– DM); der Preis pro Fußleiste beträgt 25,– DM (Einheitspreis); die Menge beträgt 200 m. Der Festpreischarakter des Einheitspreises kann verlorengehen, wenn die vereinbarten Mengen um mehr als 10% nach oben (Auftraggeber kann Preisanpassung verlangen) oder unten (Auftragnehmer kann Preisanpassung verlangen) variieren.

Einkommensteuer. Miet- und Pachteinnahmen gehören zur Einkunftsart „Einkünfte aus Vermietung und Verpachtung" (§ 21 EStG). Einkommensteuermindernd wirken sich die → Abschreibung und → Werbungskosten aus.

Einschreibgebühr. Ein Anspruch auf Entgelt für die Vermittlung oder den Nachweis der Gelegenheit zum Abschluß von Mietverträgen über Wohnräume steht dem Wohnungsvermittler nur zu, wenn infolge seiner Vermittlung oder infolge seines Nachweises ein Mietvertrag zustande kommt (§ 2 I WoVermittG). Außer diesem Entgelt (Erfolgshonorar) dürfen für Tätigkeiten, die mit der Vermittlung oder dem Nachweis der Gelegenheit zum Abschluß von Mietverträgen über Wohnräume zusammenhängen, sowie für etwaige Nebenleistungen keine Vergütungen irgendwelcher Art, insbesondere keine Einschreibgebühren, Schreibgebühren oder Auslagenerstattungen, vereinbart oder angenommen werden (§ 3 III WoVermittG).

Einspänner. Befindet sich in einem Mehrfamilienhaus pro Geschoß nur eine Wohnung, die an einem Treppenhaus liegt, spricht man vom Einspänner.

Einstweilige Einstellung des Zwangsversteigerungsverfahrens. Eine einstweilige Einstellung kommt aus verschiedenen Gründen in

Frage; zwei wesentliche sind bspw.: 1. *Einstweilige Einstellung auf Bewilligung des Gläubigers* (§ 30 ZVG): Das Verfahren wird einstweilig eingestellt, wenn der Gläubiger dies bewilligt. Der Gläubiger darf zweimal die einstweilige Einstellung bewilligen, beim dritten Mal gilt es als Rücknahme des Versteigerungsantrags. 2. *Einstweilige Einstellung auf Antrag des Schuldners*(§ 30 a ZVG): Der Schuldner hat die Chance, die Zwangsversteigerung abzuwenden, wenn sich seine Verhälnisse verbessern. Er kann beantragen, das Verfahren für max. sechs Monate einzustellen. Voraussetzung ist aber, daß hierdurch die Versteigerung vermieden wird und, daß die Einstellung nach den persönlichen und wirtschaftlichen Verhältnissen des Schuldners sowie nach der Art der Schuld angemessen ist. Das Gericht wird allerdings den Antrag des Schuldners ablehnen, wenn dem betreibenden Gläubiger eine einstweilige Einstellung unter Berücksichtigung seiner wirtschaftlichen Verhältnisse nicht zuzumuten ist (unverhältnismäßiger Nachteil). Der Antrag wird auch dann abgelehnt, wenn wegen der Beschaffenheit oder sonstiger Verhältnisse des Grundstücks anzunehmen ist, daß die Versteigerung zu einem späteren Zeitpunkt einen wesentlich geringeren Erlös bringen würde. → Fortsetzung des Zwangsversteigerungsverfahrens.

Elementarschäden. Schäden, die durch die „Elemente" verursacht wurden, wie bspw. Überschwemmungen, Lawinen, Erdbeben, sind von der → Hausrat- oder → Gebäudeversicherung i. d. R. nicht abgedeckt. Hier bedarf es einer zusätzlichen Vereinbarung, die aber gerade in entsprechend risikobelasteten Gebieten versicherungsseits oftmals nicht getroffen werden.

Engobe. Um bspw. auf Dachziegeln eine gleichmäßige, farblich gestaltete Oberfläche zu erhalten, wird eine Schlämme aus Ton eingebrannt.

Enteignung. Unterschieden werden zwei Formen: Enteignung im engeren und im weiteren Sinne. Enteignung ist die zwangsweise Entziehung des Eigentums. *Enteignung im engeren Sinne* ist jene in §§ 85 ff. BauGB geregelte Form. Sie ist nur zulässig, wenn es das Allgemeinwohl erfordert und der Enteignungszweck nicht auf andere zumutbare Weise erreicht werden kann. Enteignungszweck ist bspw.

die Zuführung eines Grundstücks zur baulichen Nutzung, wenn der Eigentümer einem → Baugebot nicht nachkommt oder die Erhaltung eines Gebäudes von geschichtlicher Bedeutung. Die Gemeinde hat sich grundsätzlich ernsthaft um den freihändigen Erwerb zu bemühen (§ 88 BauGB). Die Entschädigung kann in Geld oder durch Übertragung eines anderen Grundstücks erfolgen. Sollte der Enteignungszweck jedoch nicht erfüllt werden, hat der Eigentümer einen Rückenteignungsanspruch aus § 102 BauGB. *Enteignung im weiteren Sinne* liegt vor, wenn durch Änderung der planungsrechtlichen Nutzungsmöglichkeiten eine Verschlechterung eintritt. Ihre Wirkung ist der einer Enteignung ähnlich, daher die Bezeichnung „im weiteren Sinne". Solche Planungsschäden (§§ 39 ff. BauGB) werden in Geld entschädigt. Alternativ hat der Eigentümer auch einen Übernahmeanspruch gegenüber der Gemeinde, wenn ihm bspw. nicht mehr zuzumuten ist, das Grundstück zu behalten.

Entlastung des Verwalters. Wird auf der Wohnungseigentümerversammlung die Entlastung des Verwalters beschlossen, so bedeutet dies den Verzicht auf Schadensersatzforderungen gegenüber dem Verwalter. Hiermit sind bekannte oder erkennbare Ersatzansprüche aus Pflichtverletzungen des Verwalters gemeint (BGH, NJW 69, 131). Grundsätzlich hat der Verwalter keinen Anspruch auf Entlastung (OLG Düsseldorf, ZMR 96, 622). Ein Anspruch ist nur gegeben, wenn → Gemeinschaftsordnung oder Verwaltervertrag dies so festlegen.

Entwicklungsgebiet. Hierunter versteht man den in der Entwicklungssatzung festgelegten städtebaulichen Entwicklungsbereich, in dem Entwicklungsmaßnahmen (§ 165 ff. BauGB) durchgeführt werden sollen. Voraussetzung für Entwicklungsmaßnahmen ist das öffentliche Interesse. Die Maßnahmen sollen Ortsteile und andere Teile des Gemeindegebiets entsprechend ihrer besonderen Bedeutung für die städtebauliche Entwicklung und Ordnung der Gemeinde oder entsprechend der angestrebten Entwicklung des Landesgebiets oder der Region erstmalig entwickelt oder im Rahmen einer städtebaulichen Neuordnung einer neuen Entwicklung zugeführt werden. Die Entwicklungsmaßnahme wird von der Gemeinde durchgeführt oder einem Entwicklungsträger übertragen (§ 167 BauGB). Entwicklungsmaßnahmen sind bspw. die Umsiedlung von

Bewohnern, die → Bodenordnung und der Bau von Erschließungsanlagen. Nach Abschluß der Entwicklungsmaßnahmen wird das Land wieder – soweit es von der Gemeinde erworben werden mußte – privatisiert und bebaut. Mit der Entwicklung eines Gebietes ist die Aufstellung eines B-Plans verbunden.

Entwicklungsstufen des Baulandes. Für die Bodenbewertung ist entscheidend, auf welcher Entwicklungsstufe zum Bauland sich Grund und Boden befinden. § 4 WertV unterscheidet vier Stufen:1. Land- und forstwirtschaftliche Flächen (auch Flächen, die sich für eine andere Nutzung eignen, aber bei denen auf absehbare Zeit keine Entwicklung zu einer Bauerwartung bevorsteht); 2.→ Bauerwartungsland; 3. Rohbauland (Flächen, die für eine bauliche Nutzung bestimmt sind, deren Erschließung aber noch nicht gesichert ist oder die nach Lage, Form und Größe für eine bauliche Nutzung unzureichend gestaltet sind); 4. baureifes Land (→ Bauland). → Baulandwertentwicklung.

Entwurfsplanung. → Architektenleistungen. Die Entwurfsplanung (System- und Integrationsplanung) ist Leistungsphase 3 (§ 15 II HOAI). Sie umfaßt das Erarbeiten der endgültigen Lösung der Planungsaufgabe. Hier ist u. a. eine Kostenberechnung nach → DIN 276 enthalten.

Entziehung des Wohnungseigentums. Regelungen in § 18 WEG. Hat ein Wohnungseigentümer sich einer so schweren Verletzung der ihm gegenüber anderen Wohnungseigentümern obliegenden Verpflichtungen schuldig gemacht, daß diesen die Fortsetzung der Gemeinschaft mit ihm nicht mehr zugemutet werden kann, so können die anderen Wohnungseigentümer von ihm die Veräußerung seines Wohnungseigentums verlangen. Voraussetzungen hierfür sind bspw.: 1. Der Wohnungseigentümer verstößt trotz Abmahnung wiederholt gröblich gegen die ihm nach § 14 WEG obliegenden Pflichten (Rücksichts- und Duldungspflichten). Zunächst soll der Wohnungseigentümer aber laut Rechtsprechung auf Unterlassung verurteilt werden. 2. Der Wohnungseigentümer befindet sich mit der Erfüllung seiner Verpflichtungen zur Lasten- und Kostentragung (§ 16 II WEG) in Höhe eines Betrags, der drei vom Hundert des Einheitswerts seines Wohnungseigentums übersteigt, länger als drei Monate in Verzug. Der Weg über die Zwangsversteigerung ist meist wohl der einfachere (→ Ablauf des Zwangsversteigerungsverfahrens) – Über das Verlangen nach Veräußerung des Wohnungseigentums beschließen die Wohnungseigentümer durch Stimmenmehrheit. Der Beschluß bedarf einer Mehrheit von mehr als der Hälfte der stimmberechtigten Wohnungseigentümer. Die Vorschriften des § 25 III, IV WEG sind in diesem Fall nicht anzuwenden. D. h. Die Versammlung ist beschlußfähig unabhängig davon, ob die erschienenen stimmberechtigten Wohnungseigentümer mehr als die Hälfte der Miteigentumsanteile, berechnet nach der im Grundbuch eingetragenen Größe dieser Anteile, vertreten sind (§ 25 III WEG). Es genügt die absolute Mehrheit der Anwesenden. Entsprechend entfällt auch die Notwendigkeit, eine neue Versammlung einzuberufen, wenn diese grundbuchlich fixierte Hälfte nicht überschritten wird (§ 25 IV WEG). Der Anspruch auf Veräußerung des Wohnungseigentums kann durch → Vereinbarung der Wohnungseigentümer nicht eingeschränkt oder ausgeschlossen werden. Die Entziehung kann vom betroffenen Wohnungseigentümer durch Verkauf an eine Person seines Vertrauens erfolgen, die ihm dann ein Nießbrauchrecht einräumt; somit erweist sich die Entziehung des Wohnungseigentums evt. als stumpfes Schwert. Der unerwünschte Wohnungseigentümer bleibt somit im Hause anwesend.

Erbbaurecht. Regelungen in der Verordnung über das Erbbaurecht (ErbbauVO). Das Erbbaurecht ist die (im Grundbuch erstrangige) Belastung eines Grundstücks in der Weise, daß demjenigen, zu dessen Gunsten die Belastung erfolgt (Erbbauberechtigter), das veräußerliche und vererbliche Recht zusteht, auf oder unter der Grundstücksoberfläche ein Bauwerk zu haben (§ 1 I ErbbauVO). Das Erbbaurecht wird so behandelt, als ob es ein Grundstück wäre; es gilt als ein → grundstücksgleiches Recht. Somit kann es auch selbständig belastet werden (BayObLG, BayObLGZ 77, 93). Die Bestellung oder Übertragung eines Erbbaurechts hat mit notarieller Beurkundung zu erfolgen (§ 11 II ErbbauVO). Die Beurkundung muß vollständig sein. Insbesondere müssen zu errichtende Gebäude hinsichtlich Art und Umfang in etwa bezeichnet werden (BGH, NJW 92, 1681). Der Erbbauberechtigte entrichtet für das Erbbaurecht einen Erbbauzins an den Grundstückseigentümer (§§ 9 f. ErbbauVO). Häufig wird die Laufzeit des Erbbaurechts auf 75 oder 99 Jahre festgelegt. Läuft die Zeit des Erbbaurechts ab, so hat der Grundstückseigentümer dem Erbbauberechtigten Entschädigung für das Bauwerk zu leisten (§ 27 ErbbauVO). Statt der Entschädigung hat der Grundstückseigentümer die Möglichkeit, dem Erbbauberechtigten das Erbbaurecht vor seinem Ablauf für die voraussichtliche Standdauer des Bauwerks zu verlängern. Lehnt der Erbbauberechtigte das ab, so erlischt sein Entschädigungsanspruch. Eine wiederholte Verlängerung ist zulässig (§ 27 III ErbbauVO). Für das Erbbaurecht wird bei der Eintragung in das Grundbuch von Amts wegen ein besonderes → Grundbuchblatt (Erbbaugrundbuch) angelegt (§ 14 I BGB).

Erbschaft- und Schenkungsteuer. Regelungen im Erbschaftsteuer- und Schenkungsteuergesetz (ErbStG). Erbschaftsteuer und Schenkungsteuer werden in gleicher Weise ermittelt. Steuerpflichtig ist der Erbe bzw. der Beschenkte. Wesentliche steuerpflichtige Vorgänge (§ 1 ErbStG): Erwerb von Todes wegen und Schenkung unter Lebenden. Schulden sind bei der Ermittlung des steuerpflichtigen Erwerbs abzuziehen. In § 13 ErbStG sind zahlreiche Steuerbefreiungen aufgeführt (z. B. Hausrat max. 80 000,– DM beim Erwerb durch Steuerpflichtige der Steuerklasse I). Die Höhe der ErbSt hängt vom persönlichen Verhältnis des Erwerbers zum Erblasser oder Schenker ab; daraus sind drei Steuerklassen gebildet worden (§ 15 ErbStG). Bspw. sind in Steuerklasse I auch Ehegatten und Kinder bzw. Stiefkinder aufgeführt. Berücksichtigt werden von den Steuerklassen abhängige Freibeträge (§ 16 ErbStG). So haben Ehegatten 600 000,– DM und Kinder 400 000,– DM frei. Die ErbSt-Sätze erhöhen sich mit der Steuerklasse und dem Wert des steuerpflichtigen Erwerbs (Tabelle in § 19 ErbStG). Bei z. B. einem Wert von 100 000,– DM beträgt der Steuersatz in Steuerklasse I 7% des Werts, bei einem Wert von über 50 000 000,– DM beträgt der Steuersatz in Steuerklasse III 50% des Werts. Wird Grundbesitz vererbt oder verschenkt, so wird die Steuer nach dem Grundbesitzwert bemessen (→ Grundbesitzwert für Erbschaftsteuer und Grunderwerbsteuer).

Erfolgsabhängiges Honorar des Maklers. Vom Grundsatz her bekommt der Makler infolge des → Maklervertrags ein Erfolgshonorar (im Gegensatz zum → erfolgsunabhängigen Honorar des Maklers). Es wird meist als Courtage oder Provision bezeichnet (z. B. 6% Käufer-Courtage; Käufer zahlt 6% Courtage, bezogen auf den Kaufpreis). So sieht es die zentrale Vorschrift § 652 I S. 1 BGB vor.

Erfolgsunabhängiges Honorar des Maklers. Abweichend vom Grundsatz des → erfolgsabhängigen Honorars des Maklers kann ein erfolgsunabhängiges Honorar nur durch *individualvertragliche Vereinbarung* und nicht durch eine formularvertragliche (→ Allgemeine Geschäftsbedingungen) gefordert werden (BGH, NJW 71, 1133). Ansonsten würde gegen § 9 AGBG verstoßen, wonach der Auftraggeber des Maklers durch diese formularvertragliche Klausel unangemessen benachteiligt wird. Die Benachteiligung liegt nach dieser Vorschrift in der Unvereinbarkeit mit einem wesentlichen Grundgedanken der gesetzlichen Regelung. Diese Regelung wäre hier § 652 BGB, der die Maklerprovision als Erfolgshonorar definiert. In der *Wohnungsmietvertragsvermittlung* darf von diesem Grundsatz auch durch eine Individualvereinbarung nicht abgewichen werden (§ 2 V WoVermittG).

Erhaltungsaufwand. Aufwand an bestehenden Gebäuden kann entweder Erhaltungsaufwand oder Herstellungsaufwand sein (zur Abgrenzung: BMF, Schreiben vom 16. 12. 1996, BStBl.1996 I S. 1442; R 157, H 157 EStR). Erhaltungsaufwand kann sofort im Rahmen der → Werbungskosten von den Einnahmen abgezogen werden. Herstellungsaufwand wird nur über die → Abschreibung berücksichtigt. Herstellungsaufwand fällt an, wenn etwas Neues geschaffen wird (z. B. Erweiterung durch Aufstockung, Anbau, Vergrößerung der nutzbaren Fläche, Vermehrung der Substanz). Herstellungskosten als Folge einer über den ursprünglichen Zustand hinausgehenden wesentlichen Verbesserung können vorliegen, wenn in zeitlicher Nähe zur Anschaffung – i. d. R. innerhalb von drei Jahren – im Verhältnis zum Kaufpreis hohe Reparatur- oder Modernisierungsaufwendungen anfallen (anschaffungsnaher Herstellungsaufwand). Diese Kosten können trotzdem wie Erhaltungsaufwand abgezogen werden, wenn die Aufwendungen in diesem Zeitraum nicht mehr als 15% plus USt der Anschaffungskosten des Gebäudes ausmachen (R 157 IV EStR). Außerdem werden Herstellungskosten, die nicht mehr als 4000,– DM plus USt betragen stets als Erhaltungsaufwand behandelt (R 157 III EStR). Erhaltungsaufwand umfaßt Instandsetzung und Instandhaltung. Z. B.: Aufwendungen für den Ersatz eines vorhandenen Anschlusses an das Wasser-, Strom-, Gas- oder Fernwärmenetz; Austausch von Fenstern. Handelt es sich um größere Erhaltungaufwendungen bei Gebäuden, die zu mehr als 50% der Nutzfläche Wohnzwecken dienen, so kann der Steuerpflichtige die Kosten auf zwei bis fünf Jahre gleichmäßig verteilen (§ 82 b EStDV). – Zur Behandlung von Erhaltungsaufwand bei durch die → Eigenheimzulage gefördertem selbstgenutzten Wohnraum siehe → Vorkostenabzug.

Erhaltungssatzung. Regelung erfolgt in §§ 172 ff. BauGB. Mittels Erhaltungssatzung kann die Gemeinde ein Gebiet im Bebauungsplan bezeichnen, in denen bestimmte Vorgänge (Abbruch, Änderung oder Nutzungsänderung des Bauwerks) der Genehmigung bedürfen. Zweck dieser Genehmigungspflicht sind: 1. Erhaltung der städtebaulichen Eigenart des Gebiets auf Grund seiner städtebaulichen Gestalt (hier bedarf auch der Neubau einer solchen Genehmigung), 2. Erhaltung der Zusammensetzung der Wohnbevölkerung oder 3. städtebauliche Umstrukturierungen.

Erlösverteilung im Zwangsversteigerungsverfahren. Nach der Zuschlagserteilung (→ Zuschlag im Zwangsversteigerungsverfahren) hat das Gericht einen Termin zur Verteilung des Versteigerungserlöses zu bestimmen (§ 105 I ZVG; Verteilungstermin). Zwischen Terminmitteilung und dem Termin selbst müssen mindestens zwei Wochen liegen (§ 105 IV ZVG). So hat der Ersteher noch Zeit, sich um seine Finanzierung zu kümmern. Beim Verteilungstermin wird der Teilungsplan aufgestellt (§ 113 ZVG). Nach ihm wird der Versteigerungserlös verteilt. Der Teilungsplan beinhaltet die Punkte: I. *Teilungsmasse.* Sie besteht aus 1. dem → Bargebot (inkl. der 4%igen Verzinsung des Bargebots ab Zuschlag bis Verteilungstermin; § 49 II ZVG), 2. ggf. dem Erlös aus der besonderen Versteigerung bzw. anderweitigen Verwertung von beweglichen Gegenständen (→ Zubehör), 3. ggf. dem Zuzahlungsbetrag gem. §§ 50, 51 ZVG. II. *Bestehenbleibende Rechte.* Alle Rechte, die einen besseren Rang als das Recht des betreibenden Gläubigers haben, bleiben bestehen. III. *Schuldenmasse.* Gliederung entsprechend der Rangordnung. Z. B.:

Forderung des betreibenden Gläubigers. III. *Zuteilung*. Unter diesem Punkt des Teilungsplans versteht man die Reihenfolge, in der die Teilungsmasse restlos verteilt wird. Ein evt. Überschuß bekommt der Schuldner zugeteilt.

Ersatzmieter. Enthält der Mietvertrag keine Ersatzmieterklausel, kann der Mieter vom Vermieter keine Beendigung des Mietvertrags verlangen, indem er ihm einen zumutbaren Nachmieter stellt (OLG Oldenburg, WM 81, 125). Eine Ausnahme von diesem Grundsatz besteht nur dann, wenn der Mieter ein erhebliches berechtigtes Interesse hieran hat (OLG Hamm, WM 95, 577). Das können bspw. sein: beruflicher Ortswechsel (OLG Oldenburg, WM 82, 125), Heirat (LG Hannover, WM 88, 12). Sollte der Vermieter aber auch ohne triftige Gründe bereit sein, den alten Mieter gegen Stellung eines Ersatzmieters aus dem Mietvertrag zu entlassen, so ist der Vermieter an diese Erklärung gebunden (AG Köln, WM 87, 212). Bezüglich der Zmutbarkeit des Ersatzmieters gelten dann die gleichen Grundsätze wie für den Fall, wo im Mietvertrag eine Ersatzmieterklausel vorhanden ist. Die Weigerung des Nachmieters, einen höheren Mietzins zu zahlen ist ebenso ein unzulässiger Ablehnungsgrund des Vermieters, wie ein Ausländer zu sein (LG Kassel, WM 80, 178). Anzweifelbare Zahlungsfähigkeit berechtigt aber zur Ablehnung des Nachmieters (LG Hamburg, WM 79, 144).

Ersatzvornahme. Der Bauunternehmer ist verpflichtet, das Werk fehlerfrei herzustellen. Falls doch Mängel auftreten, kann der Bauherr den Bauunternehmer unter Fristsetzung zur Beseitigung der Mängel auffordern (Nachbesserung, → Gewährleistungsansprüche; § 633 BGB). Kommt er dieser Aufforderung nicht nach, hat der Bauherr ein Recht auf Ersatzvornahme (§ 633 III BGB; § 15 Nr. 5 II VOB/B). Er kann nun einen anderen Unternehmer mit der Mängelbeseitigung beauftragen und vom ersten Bauunternehmer Kostenerstattung verlangen. Der Bauherr hat sogar einen Anspruch auf Vorschuß für die Mängelbeseitigung (BGH, NJW 67, 1366; OLG Oldenburg, BauR 94, 371).

Ertragswertverfahren. Dieses Verfahren zur → Immobilienbewertung wird insbesondere dann angewendet, wenn es sich um ein

Grundstück handelt, daß dazu bestimmt ist, einen nachhaltigen Ertrag zu erzielen (3.1.2 WertR). Der Ertragswert läßt sich anhand folgender Formel errechnen: EW=(RE-BW x i) x V+BW, wobei EW=Ertragswert, Re= → Reinertrag pro Jahr, BW= → Bodenwert, i= → Liegenschaftszinssatz, V=Vervielfältiger (→ Barwert). Hierbei wird der um die Bodenwertverzinsung verringerte Jahresreinertrag als Gebäudereinertrag bezeichnet und der abgezinste Jahresreinertrag als Gebäudeertragswert. Unter Berücksichtigung der Lage auf dem Grundstücksmarkt und der Ergebnisse anderer Wertermittlungsverfahren wird aus dem Ertragswert der Verkehrswert festgestellt (§ 7 WertV).

Estrich. Als Estrich bezeichnet man die Schicht auf dem Fußboden, die als Nutzschicht oder als Auflageschicht für den Bodenbelag dient. Estrich besteht aus Wasser, → Zuschlagstoffen und einem Bindemittel (z. B. Zement, Gips). Verschiedene Formen des Estrich. Z. B.: → Schwimmender Estrich.

Exposé. Andere Bezeichnung: Verkaufsaufgabe. Wichtiges Instrument der Maklertätigkeit. Das Exposé enthält wesentliche Angaben über das nachzuweisende Objekt (→ Makler- und Bauträgerverordnung – MaBV) und dient dem Auftraggeber als vorläufige Beurteilungsgrundlage für dieses Objekt. Darüber hinaus kann das Exposé auch die Aufgabe eines Angebots auf Abschluß eines Maklervertrag darstellen, wenn der Makler deutlich seine Allgemeinen Geschäftsbedingungen auf dem Exposé nennt. Das gilt gerade hinsichtlich der klaren Darstellung von Provisionshöhe und -fälligkeit. Dann kommt es auf die (zustimmende) Reaktion des Exposéempfängers an, ob ein → Maklervertrag zustande kommt. Die bloße Entgegennahme des Exposés gilt selbst dann nicht als Abschluß des Maklervertrags, wenn der Exposéempfänger das angebotene Objekt kauft (BGH, NJW 84, 232). Gerade auf die → Kausalität (Ursächlichkeit) der Maklertätigkeit für den Kaufvertragsabschluß kommt es an.

F

Facility Management. Umfassende Bewirtschaftung der Immobilie, die kaufmännisches (z. B. Vermietungsaufgaben, Miet- und Betriebskostenabrechnung) und technisches Immobilienmanagement (z. B. Instandhaltung, Instandsetzung, EDV-Betreuung, Aufzugswartung, Reinigungsdienst, Energiemanagement), aber auch ein Bündel an Serviceleistungen (z. B. Umzugsservice, Büroservice, Kantinenbewirtschaftung, Poststelle, Empfang, Telefonzentrale, Kfz-Betreuung, Sicherheitsdienst, Botendienst) umfaßt. Durch Facility Management sollen Ertrag und Wert der Immobilie langfristig gepflegt werden.

Factory-Outlet. Hierunter versteht man eine Immobilie, die von Markenartikelherstellern selbst angemietet und betrieben wird, um dort ihre Produkte selbst zu verkaufen. Die Produkte weichen aber bspw. hinsichtlich der Qualität oder der Aktualität von den üblichen Angeboten ab. Daher liegen die Produktpreise oft um 30% und mehr unter den üblichen Preisen. Factory-Outlets müssen eine gute verkehrsmäßige Anbindung haben, so daß ein bevölkerungsreiches Einzugsgebiet erschlossen wird (z. B. an einer Autobahn), da sie eine geringere Besuchshäufigkeit aufweisen.

Fälligkeit des Mietzinses. Die grundsätzliche Fälligkeitsregelung des Mietzinses in § 551 BGB sieht eine nachschüssige Zahlung des Mietzinses vor. Insofern tritt der Vermieter in Vorleistung. Allerdings wird in den Mietverträgen meist eine Fälligkeit mit Beginn des Mietzeitabschnitts (meist Monat) festgelegt; daher ist in diesem Falle der Mieter der Vorleistende.

Falzziegel. Gekrümmte oder ebene Dachziegel, die sich nur wenig überdecken. Trotzdem erreichen sie eine hohe Dichtigkeit, weil rillenförmige Falze an den Seiten dafür sorgen, daß die Dachziegel ineinandergreifen (s. Bildanhang 5).

Feder. Mittels → Nut und Feder können Bauteile fugenlos zusammengebracht werden. Die Feder ist ein langer Wulst an dem einen Bauteil, die Nut eine Rille am anderen Bauteil; die Feder wird in die Nut geschoben. Durch Nut und Feder werden bspw. die Bretter der Holzvertäfelung aneinandergehalten.

Fensterbank. Das Brüstungsmauerwerk einer Fensteröffnung bekommt auf der Innen- und Außenseite eine Abdeckung (Fensterbank). Außen wird bspw. aus Kunststein eine nach außen abgeschrägte Abdeckung angebracht (auch Sohlbank genannt), so daß Regen abfließen kann. Innen ist die Fensterbank oft der obere Abschluß der Nische für den Heizkörper. Sie kann z. B. aus → Solnhofer Platte oder beschichtetem Holz bestehen.

Fensterformen. Verschiedene Formen, die nach der Art ihrer Öffnung des beweglichen Teils (Fensterflügel) unterschiedliche Bezeichnungen tragen (z. B. Drehflügelfenster, Schwingflügelfenster) (s. Bildanhang 7).

Festdarlehen. Das Festdarlehen (z. B. → Bauspardarlehen) hat gegenüber üblichen Darlehen über die *gesamte* Laufzeit des Darlehens hinweg einen Festzins (unveränderlicher Zins, Zinsfestschreibung).

Festpreis. Die Vereinbarung eines Festpreises bindet den Unternehmer, die Leistung zu einem festen Preis zu erbringen (Pauschalpreisvertrag). Veränderungen von Steuern, Materialpreisen, Lohnkosten etc. gehen dann voll zu seinen Lasten (LG Mainz, NJW 71, 51). Daher wird der Unternehmer i. d. R. einen Wagniszuschlag vornehmen. Erst, wenn das Festhalten des Unternehmers an dem Festpreis unzumutbar wird, kann er einen Anspruch auf Preisanpassung haben. Bei einer Baukostenverteuerung von weniger als 20% wird noch kein Anpassungsgrund für den Festpreis gesehen (OLG Düsseldorf, BauR 74, 348). Bei einer wesentlichen Änderung des Bauvorhabens gegenüber der ursprünglichen Planung, die Grundlage für den Festpreis war, kann eine Anpassung des Festpreises gefordert werden (BGH, BauR 74, 416).

Feuerversicherung. Das Risiko Feuer wird durch die → Hausrat- und durch die → Gebäudeversicherung abgedeckt. Feuer hat hier nur schlagwortartige Bedeutung. Immerhin sind neben Brand auch die Risiken wie Explosion, Blitzschlag oder Anprall/Absturz bemannter Flugkörper mitversichert; ebenso Rettungsarbeiten.

Finanzierungsplan. Übersichtliche Darstellung der Gesamtkostenverteilung eines Immobilienerwerbs bzw. Immobilienbaus auf die beiden Positionen Eigenkapital und Fremdkapital. Im wesentlichen werden Tilgungsmodalitäten, Zinsen, Rang im Grundbuch beim Fremdkapital angegeben. Dem Eigenkapital wird die Eigenleistung des Bauherrn zugerechnet. Der Bauherr bzw. Erwerber erfährt aus dem Finanzierungsplan den Verlauf seiner langfristigen laufenden Belastung.

First. Bei geneigten Dachflächen befindet sich oben eine waagerechte Linie, an der diese zusammentreffen. Diese obere Kante nennt sich First. Meist befinden sich als Deckung Firstziegel auf dem First (halbrunde Formsteine, zu den Dachziegeln passend).

Firstpfette. → Pfette, die sich zur Mitte unter dem First befindet (s. Bildanhang 3).

Flachdach. Nur gering geneigtes Dach (Neigung um rund 5%). Eine herkömmliche Dachdeckung mit Dachziegeln - wie bei geneigten Dächern üblich - kommt nicht mehr in Frage. Die Entwässerung des Daches erfolgt meist mittels eines → Gullys, in dessen Richtung sich das Dach leicht neigt. Flachdächer sind starken Belastungen durch Sonne, Regen, Frost, Schnee ausgesetzt. Eine gewissenhafte Ausführung hinsichtlich des Dachaufbaus ist daher besonders wichtig. → Kaltdach, → Warmdach, → Umkehrdach sind mögliche Aufbauformen des Flachdaches (s. Bildanhang 1).

Flachspülklosett. Gegenteil von → Tiefspülklosett. Bei dieser Art des WC befindet sich im Innern ein flaches Becken und davon getrennt ein → Geruchverschluß (zum Abflußrohr verlaufende Vertiefung die ständig mit Wasser gefüllt ist).

Flächennutzungsplan. Der Flächennutzungsplan gibt Hinweise zur beabsichtigten → Art der baulichen Nutzung und damit zur wertmäßigen Einschätzung eines Grundstücks. Als vorbereitender Bauleitplan (§ 1 II BauGB) dient er als Grundlage für den verbindlichen Bauleitplan (→ Bebauungsplan). Im Gegensatz zum B-Plan ist der Flächennutzungsplan nur innerhalb der Behörde verbindlich.

Flur. Mehrere Flure ergeben eine → Gemarkung. Eine Flur besteht aus mehreren → Flurstücken. → Kataster.

Flurkarte. Ausschnitt aus einer Gemarkungskarte. → Kataster.

Flurstück. Katasteramtlicher Begriff für Grundstück (Kennzeichnung durch Flurstücksnummer); ein Grundstück kann aus mehreren Flurstücken bestehen (zusammengesetzes Grundstück). Mehrere Flurstücke ergeben eine → Flur. → Kataster.

Förderungsmöglichkeiten. Die Bauförderung ist recht vielschichtig gestaltet. Im wesentlichen sind es zur Zeit die → Abschreibung, → Eigenheimzulage, → Arbeitnehmersparzulage, → Wohnungsbauprämie, vergünstigte Darlehen und Zuschüsse bestimmter Organisationen.

Folgegeschäft im Maklerrecht. Schließen die Parteien des ersten, durch den Makler zustandegebrachten → Hauptvertrags noch einen weiteren Hauptvertrag ab, so handelt es sich um ein sog. Folgegeschäft. Folgegeschäfte lassen sich nur über individualvertragliche Vereinbarungen (→ Allgemeine Geschäftsbedingungen) provisionspflichtig machen. Die Frage der Provisionspflicht des Folgegeschäfts richtet sich ferner nach der über den ersten Hauptvertrag indirekt wirkenden → Kausalität (Ursächlichkeit) der Maklertätigkeit für den Folgevertrag. In der Mietwohnungsvermittlung können Folgeverträge (erneuerte Mietverträge über die gleichen Wohnungen) auch individualvertraglich nicht vereinbart werden (§ 2 II i. V. m. § 2 V WoVermittG).

Fortsetzung des Zwangsversteigerungsverfahrens. Ist das Zwangsversteigerungsverfahren einstweilig eingestellt worden, kann es auf Antrag des Gläubigers wieder fortgesetzt werden. Wird der Antrag aber nicht innerhalb von sechs Monaten gestellt, ist das Verfahren aufzuheben (§ 31 ZVG).

Franchisesystem. Maklerfirmen können in ein sog. Franchisesystem eingebunden sein. Das bedeutet, daß ein Franchisegeber (meist selbst eine Maklerfirma) mit mehreren selbständig bleibenden Franchisenehmern einen Franchisevertrag schließt. Betriebsorganisation, äußeres Erscheinungsbild, Marketingkonzept und Weiterbildung werden dem Franchisenehmer gegen Entrichtung von Provisionen zur Verfügung gestellt. Eine Franchiseorganisation ermöglicht eine ausgedehnte Marktpräsenz.

Frankfurter Pfanne. → Betondachstein, der die Form wie ein Pfannenziegel hat (s. Bildanhang 5).

Freistellungserklärung. Die Freistellungserklärung (§ 3 I S. 1 Nr. 3 und S. 2 MaBV) ist eine besondere Sicherungspflicht des → Bauträgers. Sie sichert die dem Bauträger gem. Baufortschritt zufließenden Vermögenswerte (→ Abschlagszahlung) z. B. im Fall des Bauträgerkonkurses. Die Freistellungserklärung betrifft die Freistellung des Vertragsobjekts von allen Grundpfandrechten, die der Auflassungsvormerkung im Range vorgehen oder gleichstehen. Das betrifft nur solche Grundpfandrechte, die nicht vom Auftraggeber übernommen werden sollen. Die Freistellung ist nur gesichert, wenn gewährleistet ist, daß nicht zu übernehmende Grundpfandrechte im Grundbuch gelöscht werden, der Auftraggeber die Zahlung der geschuldeten Vetragssumme geleistet hat (im Falle des vollendeten Bauwerks) bzw. die Zahlung des dem erreichten Bautenstand entsprechenden Teils der Vertragssumme geleistet hat (im Falle des unvollendeten Bauwerks).

Fries. Gestalterischer Streifen auf Wand, Tapete, Stoff u. a. Entweder in Form einer Bemalung oder als Relief gestaltet.

Fristgemäße Kündigung. Andere Bezeichnung: ordentliche Kündigung; Gegensatz: → fristlose Kündigung. Eine solche Kündigung setzt bei der *Wohnraumvermietung* ein berechtigtes Interesse des Vermieters voraus (§ 564 b BGB). Der Mieter muß keine Kündigungsgründe anführen (lediglich Soll-Vorschrift § 564 a I S. 2 BGB). § 564 b II BGB nennt wesentliche Situationen, in denen ein berechtigtes Interesse des Vermieters vorliegt. I. *Mieter verletzt seine ver-*

traglichen Verpflichtungen schuldhaft und nicht unerheblich. Bsp.: Mieter unterläßt es, vom Vermieter die Erlaubnis zur Untervermietung einzuholen (BayObLG, WM 95, 378); Mieter weigert sich beharrlich, die fälligen Schönheitsreparaturen durchzunehmen (LG Hamburg, WM 85, 85); Mieter belästigt die Mitmieter ständig durch Lärm oder Beleidigungen; ständiger Verstoß gegen die Hausordnung; Überbelegung durch gewachsene Familienmitgliederzahl (OLG Hamm, WM 82, 323). II. → *Eigenbedarf des Vermieters.* III. *Hinderung an wirtschaftlicher Verwertung oder erhebliche Benachteiligung durch Fortsetzung des Mietverhältnisses.* Ausdrücklich ausgeschlossen ist der Kündigungsgrund, daß durch anderweitige Vermietung eine höhere Miete zu erzielen wäre. Kündigungsgrund ist ferner nicht, daß der Vermieter beabsichtigt, die Wohnung in eine Eigentumswohnung umzuwandeln. Weiter unterliegt der Vermieter in von der Landesregierung bestimmten Gebieten (→ Eigenbedarf) mit seiner Kündigung einer fünfjährigen Sperrfrist, wenn an der Mietwohnung nach der Überlassung an den Mieter Wohnungseigentum begründet und veräußert worden ist. Bsp. für eine Hinderung an einer wirtschaftlichen Verwertung: Kündigungsschutz wirkt sich als „faktische Verkaufshinderung" aus (BVerfG, WM 92, 46). Andererseits hat der Vermieter das Risiko einer ungünstigen Preisentwicklung vermieteter Eigentumswohnungen selbst zu tragen (AG Hamburg, WM 91, 497). Eine Existenzbedrohung durch die Fortsetzung des Mietverhältnisses, etwa durch erhebliche Verluste, kann ein Kündigungsgrund sein. IV. *Teilkündigung.* Ein berechtigtes Interesse des Vermieters liegt auch dann vor, wenn er nicht zum Wohnen bestimmte Nebenräume oder Teile eines Grundstücks dazu verwenden will, Wohnraum zum Zwecke der Vermietung zu schaffen. Das gleiche gilt, wenn er nicht zum Wohnen bestimmte Nebenräume oder Teile eines Grundstücks dazu verwenden will, den neu zu schaffenden und den vorhandenen Wohnraum mit Nebenräumen und Grundstücksteilen auszustatten. Die Teilkündigung bezieht sich nur auf diese Räume und Grundstücksteile. Der Mieter kann verlangen, daß sich der Mietvertrag um einen entsprechenden Zeitraum verlängert, wenn sich der Beginn der Bauarbeiten verzögert. Bsp. für Teilkündigung: Vermieter will den vom Mieter bisher genutzten Trockenboden als Dachgeschoßwohnung ausbauen. V. *Kündigungsfristen.* Regelungen in § 565 BGB. Wesentliche Regelungen: 1. *Geschäftsräume.* Kündigung ist spätestens am dritten Werktag eines Quartals für den Ablauf des nächsten Quartals zulässig. 2. *Wohnraum.* Staffelung nach der Länge der zurückgelegten Mietzeit. Kündigung spätestens am dritten Werktag eines Kalendermonats für den Ablauf des übernächsten Monats. Nach fünf, acht und zehn Jahren verlängert sich die Kündigungsfrist um jeweils drei Monate. Der Wohnraummieter hat die Möglichkeit, der Kündigung durch den Vermieter bei Vorliegen eines Härtefalles zu widersprechen (§ 556 a BGB, Sozialklausel).

Fristlose Kündigung. Gegensatz: fristgemäße Kündigung. Eine fristlose Kündigung kann sowohl vom Mieter als auch vom Vermieter ausgesprochen werden. Es müssen schon sehr schwerwiegende Gründe vorliegen, die zu so einem Schritt berechtigen. Bsp.: fristlose Kündigung bei vertragswidrigem Gebrauch (§ 553 BGB), bei Zahlungsverzug (§ 554 BGB), bei unzumutbarem Mietverhältnis (§ 554 a BGB).

Fundament. Andere Bezeichnung: Gründung. Das Fundament überträgt die Lasten des Baus bis auf den tragfähigen Untergrund in frostfreier Tiefe. Fundamente müssen entsprechend des Baugrundes und entsprechend der Art und Größe des Baus ausgebildet werden. Bsp.: Beim *Streifenfundament* werden Fundamente unter die tragenden Wände gelegt (meist Wohn- und Geschäftshäuser). Die *Tiefgründung* wird bei sehr tiefliegenden tragenden Bodenschichten angewendet. Hierbei wird bspw. der Bau auf Betonpfähle gesetzt (Pfahlgründung). *Plattenfundamente* kommen auch zum Einsatz, wenn eine → Kellerwanne wegen hohen Grundwasserspiegels gebaut werden muß.

Fußbodenheizung. Meistens im → Estrich verlegte Heizschlangen. Die Heizschlangen sind entweder mit Wasser gefüllte Rohre oder elektrische Heizkabel bzw. -gitter. Auf eine besondere Isolierung des Heizsystems nach unten ist wegen der Effizienz der Heizung zu achten (Wärme soll nach oben und nicht nach unten in andere Räume ziehen). Mittels Fußbodenheizung läßt sich die Raumtemperatur nur relativ langsam regulieren. Fliesen, Parkett oder spezielle Teppichböden sind geeignete Bodenbeläge.

Fußpfette. → Pfette, die sich am → Dachfuß befindet und auf die die Sparren aufgelagert werden (Abbildung: s. Bildanhang 3).

G

Galerie. Im oberen Bereich hoher Räume angeordnete Fläche, deren offene Seite zum Rauminneren zeigt. Die offene Seite wird nur bspw. durch ein Geländer gesichert.

Gaube. Andere Bezeichnungen: Gaupe, Dachgaube, Dachgaupe. Bei einem geneigten Dach können Aufbauten erstellt werden, die ein stehendes Fenster ermöglichen. Es gibt verschiedenste Formen der Gauben (Abbildung: s. Bildanhang 2).

Gebäudeversicherung. Sammelbezeichnung für verschiedene Versicherungszweige für Gebäude, die aber gerade bei selbstgenutztem bzw. vermietetem Wohnungseigentum in einem Versicherungsvertrag zusammengeschlossen werden (verbundene Gebäudeversicherung). Im Falle des Eigentümerwechsels muß der Versicherung innerhalb eines Monats nach dem Kauf der Eigentümerwechsel angezeigt werden; ansonsten ist die Versicherung nicht verpflichtet, einen Schadensfall zu regulieren. → Unterversicherung läßt sich durch Vereinbarung der → gleitenden Neuwertversicherung vermeiden, es sei denn der Bauwert wurde durch bauliche Veränderungen erhöht (müssen durch Erhöhung der Versicherungssumme berücksichtigt werden).Die wesentlichen Versicherungszweige der Gebäudeversicherung sind → Leitungswasser-, → Feuer-, → Sturm- und → Hagelversicherung.

Gebrauch des Gemeinschaftseigentums. Jeder Wohnungseigentümer ist zum Mitgebrauch des Gemeinschaftseigentums berechtigt (§ 13 II WEG). Allerdings wird dieses Mitgebrauchsrecht durch die §§ 14, 15 WEG eingeschränkt. § 14 WEG beschreibt Rücksichts- und Duldungspflichten, § 15 die Gebrauchsregelung (meist Hausordnung). An den sonstigen Nutzungen (z. B. Vermietung von Garagenstellplätzen im Gemeinschaftseigentum) des Gemeinschaftseigentums ist der Wohnungseigentümer entsprechend seines grundbuchlichen Miteigentumsanteils beteiligt (§ 13 II S. 2 i. V. m. § 16 WEG).

Gebrauch des Sondereigentums. Jeder Wohnungseigentümer kann, soweit nicht das Gesetz oder Rechte Dritter entgegenstehen, mit den im Sondereigentum stehenden Gebäudeteilen nach Belieben verfahren, insbesondere diese bewohnen, vermieten, verpachten oder in sonstiger Weise nutzen, und andere von Einwirkungen ausschließen (§ 13 I WEG). Die im Sondereigentum stehenden Gebäudeteile muß der Wohnungseigentümer so instandhalten und er darf von diesen nur in solcher Weise Gebrauch machen, daß dadurch keinem der anderen Wohnungseigentümer über das bei einem geordneten Zusammenleben unvermeidliche Maß hinaus ein Nachteil erwächst (§ 14 I WEG). Oft finden sich in der → Teilungserklärung bzw. → Gemeinschaftsordnung Vereinbarungen, wie das Sondereigentum genutzt werden darf (z. B. keine Gaststätte in einem Ladenraum).

Gefahrtragung. Unter Gefahrtragung versteht man die Übernahme des Risikos hinsichtlich einer Beschädigung oder gar Zerstörung der erbrachten Leistung und der sich anschließenden Neuherstellung und der Vergütung. I. *Bauvertrag auf BGB-Grundlage.* Der Unternehmer trägt das Risiko bis zur Abnahme der erbrachten Leistung; er trägt es aber nicht für vom Auftraggeber geliefertes Material (§ 644 BGB). Nur, wenn die Beschädigung oder Zerstörung aufgrund eines Umstandes erfolgt, der in der Späre des Bauherrn liegt, ist der Unternehmer von dem Risiko befreit. § 645 BGB bezieht dies auf mangelbehaftetes und vom Auftraggeber geliefertes Material, aber auch auf für die Leistungsausführung erteilte Anweisungen durch den Auftraggeber. II. *Bauvertrag auf VOB-Grundlage.* § 7 VOB / B bürdet dem Auftraggeber die Gefahrtragung bereits vor der Abnahme auf. Diese Bestimmung kann im Bauvertrag aber ausgeschlossen werden.

Gefahrübergang. Vom Moment der Übergabe an geht die Gefahr des zufälligen Untergangs und einer zufälligen Verschlechterung auf den Käufer über (§ 446 I S. 1 BGB). Dann stehen ihm auch die Nutzungen zu; allerdings hat er dann auch die Lasten zu tragen. Wird der Käufer bereits vor der Übergabe ins Grundbuch eingetragen, findet der Gefahrübergang und der Übergang von Nutzen und Lasten mit der Eintragung statt (§ 446 II BGB).

Geldbeschaffungskosten. Überbegriff für alle Kosten, die mit der Darlehensbeschaffung zusammenhängen (Zinsen, → Damnum, → Bereitstellungszinsen, → Bearbeitungsgebühren, Darlehensvermittlerprovision, Kosten für Notar und Grundbuch etc.).

Gemarkung. Katasteramtliche Bezeichnung für ein Gebiet innerhalb des Gemeindebezirks. Oft besteht ein Gemeindebezirk aus einer Gemarkung und kann somit auch dem Grundbuchbezirk entsprechen. Eine Gemarkung wird in Flure (→ Flur) unterteilt. → Kataster.

Gemeinschaftseigentum. Hierunter versteht man das Grundstück sowie die Teile, Anlagen und Einrichtungen des Gebäudes, die nicht im → Sondereigentum oder im Eigentum eines Dritten stehen (§ 1 V WEG). Im Umkehrschluß aus der gesetzlichen Definition des Sondereigentums (§ 5 I WEG) läßt sich sagen, daß zum Gemeinschaftseigentum diejenigen Bestandteile des Gebäudes gehören, die *nicht* verändert, beseitigt oder eingefügt werden können, ohne daß dadurch das gemeinschaftliche Eigentum oder ein Sondereigentum eines anderen Wohnungseigentümers über das nach § 14 WEG (im wesentlichen Rücksicht beim geordneten Zusammenleben) zulässige Maß hinaus beeinträchtigt oder die äußere Gestaltung des Gebäudes verändert wird. Zwingend zum Gemeinschaftseigentum gehörenTeile des Gebäudes, die für dessen Bestand oder Sicherheit erforderlich sind, sowie Anlagen und Einrichtungen, die dem gemeinschaftlichen Gebrauch der Wohnungseigentümer dienen, selbst wenn sie sich im Bereich der im Sondereigentum stehenden Räume befinden (§ 5 II WEG). Bsp.: Außenfassade; tragende Wände; Rohr- und Kabelleitungen, bis zur Abzweigung von der Hauptleitung, ab der lediglich eine Wohnung ver- bzw. entsorgt wird; Estrich innerhalb des Sondereigentums. Die Wohnungseigentümer können vereinbaren, daß Bestandteile des Gebäudes, die Gegenstand des Sondereigentums sein können, zum gemeinschaftlichen Eigentum gehören (§ 5 III WEG).

Gemeinschaftsgeschäft unter Maklern. Ein Gemeinschaftsgeschäft ist eine Vereinbarung unter gleichberechtigten Maklern (Anbieter- und Nachfragemakler), die Maklertätigkeiten gemeinsam für den Erfolg ihrer jeweiligen Auftraggeber zu entfalten. Gemeinschaftsgeschäfte werden überwiegend im Immobilienverkauf, aber auch in der Vermietung durchgeführt. Bsp: Makler A wurde von einem Kaufinteressenten beauftragt, ein geeignetes Einfamilienhaus zu finden. Makler B wurde von einem Verkaufsinteressenten beauftragt, einen Käufer für sein Einfamilienhaus zu finden. Makler A und B vereinbaren, beide Auftraggeber zusammenzuführen, da der eine für den anderen ein geeigneter Vertragspartner ist. Anbieter- und achfragemakler sind *in ihren geschäftlichen Entscheidungen frei*. Jeder von ihnen kann trotz des vereinbarten Gemeinschaftsgeschäfts eigene Interessenten beibringen und seinen Auftraggeber somit ohne die Hilfe des anderen Maklers zum gewünschten Abschluß des Hauptvertrages führen. In so einem Falle hat der am Zustandekommen des Hauptvertrages nicht beteiligte Makler keinen Anspuch auf einen Anteil der Provision des anderen Maklers. Grundsätzlich ist es bei keiner Maklervertragsart verboten, ein Gemeinschaftsgeschäft durchzuführen. Es bedarf *keiner Einwilligung des Auftaggebers*, ein Gemeinschaftsgeschäft durchführen zu dürfen. Seine Interessen werden hierdurch nämlich nicht beeinträchtigt. Das Gemeinschaftsgeschäft wird als gängiges Mittel im Rahmen der üblichen Maklerbemühungen angesehen. Die Vereinbarung über ein Gemeinschaftsgeschäft sollte in jedem Falle klar darstellen, *worauf sich das Geschäft bezieht* (zum Beispiel Vermakelung des Mehrfamilienhauses in der xy-Straße 1, Hamburg). Ganz wichtig und immer wieder Streitpunkt ist die *Provisionsverteilung*. Liegt keine Regelung vor, muß gerichtlich festgestellt werden, ob ein Handelsbrauch vorliegt (LG Lübeck 19. 03. 1979 – 11 O 25/79 – RDM-Rspr. A 178–2). Ansonsten bleibt nur, die Begleitumstände zur Auslegung heranzuziehen. Ohne Anhaltspunkte für eine andere Provisionsregelung erhält jeder Makler nur die Provision seines Auftraggebers, soweit ihm eine zusteht, denn Anbieter- und Nachfragemakler stehen nur mit ihren eigenen Auftraggebern in maklervertraglicher Beziehung. Deswegen haben sie auch nur gegen diese einen Provisionsanspruch, soweit ein solcher vereinbart wurde. Nicht unbedeutend ist auch ein gegenseitiger *Informationsschutz*. Ein Gemeinschaftsgeschäft bringt es mit sich, daß die Makler sich gegenseitig Informationen zukommen lassen, die bekanntlich wesentlicher Bestandteil ihres „Betriebskapitals" darstellen. Man stelle sich folgende Situation vor: Makler A hat infolge des vereinbarten Gemeinschaftsgeschäfts mit Makler B den Verkaufsinteressenten X kennengelernt. Makler A hat noch einen potenten Mietinteressenten Y. A spricht mit X und erfährt von dessen Bereitschaft, auch eine Vermietung, anstatt des Verkaufs vorzunehmen. Verkaufsinteressent X schließt mit dem Mietinteressent Y einen Mietvertrag. Um solche Fälle zu verhindern, wird ein sogenannter *Objektschutz* vereinbart. Innerhalb einer bestimmten Frist wirkt die vereinbarte Provisionsteilung fort. Demgegenüber gibt es auf der anderen Seite noch den sogenannten *Kundenschutz*. Dieser soll Situationen wie die folgende absichern: Makler A und Makler B haben ein Gemeinschaftsgeschäft vereinbart. Der Kaufinteressent von B mag das Einfamilienhaus des Verkaufsinteressenten von Makler A wegen seiner Gestaltung nicht leiden. Makler A weiß sich zu helfen: Er bietet ihm ein anderes Einfamilienhaus mit hübscherer Gestaltung an. Der Kaufinteressent kauft dieses Objekt. Gerichtlich nicht vollständig geklärt, aber von der herrschenden Literaturmeinung verneint, ist die Frage der *Haftung* des einen für den anderen Makler. Das Oberlandesgericht Hamm hat das Gemeinschaftsgeschäft falsch als Hauptmakler-Untermakler-Beziehung eingestuft. Das hat zur Folge, daß die Gefahr der Haftung des einen für den anderen Maklers besteht. Der eine Makler haftet für den anderen, weil dieser als Erfüllungsgehilfe des ersteren angesehen wird. Der Makler sollte im Maklervertrag mit seinem Auftraggeber darauf hinweisen, daß bei einem Gemeinschaftsgeschäft der zweite Makler kein Untermakler ist. Abschließend ist festzustellen, daß Maklern, die Gemeinschaftsgeschäfte durchführen möchten, in der Vereinbarung der Verweis auf die → Geschäftsgebräuche für Gemeinschaftsgeschäfte der Maklerverbände zu empfehlen ist. Um von vornherein Unklarheiten zu vermeiden, sollten diese als Anlage der Vereinbarung beigelegt werden.

Gemeinschaftsordnung. Andere Bezeichnungen: Miteigentumsordnung, Grundordnung. Die Gemeinschaftsordnung umfaßt → Vereinbarungen der Wohnungseigentümer (Einstimmigkeit erforderlich), durch die die Wohnungseigentümer ihr Verhältnis untereinander in Ergänzung oder Abweichung vom WEG regeln. Diese Vereinbarungen, ihre Änderung und Aufhebung bedürfen der Eintragung ins Grundbuch als Inhalt des Sondereigentums. Nur so können sie auch gegen den Sondernachfolger (z. B. Käufer) eines Wohnungseigentümers wirken (§ 10 II WEG). Die Gemeinschaftsordnung enthält Regelungen, die über die ordnungsmäßige Verwaltung hinausgehen, wie z. B. ein absolutes Tierhaltungsverbot; → Veräußerungsbeschränkung des Wohnungseigentums; → Stimmrecht beim Wohnungseigentum; → Sondernutzungsrecht, Erweiterungen der Befugnisse des Verwalters; Kostenverteilung. Die Gemeinschaftsordnung soll mit ihren Vereinbarungen zukunftsgestaltend wirken. Im Gegensatz zu einstimmigen Beschlüssen (→ Wohnungseigentümerbeschluß) können Vereinbarungen nicht durch Mehrheitsbeschluß aufgehoben werden.

Generalübernehmer. Im Unterschied zum → Generalunternehmer erbringt er selbst keine eigenen Bauleistungen, sondern vergibt alle an → Subunternehmer.

Generalunternehmer. Andere abkürzende Bezeichnung: GU. Der Generalunternehmer erbringt entweder selbst alle Bauleistungen, ggf. sogar die Architektenleistungen oder er vergibt einen Teil der Leistungen an → Subunternehmer (im eigenen Namen, für eigene Rechnung). Im letzteren Falle wird er auch als Hauptunternehmer bezeichnet. → Generalübernehmer.

Geringstes Gebot. Regelungen in §§ 44 ZVG. Bei der Versteigerung wird nur ein solches Gebot zugelassen, daß die den Ansprüchen des betreibenden Gläubigers vorgehenden Rechte sowie die Verfahrenskosten deckt. Das geringste Gebot setzt sich zusammen aus: 1. *Geringstes Bargebot* (andere Bezeichnung: Mindestbargebot). Z. B. öffentliche Lasten, Verfahrenskosten. 2. *Bestehenbleibende Rechte.* Die den Ansprüchen des betreibenden Gläubigers vorgehenden Rechte (sprich: rangbessere Rechte).

Geruchverschluß. Meist ein s-förmiges Rohrstück, in dem stets eine gewisse Menge Wasser steht. Dadurch wird vermieden, daß Gase und Gerüche aus dem Abwassersystem in den Innenraum dringen können. Ist das Wasser wegen längerer Nichtbenutzung verdunstet, verliert der Geruchverschluß seine Funktion.

Geschäftsgebräuche für Gemeinschaftsgeschäfte unter Maklern. Die Maklerverbände (zum Beispiel RDM) haben mit ihren „Geschäftsgebräuchen für Gemeinschaftsgeschäfte" (GfG) ein Regelungswerk geschaffen, das geeignet ist, Streitigkeiten zwischen Maklern zu verhindern, die aufgrund von → Gemeinschaftsgeschäften unter Maklern zustande kommen. Alle wesentlichen Punkte eines Gemeinschaftsgeschäfts werden in diesem Regelungswerk dargestellt. Dabei ist aber zu beachten, daß es sich nicht um ein automatisch für alle Makler verbindliches Reglement handelt (BGH, NJW 82, 1052). Noch nicht einmal Verbandsmitglieder können sich untereinander darauf berufen, wenn es nicht ausdrücklich vereinbart worden ist (BGH, NJW-RR 87, 171) – es sei denn, es existiert ein dahingehender Handelsbrauch.

Geschlossene Bauweise. Im Rahmen der Bauleitplanung (→ Bauleitpläne, Baunutzungsverordnung) kann die Bauweise festgelegt werden. Neben der → offenen gibt es die geschlossene Bauweise. In der geschlossenen Bauweise werden die Gebäude ohne seitlichen Grenzabstand errichtet, es sei denn, daß die vorhandene Bebauung eine Abweichung erfordert (§ 22 III BauNVO). Somit ergibt sich ein Bild aneinandergereihter Häuser, die jeweils auf den Grundstücksgrenzen errichtet werden.

Geschoß. Man unterscheidet Vollgeschosse, Dachgeschosse und Kellergeschosse. Als *Vollgeschosse* gelten Geschosse, die nach landesrechtlichen Vorschriften Vollgeschosse sind oder auf ihre Zahl angerechnet werden (§ 20 I BauNVO). Z. B. § 2 IV HBauO: 1. Vollgeschosse sind Geschosse, die vollständig über der festgelegten Geländeoberfläche liegen und eine lichte Höhe von mindestens 2,3 m haben; Staffelgeschosse und Geschosse in Dachräumen (*Dachgeschosse*) gelten nur dann als Vollgeschosse, wenn sie über mehr als zwei Dritteln der Grundfläche des darunterliegenden Geschosses eine lichte Höhe von mindestens 2,3 m haben; 2. Vollgeschosse sind auch Geschosse, deren Fußboden unter der festgelegten Geländeoberfläche liegt und deren Deckenoberkante im Mittel mehr als 1,4 m über die festgelegte Geländeoberfläche hinausragt. *Kellergeschosse* (§ 2 V HBauO) dürfen im Mittel nicht mehr als 1,4 m hinausragen.

Geschoßflächenzahl. Eine wichtige Größe zur Bestimmung des → Maßes der baulichen Nutzung ist die Geschoßflächenzahl (GFZ; § 20 BauNVO). Sie gibt an, wieviel Quadratmeter Geschoßfläche je Quadratmeter Grundstücksfläche zulässig sind. Im wesentlichen ist die Geschoßfläche nach den Außenmaßen der Gebäude in allen Vollgeschossen zu ermitteln. Die Obergrenzen der GFZ in den im B-Plan festgesetzten Baugebieten ergeben sich aus § 17 BauNVO.

Gesetzliches Vorkaufsrecht. Ein → Vorkaufsrecht mit der Besonderheit, daß es trotzdem besteht, obwohl der Vorkaufsberechtigte das Vorkaufsrecht nicht eingeräumt hat. Wichtige Formen sind: I. *Vorkaufsrecht der Gemeinden.* Ein Vorkaufsrecht steht den Gemeinden in folgenden Gebieten zu (§ 24 I BauGB): 1. Geltungsbereich eines Bebauungsplanes (Flächen für die öffentliche Nutzung oder Ausgleichsflächen für Eingriffe in Natur und Landschaft). 2. Umlegungsgebiet. 3. Sanierungsgebiet und Entwicklungsbereich. 4. Geltungsbereich einer Erhaltungssatzung. 5. Geltungsbereich eines Flächennutzungsplanes (für die Wohnnutzung bestimmte unbebaute Flächen im Außenbereich). 6. Bestimmte Gebiete mit unbebauten Flächen, die mit Wohngebäuden bebaut werden können. Die Gemeinde hat kein Vorkaufsrecht: beim Kauf von Rechten nach dem Wohnungseigentumsgesetz und beim Kauf von Erbbaurechten (§ 24 II BauGB). Grundsatz zur Ausübung des Vorkaufsrechts: Wohl der Allgemeinheit (§ 24 III BauGB). § 26 BauGb nennt Situationen, in denen ein Vorkaufsrecht ausgeschlossen ist: z. B. Eigentümer verkauft sein Grundstück an den Ehegatten. II. *Vorkaufsrecht der Miterben.* Regelungen in §§ 504 ff. (→ schuldrechtliches Vorkaufsrecht) und §§ 2034 ff. BGB. Das Vorkaufsrecht können die Miterben innerhalb zweier Monate ausüben. Es ist vererblich (§ 2034 BGB). III. *Vorkaufsrecht der Mieter.* Regelungen in §§ 504 ff. (→ schuldrechtliches Vorkaufsrecht) und § 570 b BGB. Der Mieter hat ein Vorkaufsrecht, wenn (nach Überlassung der Wohnung an den Mieter) Wohnungseigentum begründet worden ist oder begründet werden soll. Dies gilt nicht, wenn der Vermieter die Wohnung an eine zu seinem Hausstand gehörende Person oder an Familienangehörige verkauft. Der Mieter muß von seinem Vorkaufsrecht und über den Inhalt des Kaufvertrags informiert werden. Stirbt der Mieter, so geht das Vorkaufsrecht auf denjenigen über, der das

Mietverhältnis nach § 569 a I, II BGB fortsetzt (Ehcgattc, Familienangehörige des Hausstands).

Gesims. Mauervorsprünge zu Fassadenverzierung oder zum Regenschutz. Gesimse verlaufen waagerecht.

Gewährleistungsansprüche. Ist das Werk mit einem Mangel behaftet, kann der Bauherr die Beseitigung des Mangels verlangen (Nachbesserung; § 633 BGB). Schließlich ist er verpflichtet, das Werk so herzustellen, daß es die zugesicherten Eigenschaften hat und nicht mit Fehlern behaftet ist, die den Wert oder die Tauglichkeit zu dem gewöhnlichen oder dem nach dem Vertrage vorausgesetzten Gebrauch aufheben oder mindern. Die Nachbesserung ist aber kein Gewährleistungs- sondern ein *Erfüllungsanspruch.* Die *Gewährleistungsansprüche* sind hingegen Wandelung, Minderung (§ 634 BGB) und Schadensersatz wegen Nichterfüllung (§ 635 BGB). Nach § 634 BGB kann der Bauherr dem Auftragnehmer eine angemessene Frist mit der Erklärung setzen, daß er die Beseitigung des Mangels nach Ablauf der Frist ablehnt. Wenn diese Frist vom Auftraggeber nicht genutzt wird, kann der Bauherr *Wandelung* (Rückgängigmachung des Vertrags; da beim Bau eine gegenseitige Rückgabe der erhaltenen Sachen meist nicht möglich ist, kommt eine gegenseitige Verrechnung der Leistungen in Frage) oder *Minderung* (Herabsetzung der Vergütung) verlangen. Bei Verschulden des Auftragnehmers hat der Bauherr einen *Schadensersatzanspruch wegen Nichterfüllung* (§ 635 BGB). Letzterer hat besondere Bedeutung im Rahmen der Architektenhaftung. Der Architekt haftet aber nur für Mängel, die aufgrund seiner fehlerhaften Planung (Architektenwerk) entstanden sind (z. B. Fehlen einer Drainage, OLG Hamm, BauR 91, 788). Davon ist die Haftung des Bauunternehmers für Mängel am Bauwerk zu unterscheiden. *Verjährungsfristen der Gewährleistungsansprüche* (Beginn der Verjährung mit der → Abnahme der Leistung): I. *Architektenleistung*: fünf Jahre, § 638 BGB. II. *Bauunternehmerleistung auf BGB-Grundlage*: 1. Bei Arbeiten an einem Grundstück ein Jahr (z. B. Erneuerung des verwaschenen Hausanstrichs, Installation einer Beleuchtungsanlage, Auswechseln von elektrischen Leitungen im Haus), § 638 BGB. 2. Bei Arbeiten an einem Bauwerk fünf Jahre (Arbeiten, die für die Erneuerung und den

Bestand des Hauses von wesentlicher Bedeutung sind – BGH, NJW 93, 3195 –; z. B. neue Isolierung der Kelleraußenwände, Teppichbodenverlegung, ölfeste Fußbodenversiegelung), § 638 BGB. III. *Bauunternehmerleistung auf VOB-Grundlage*: 1. Bauwerke und Holzerkrankungen zwei Jahre, § 13 Nr. 4 VOB/B. 2. Arbeiten an Grundstücken und die vom Feuer berührten Teile von Feuerungsanlagen ein Jahr, § 13 Nr. 4 VOB/B.

Gewässerschadenhaftpflichtversicherung. Die Risiken, die sich aus Heizungsanlagen mit einem Öltank ergeben, werden über die Gewässerschadenhaftpflichtversicherung abgedeckt. Darin enthalten ist u. a. die Entfernung und Entsorgung ölverseuchten Bodens, aber auch ein möglicher Abbruch und der anschließende Neubau eines Gebäudes.

Gewerbegebiet. Im → Bebauungsplan eine besondere → Art der baulichen Nutzung für die zur Bebauung vorgesehenen Flächen (Baugebiet) nach § 1 II BauNVO. Gewerbegebiete (§ 8 BauNVO) dienen vorwiegend der Unterbringung von nicht belästigenden Gewerbebetrieben.

Gewerberaummiete. Andere Bezeichnung: Geschäftsraummiete. Das BGB unterscheidet nicht sonderlich zwischen Gewerberaummiete und Wohnraummiete. Vielmehr existiert eine Vielzahl von Vorschriften für die Wohnraummiete. Insofern kommt es für die Abgrenzung der Gewerberaummiete zur Wohnraummiete nur darauf an, daß die Räume nicht Wohnzwecken dienen. Abgrenzungsprobleme sind nach der tatasächlichen, zwischen den Mietvertragsparteien einverständlichen Nutzung zu entscheiden (LG Berlin, WM 93, 396). Mischmietverhältnisse sind nach dem Einzelfall als Gewerbe- oder Wohnungsmiete einzuordnen.

Gewerblicher Grundstückshandel. Die Veräußerung von Immobilien, auch wenn sie von Privatleuten durchgeführt werden, kann als gewerblicher Grundstückshandel eingestuft werden. Das bedeutet, daß der erzielte Gewinn der Einkommensteuer und der *Gewerbesteuer*unterliegt. Es stellt sich immer die Frage, ob eine Vermögensverwaltung oder ein gewerblicher Grundstückshandel vorliegt. Im

Rahmen der Vermögensverwaltung werden Veräußerungen als Vermögensumschichtungen angesehen, die der besseren Nutzung des Vermögens dienen. Vermögensverwaltung ist gegeben, wenn die vorhandenen Immobilien langfristig im Bestand gehalten werden sollen und durch Vermietung bzw. Verpachtung genutzt werden. Gemeinhin wird ein gewerblicher Grundstückshandel angenommen, wenn innerhalb von fünf Jahren mehr als drei Objekte veräußert werden (Drei-Objekte-Grenze). Bei Eheleuten sind es sechs Objekte, vorausgesetzt die Eheleute haben ihre Geschäfte nicht in einer Gesellschaft bürgerlichen Rechts zusammengelegt. Zusätzlich kommt es aber noch auf die Umstände des Einzelfalls an. Bsp.: Innerhalb von fünf Jahren drei Objekte verkauft, aber innerhalb von sieben Jahren sieben Objekte, bedeutet Vorliegen eines gewerblichen Grundstückshandels (BFH, BFH/NV 92, 465). Zu prüfen ist auch, ob bei Erwerb bzw. Errichtung des Objekts bereits eine Veräußerungsabsicht vorlag (z. B. keine langfristige Vermietung).

Gewerke. Bezeichnung der Bauleistung der einzelnen mit dem Bauvorhaben beschäftigten Handwerkssparten. Z. B.: Maurer-, Zimmerer-, Dachdecker-, Tischlerarbeiten.

Giebel. Fassadenabschnitt, der durch → Traufe und → Ortgang eingegrenzt wird.

Giebeldach. Andere Bezeichnung: Satteldach. Zwei geneigte Dach flächen, die beide im First aufeinandertreffen (s. Bildanhang 1).

Glasversicherung. Eine Glasversicherung kann als Bestandteil der → Hausrat- oder → Gebäudeversicherung vereinbart werden. Die Hausratversicherung umfaßt neben der Gebäudeverglasung auch Verglasungen des Hausrats (z. B. Vitrinen-, Bilder-, Ofenverglasung). Die Gebäudeversicherung deckt die mit dem Gebäude fest verbundenen Verglasungen ab.

Gleitende Neuwertversicherung. Die → Gebäudeversicherung kann zum gleitenden Neuwert erfolgen. Das heißt im Schadensfalle bekommt der Versicherte nicht den Zeitwert, sondern den Wiederbeschaffungswert. So kann einer → Unterversicherung vorgebeugt werden, es sei denn der Bauwert wurde durch bauliche Veränderungen erhöht (müssen durch Erhöhung der Versicherungssumme berücksichtigt werden). Der Bauwert wird jährlich mittels Baupreisindex fortgeschrieben. Somit steigt die im Schadensfall zu beanspruchende Summe stetig in dem Maße des Baupreisindex an. Der Bezugszeitpunkt der Versicherungssumme ist der Wert des Jahres 1914. Der Baupreisindex gibt die Verteuerung der Bauleistungen seit 1914 an. Prinzip: Wert des Jahres 1914 x Baupreisindex=aktuelle Versicherungssumme. Die Prämie wird mit einem sog. Prämienfaktor oder (in neueren Verträgen) gleitenden Neuwertfaktor multipliziert, um auf die zu zahlende Prämie zu kommen.

Gleitklausel im privaten Baurecht. Um das Risiko steigender Material- und Lohnkosten abzufangen, wird gerade bei größeren langwierigeren Bauvorhaben eine sog. Lohn- und Stoffpreisklausel vereinbart. Zu beachten ist aber, daß in Formularverträgen (→ Allgemeine Geschäftsbedingungen) Gleitklauseln nur für den Zeitraum *nach* Ablauf von vier Monaten seit Vertragsschluß zulässig sind (§ 11 Nr. 1 AGBG).

Grundakten. Das Grundbuchamt führt sog. Grundakten. In ihnen werden die Urkunden gesammelt, die Grundlage für die Eintragungen im Grundbuch sind (z. B. Grundpfandrechtsbestellungen, Kaufverträge). Die Grundakte enthält ferner ein sog. → Handblatt.

Grundbesitzwert für Erbschaftsteuer und Grunderwerbsteuer. Regelungen in §§ 138 bis 150 BewG. Als Besteuerungsgrundlage für die Erbschaftsteuer bzw. Schenkungsteuer (→ Erbschaft- und Schenkungsteuer) und für Spezialfälle der → Grunderwerbsteuer (§ 8 GrEStG) dienen die sogenannten Grundbesitzwerte. Die Wertverhältnisse zum 1. 10. 1996 gelten für Feststellungen von Grundbesitzwerten bis zum 1. 1. 2001 (§ 138 IV BewG). Die Grundbesitzwerte werden dann ermittelt, wenn sie für die Erbschaftsteuer oder Grunderwerbsteuer erforderlich sind (Bedarfsbewertung; § 138 V BewG). I. *Unbebaute Grundstücke.* Der Grundbesitzwert ergibt sich aus der Fläche des Grundstücks und dem → Bodenrichtwert, vermindert um 20% (§ 145 BewG). Als Gleichung ergibt sich: Grundbesitzwert=Fläche x Bodenrichtwert x 80%. Weist der Steuerpflichtige nach, daß der gemeine Wert des unbebauten Grundstücks niedriger als der so ermittelte Wert ist, ist dieser gemeine Wert als Grundbesitzwert maßgebend (§ 145 III BewG). II. *Bebautes Grundstück*. Der Grundbesitzwert ergibt sich aus dem 12,5fachen der im Durchschnitt der letzten drei Jahre vor dem Besteuerungszeitpunkt erzielten Jahresmiete (Nettokaltmiete), vermindert um den Alterswertabschlag (§ 146 I BewG). Bei nicht vermieteten Immobilien (z. B. selbstgenutzte) wird fiktiv die übliche Miete angesetzt (§ 146 III BewG). Die Wertminderung wegen Alters (Alterswertabschlag; § 146 IV BewG) beträgt für jedes Jahr, das seit Bezugsfertigkeit des Gebäudes bis zum Besteuerungszeitpunkt vollendet worden ist, 0,5%, max. 25% des noch nicht auf diese Weise geminderten Werts. Enthält ein bebautes Grundstück, das ausschließlich Wohnzwecken dient, nicht mehr als zwei Wohnungen, ist der ermittelte Wert um 20% zu erhöhen (§ 146 V BewG). Der für bebaute Grundstücke ermittelte Wert muß mindestens den Wert für unbebaute Grundstücke umfassen (Mindestwert; § 146 VI BewG). Weist der Steuerpflichtige nach, daß der gemeine Wert des bebauten Grundstücks niedriger als der so ermittelte Wert ist, ist dieser gemeine Wert als Grundbesitzwert maßgebend (§ 146 VII BewG). Als vereinfachte Gleichung kann man formulieren: Grundbesitzwert=((12,5 x Durchschnittsjahresnettokaltmiete)-(12,5 x Durchschnittsjahresnettokaltmiete) x 0,5% x vergangene Nutzungsjahre) x 1,2.

Grundbuch. Wesentliche Regelungen in der Grundbuchordnung (GBO); enthält Regelungen über die Organisation des Grundbuchs und der Grundbuchämter. Ein öffentliches Verzeichnis der Rechtsverhältnisse an den Grundstücken. Ein Grundbuch beinhaltet eine Sammlung von → Grundbuchblättern, auf denen die relevanten Angaben zu den Rechtsverhältnissen verzeichnet sind. Es besteht für die rechtsgeschäftliche Begründung und Veränderung von Rechten (Eigentumsübertragung, Belastung von Grundstücken und Rechten; §§ 873, 875 BGB) ein Zwang zur Eintragung ins Grundbuch (*Buchungszwang*). Das Grundbuch dient auch *Beweiszwecken*, denn nach § 891 I BGB wird vermutet, daß ein eingetragenes Recht dem Berechtigten auch zusteht. Die Grundbucheintragung genießt öffentlichen Glauben, d. h. erwirbt z. B. Dritter ein Grundstück, so kann er davon ausgehen, daß die Eintragungen im Grundbuch richtig sind (§§ 892, 893 BGB), auch wenn sie tatsächlich unrichtig sind (*Gutglaubensschutz*). Das setzt aber voraus, daß kein Widerspruch gegen die Richtigkeit eingetragen ist, und dem Erwerber die Unrichtigkeit auch nicht bekannt ist. Wer Einsicht in das Grundstück nehmen möchte, hat ein berechtigtes Interesse darzulegen (§ 12 I GBO).

Grundbuchauszug. Der Grundbuchauszug, der vom Grundbuchamt angefertigt werden kann, enthält alle das Grundstück betreffenden Eintragungen.

Grundbuchblatt. Der Kern des → Grundbuchs bildet das Grundbuchblatt (oft auch selbst schon als Grundbuch bezeichnet). Es ist eine Sammlung von Formularen, die sich in drei Arten unterteilen lassen: 1. → Aufschrift des Grundbuchs, 2. → Bestandsverzeichnis des Grundbuchs, 3. → Abteilungen des Grundbuchs.

Grunddienstbarkeit. Regelungen in §§ 1018 bis 1029. Ein Grundstück kann zugunsten des jeweiligen Eigentümers eines anderen Grundstücks in der Weise belastet werden, daß dieser das Grundstück in bestimmter Weise nutzen darf oder daß auf dem Grundstück gewisse Handlungen nicht vorgenommen werden dürfen oder daß bestimmte an das Grundstückseigentum gebundene Rechte nicht ausgeübt werden dürfen (§ 1018 BGB). Eine Grunddienstbarkeit kann nur in einer Belastung bestehen, die für die Benutzung des Grundstücks des Berechtigten einen Vorteil bietet (§ 1019 BGB). Der Berechtigte hat bei der Ausübung einer Grunddienstbarkeit das Interesse des Eigentümers des belasteten Grundstücks zu schonen (§ 1020 BGB). Bsp. für Grunddienstbarkeiten: Wegerechte, Leitungsrechte, Parkplatzrechte, Bebauungsverbote, Wettbewerbsverbote.

Grundeigentümerhaftpflichtversicherung. Absicherung von Haftungsrisiken (Personen-, Sach-, Vermögensschäden), die ihre Ursache im Grundbesitz haben. Gerade die Risiken, die aus einer Verletzung der Verkehrssicherungspflicht erwachsen (Winterdienst, außreichende Beleuchtung des Treppenhauses und der Zuwegung zum Haus, Instandhaltung des Hauses etc.) werden abgedeckt. Die Prämien richten sich nach der Bruttojahresmiete.

Grunderwerbsteuer. Regelungen im Grunderwerbsteuergesetz (GrEStG). Der GrESt unterliegen bspw. der Immobilienerwerb und der Erwerb im Rahmen der Zwangsversteigerung (§ 1 GrEStG). Ausgenommen sind z. B. Erbschaften oder Schenkungen (§ 3 GrEStG). Die Steuer bemißt sich nach dem Wert der Gegenleistung, was i. d. R. der Kaufpreis (in besonderen Fällen des § 8 GrEStG → Grundbesitzwert für Erbschaftsteuer und Grunderwerbsteuer) ist. Der Steuersatz beträgt 3,5% des Preises (§ 11 GrEStG). Steuerschuldner sind beim Immobilienkauf Käufer und Verkäufer (§ 13 GrEStG); meist wird aber kaufvertraglich vereinbart, daß der Käufer die Steuer zu zahlen hat.

Grundflächenzahl. Eine wichtige Größe zur Bestimmung des → Maßes der baulichen Nutzung ist die Geschoßflächenzahl (GRZ; § 19 BauNVO). Sie gibt an, wieviel Quadratmeter Grundfläche je Quadratmeter Grundstücksfläche zulässig ist. Grundfläche ist der Anteil des Baugrundstücks, der von baulichen Anlagen überdeckt wird.
Die Obergrenzen der GRZ in den im B-Plan festgesetzten Baugebieten ergeben sich aus § 17 BauNVO.

Grundleistungen. → Architektenleistungen (z. B. § 15 II HOAI mit einer Aufzählung), die zur ordnungsgemäßen Erfüllung eines Auftrags im allgemeinen erforderlich sind. Sachlich zusammengehörige Grundleistungen sind zu jeweils in sich abgeschlossenen Leistungsphasen zusammengefaßt (§ 2 II HOAI). Von den Grundleistungen sind die → besonderen Leistungen zu unterscheiden.

Grundpfandrecht. Überbegriff für → Grundschuld, → Hypothek, → Rentenschuld.

Grundschuld. Instrument der Darlehenssicherung. Eine der drei → Grundpfandrechte. Eine Grundschuld ist die Belastung eines Grundstücks in der Weise, daß an denjenigen, zu dessen Gunsten die Belastung erfolgt ist, eine bestimmte Geldsumme aus dem Grundstück zu zahlen ist (§ 1191 BGB). Es gelten für die Grundschuld im wesentlichen auch die Vorschriften über die Hypothek (§ 1192 BGB); dabei ist aber zu beachten: Im Gegensatz zur → Hypothek ist die Grundschuld unabhängig vom tatsächlichen Bestand einer Forderung. Der Zusammenhang von Forderung und Grundschuld wird nur durch den Sicherungsvertrag (Darlehensvertrag) hergestellt. Wird diese Forderung irgendwann einmal erfüllt, kann die Grundschuld bestehen bleiben und für eine neue Forderung des Gläubigers verwendet werden. Das ist (in länger andauernden Schuldner-Gläubiger-Beziehungen) ein viel praktikableres und kostengünstigeres Mittel der Darlehenssicherung als die Hypothek, bei der der Wechsel der Forderung jedesmal durch Grundbucheintragung erfolgen muß. → Eigentümergrundschuld, → Briefgrundschuld.

Grundsteuer. Regelungen im Grundsteuergesetz (GrStG). Gegenstand dieser Gemeindesteuer ist der Grundbesitz. Die Grundsteuer berechnet sich wie folgt: GrSt=Einheitswert x Steuermeßzahl x Hebesatz. Der Einheitswert ist ein steuerlicher Wert des Grundstücks (§ 19 ff. BewG). Er liegt beträchtlich unter den Verkehrswerten. Die Steuermeßzahl bestimmt sich nach § 15 GrStG. Sie beträgt *grundsätzlich* 3,5 vom Tausend. Ausnahmen: 1. *Einfamilienhäuser*: 2,6 vom Tausend für die ersten 75 000,–DM des Einheitswerts und 3,5 vom Tausend für den Rest des Einheitswerts. 2. *Zweifamilienhäuser*: 3,1 vom Tausend. Das Produkt aus Steuermeßzahl und Einheitswert heißt Steuermeßbetrag. Der Hebesatz wird von der Gemeinde festgelegt (§ 25 GrStG). Er kann bspw. 350% betragen.

Grundstück. Ein Teil der Erdoberfläche, der räumlich abgegrenzt ist. Das Grundstück ist im Grundbuch auf einem eigenen Grundbuchblatt eingetragen. → Flurstück.

Grundstücksgleiche Rechte. Als grundstücksgleiche Rechte gelten das → Wohnungseigentum, → Erbbaurecht und das → Dauerwohnrecht.

Grundstückskaufvertrag. Der Grundstückskaufvertrag verpflichtet den Verkäufer, dem Käufer das Eigentum an dem Grundstück zu verschaffen; der Käufer ist verpflichtet, den vereinbarten Kaufpreis zu zahlen und das Grundstück abzunehmen (§ 433 BGB). Zusätzlich bedarf es der → Auflassung(serklärung). Allein aufgrund des Kaufvertrages wird der Käufer aber noch nicht Eigentümer des Grundstücks. Das geschieht erst, wenn er im Grundbuch als Eigentümer eingetragen worden ist. Für diesen Zeitraum kann sich der Käufer durch → Auflassungsvormerkung vor nachteiligen Verfügungen des Noch-Eigentümers schützen. Der Grundstückskaufvertrag bedarf der Beurkundung durch den Notar (→ Beurkundungspflicht).

Grundstücksteilung. I. d. R. bedarf die Grundstücksteilung der Teilungsgenehmigung (§§ 19 ff. BauGB). Die durch Satzung bestimmte Genehmigungspflicht gibt der Gemeinde eine gewisse Planungssicherheit. Die Genehmigung ist nämlich zu versagen, wenn die Teilung oder die mit ihr bezweckte Nutzung mit den Festsetzungen des B-Plans nicht vereinbar wäre (§ 20 I BauGB). Ausnahmen von der Genehmigungsbedürftigkeit finden sich in § 19 IV BauGB; z. B. → Bodenordnung oder Errichtung von Anlagen der öffentlichen Versorgung. Die Gemeinde hat innerhalb eines Monats über die Genehmigung zu entscheiden, eine Verlängerung um max. drei Monate ist möglich (§19 III BauGB). Wird die Genehmigung nicht innerhalb der Frist versagt, gilt sie als erteilt.

Grundstücksverkehr von Minderjährigen. Wenn ein Kind das siebente Lebensjahr noch nicht vollendet hat, gilt es als noch nicht geschäftsfähig (§ 104 Nr. 1 BGB). D. h. seine Willenserklärung (z. B. Grundstückskaufvertrag) ist nichtig (§ 105 I BGB). In diesem Falle ist zur Vermeidung der Nichtigkeit die Vertretung des Kindes durch beide Eltern (§ 1629 I BGB) bzw. durch den gerichtlich bestellten Vormund (§§ 1773, 1793 BGB) notwendig. Hat das Kind bereits das siebente Lebensjahr vollendet, dann liegt die beschränkte Geschäftsfähigkeit vor (§ 106 BGB). In diesem Falle bedarf der Minderjährige zu einer Willenserklärung, durch die er nicht nur einen rechtlichen Vorteil erlangt, der Einwilligung seines gesetzlichen Vertreters (§ 107 BGB).

Grundstückverkehrsgesetz. Gesetz über Maßnahmen zur Verbesserung der Agrarstruktur und zur Sicherung land- und forstwirtschaftlicher Betriebe (Grundstücksverkehrsgesetz – GrstVG). Der Grundstücksverkauf bedarf der Genehmigung nach dem GrstVG, wenn es sich um landwirtschaftliche, forstwirtschaftliche oder um Moor- und Ödland handelt, das in land- oder forstwirtschaftliche Kultur gebracht werden kann (§ 1 I GrstVG).

Grundwasserabsenkung. Wird in einem Gebiet mit relativ hohem Grundwasserstand ein Bau erstellt, so ist eine Grundwasserabsenkung nötig. Dies wird für die Bauzeit mittels zu setzender Brunnen und Pumpen erreicht, die das Wasser bis zum Erreichen eines gewünschten Wasserstandes z. B. ins Abwassersystem ableiten.

Grundwasserhaltung. Abpumpen von Wasser aus der Baugrube zwecks Trockenhaltung. Bei größeren Grundwassermengen ist eine → Grundwasserabsenkung durchzuführen.

Grundwasserwanne. Andere Bezeichnung: Kellerwanne. Sie ist meist bei einem Kellerbau nötig, wenn der Keller durch Grundwasser bedroht wird. Die Grundwasserwanne besteht i. d. R. aus wasserundurchlässigem → Beton und einem Plattenfundament (→ Fundament).

Gully. Andere Bezeichnung: Sinkkasten. Ablauf für Flächen verschiedener Art (z. B. Straßengully).

Gutachterausschuß. Regelungen in §§ 192 ff. BauGB. Gutachterausschüsse bestehen aus einem Vorsitzenden und ehrenamtlichen weiteren Gutachtern (§ 192 II BauGB). Der Gutachterausschuß erstattet Gutachten über den → Verkehrswert von bebauten und unbebauten Grundstücken sowie Rechten an Grundstücken (§ 193 BauGB). Er wird in diesem Sinne bspw. für Behörden und Gerichte tätig, die die Verkehrswerte für ihre Aufgaben aus dem BauGB oder anderer Vorschriften benötigen (z. B. Enteignung). Er kann aber auch für Eigentümer, ihnen gleichstehende Berechtigte und dergl. Gutachten erstatten. Darüber hinaus führt der Gutachterausschuß eine Kaufpreissammlung, wertet sie aus und ermittelt → Bodenrichtwerte und sonstige zur Wertermittlung erforderliche Daten (§ 193 III BauGB). Die Kaufpreissammlung wird dadurch gespeist, daß jeder Kauf-, Tausch- oder Erbbaurechtsvertrag in Abschrift an den Gutachterausschuß gesandt werden muß (§ 195 I BauGB). Das übernimmt die beurkundende Stelle, zumeist also der Notar. → Wertermittlungsverordnung.

H

Hagelversicherung. Schäden, die durch Hagel verursacht werden, können i. d. R. in der → Hausrat- oder → Gebäudeversicherung und dort in der Sturmversicherung abgedeckt werden. Die Sturmversicherung setzt eine bestimmte Windstärke voraus, die Hagelversicherung jedoch nicht.

Handblatt. Das Handblatt liegt der → Grundakte als Arbeitshilfe bei. Es ist ein Formular mit allen Eintragungen des → Gundbuchblattes.

Hauptvertrag. Vertrag, um dessen Zustandekommen der Makler (als → Nachweismakler und/oder → Vermittlungsmakler) bemüht ist (meist Kauf- oder Mietvertrag).

Hausordnung. Sie regelt die Beziehungen der Mieter untereinander und weniger das Verhältnis zwischen Vermieter und Mieter. Sie hat Ordnungsfunktion und den Zweck eines gedeihlichen Zusammenlebens der Mieter (AG Friedberg, WM 80, 85). Die Hausordnung muß in den Mietvertrag einbezogen werden, ansonsten ist sie nicht dessen Bestandteil. Ist eine Hausordnung nicht Mietvertragsbestandteil geworden und soll nun eine Hausordnung aufgestellt werden bzw. soll sie als Vertragsbestandteil geändert werden, so ist dies nur möglich, wenn der Vermieter sich das im Mietvertrag vorbehalten hat; Ausnahme: Eine ordnungsmäßige Verwaltung und Bewirtschaftung des Gebäudes erfordert die Änderung (AG Köln, WM 81, 183) bzw. die Aufstellung einer Hausordnung (AG Hamburg, WM 81, 183). Die Hausordnung gilt als Vertrag zugunsten Dritter, d. h. jeder Mieter kann von dem anderen die Einhaltung der Hausordnung verlangen. Der Mieter kann aber auch von dem Vermieter verlangen, gegen andere Mieter im Sinne der Hausordnung vorzugehen. Druckmittel des Mieters ist bspw. die → Mietminderung.

Hausratversicherung. Dieser Versicherungsschutz umfaßt den gesamten Hausrat. Dabei sind alle Dinge versichert, mit denen ein Haushalt eingerichtet ist und die ein Haushalt gebraucht oder verbraucht. Darin ist auch Bargeld bis 2000,– DM enthalten, Schmuck nur bis 20% der Versicherungssumme. Die versicherten Risiken sind Einbruch-Diebstahl, Vandalismus (d. h. Beschädigung oder Zerstörung ohne Diebstahl), Sturm, Hagel, Explosion, Brand, Leitungswasser (Tapeten, Teppiche etc.) u.s.w.

Heizkosten. Zur Behandlung der Heizkosten in der Mietpreisgestaltung siehe → Bruttomiete, → Betriebskostenpauschale, → Betriebskosten. Nach der Heizkostenverordnung (HeizkostenV) soll eine verbrauchsabhängige Heizkostenerfassung erfolgen (§ 4 I HeizkostenV). Die Verbrauchserfassung hinsichtlich der Wärme kann mit Wärmezählern oder Heizkostenverteilern (z. B. nach dem Verdunstungsprinzip) erfolgen. Der Warmwasserverbrauch ist bpw. durch Warmwasserzähler zu messen. Grundsätzlich ist der Vermieter bezüglich der Wahl der Ausstattung der Verbrauchserfassung frei (§ 4 II S. 3 HeizkostenV). Erfaßt der Vermieter die Kosten nicht verbrauchsabhängig, so kann der Mieter den auf ihn entfallenden Kostenanteil um 15% kürzen (§ 12 I HeizkostenV). Die Wärmeversorgungskosten bzw. Warmwasserversorgungskosten werden nicht in vollem Umfang verbrauchsabhängig erfaßt, aber min. zu 50% und max. zu 70% (§ 7 I, § 8 I HeizkostenV). Der Rest sind die sog. Grundkosten (Festkostenanteil), die nach festen Maßstäben abgerechnet werden (z. B. Wohn-/Nutzfläche).

Herstellungskosten. Die Herstellungskosten einer Immobilie werden für die → Abschreibung benötigt. Hierzu zählen die Baukosten, Architektenkosten, Genehmigungskosten, Umzäunung, Teppischböden etc.

Hinterlandbebauung. Handelt es sich um ein größeres Grundstück, das nur im vorderen Bereich bebaut ist, bietet es sich an, u. U. unter Vornahme einer → Grundstücksteilung, den hintenliegenden Teil zu bebauen.

Hinterlegung. Nach § 107 II ZVG hat der Ersteher sein *Gebot* beim Verteilungstermin (→ Erlösverteilung im Zwangsversteigerungsverfahren) an das Gericht zu zahlen. Alternativ ist auch eine Hinterlegung unter Verzicht auf Rücknahme möglich (Überweisung an die Gerichtskasse), § 107 III ZVG. Der Begriff Hinterlegung kann auch die → *Bietersicherheit* betreffen.

Hinzuziehungs- und Verweisungsklauseln im Maklerrecht. Diese Klauseln treten in Verbindung mit Vertragsstrafen (→ Vertragsstrafen im Maklerrecht) in → qualifizierten Makleralleinaufträgen auf. Die *Hinzuziehungsklausel* soll verhindern, daß der Auftraggeber ein → Eigengeschäft macht. So hat der Makler noch die Möglichkeit einer provisionspflichtigen Vermittlungstätigkeit, wenn er zu den Verhandlungen des Auftraggebers mit dem Interessenten hinzugezogen wird. Ansonsten wären die bisherigen Bemühungen des Maklers vergeblich und ohne Provisionsanspruch. Das soll durch die Hinzuziehungsklausel unterbunden werden. Hinzuziehungsklauseln lassen sich nur mittels Individualvertrag (→ Allgemeine Geschäftsbedingungen) vereinbaren. Auch die *Verweisungsklausel*soll ein Eigengeschäft verhindern. Hat der Auftraggeber einen eigenen Interessenten, so muß er diesen an den Makler verweisen. So kann letzterer noch eine Nachweis- oder Vermittlungstätigkeit ausüben. Auch die Verweisungsklausel kann nur mittels individualvertragliche Vereinbarung wirksam werden.

Hochhaus. Was als Hochhaus gilt, wird in den jeweiligen Landesbauordnungen geregelt. Z. B. liegt nach § 2 III Nr. 3 HBauO der Fußboden des obersten Geschosse höher als 22 m. Insbesondere im Brandschutz gibt es spezielle Vorschriften (bspw. § 28 HBauO).

Hohlpfanne. Gewölbter Dachziegel ohne Falz. Die Hohlpfanne überdeckt stets die jeweilige rechte Hohlpfanne (in Quer- und Längsrichtung) (s. Bildanhang 5).

Hohlziegel. Die Hohlziegel (Mönch und Nonne) wurden oft im Mittelalter benutzt. I. d. R. werden sie in Mörtel verlegt. Zwei jeweils nebeneinanderliegende Nonnen werden an ihren zusammentreffenden Kanten von einem Mönch abgedeckt (s. Bildanhang 5).

Honorarordnung für Architekten und Ingenieure (HOAI). Verbindliche Gebührenvorschrift für Architekten- und Ingenieurleistungen. Seit ihren Ursprüngen Anfang der 50er Jahre (damals noch mit andrem Namen) hat sie zahlreiche Änderungen erfahren.

Hypothek. Instrument der Darlehenssicherung. Eine der drei → Grundpfandrechte. Ein Grundstück kann in der Weise belastet werden, daß an denjenigen, zu dessen Gunsten die Belastung erfolgt, eine bestimmte Geldsumme zur Befriedigung wegen einer ihm zustehenden Forderung aus dem Grundstück zuzahlen ist (§ 1113 I BGB).Im Gegensatz zur → Grundschuld ist die Hypothek abhängig vom tatsächlichen Bestand einer Forderung. Der Zusammenhang von Forderung und Grundschuld wird durch den Sicherungsvertrag (Darlehensvertrag) hergestellt und der Wechsel der Forderung muß jedesmal durch Grundbucheintragung erfolgen. → Briefhypothek, → Eigentümerhypothek.

I

Identität der Verträge im Maklerrecht. Hierunter versteht man die wirtschaftliche Identität des abgeschlossenen → Hauptvertrags mit dem als Ziel im → Maklervertrag formulierten Hauptvertrag. Die Identität ist eine der → Provisionsvoraussetzungen. Unwesentliche Abweichungen gefährden nicht die Identität, solange noch wirtschaftliche Gleichwertigkeit vorliegt (BGH, WM78, 983). Identität muß hinsichtlich des Vertragspartners (zumindest eine wirtschaftlich oder sozial nahestehende Person – LG Hildesheim, RDM-Rspr. A 118–1), des Vertragsgegenstands (z. B. vergleichbare Eigentumswohnungen) und der Vertragsart (z. B. Kaufvertrag oder Mietvertrag, aber nicht das eine für das andere im Austausch) bestehen.

Immobilienbewertung. Die gängigsten Methoden der Immobilienbewertung sind das → Ertragswertverfahren, → Sachwertverfahren und das → Vergleichswertverfahren.

Immobilienbörsen. Hierunter sind keine Börsen im herkömmlichen Sinne zu verstehen, an denen Käufe und Verkäufe getätigt werden. Immobilienbörsen (Bsp.: Süddeutsche Immobilienbörse) verstehen sich als Informationsbörse der Immobilienmakler. Die Makler können so über Gemeinschaftsgeschäfte (→ Gemeinschaftsgeschäft unter Maklern) ihren Umsatz verbessern. Immobilienbörsen haben die verschiedensten Rechtsformen, sie können aber auch Abteilungen von Industrie- und Handelskammern oder des RDM sein.

Immobilienfonds. Offene Immobilienfonds werden von einer Kapitalgesellschaft aufgelegt und verwaltet. Sie sind gesetzlich stark reglementiert. Im Unterschied zum geschlossenen Immobilienfonds (Personengesellschaft; meist Gesellschaft bürgerlichen Rechts oder Kommanditgesellschaft) steht die Höhe des anzuwerbenden Kapitals nicht fest, sondern kann durch die Ausgabe neuer Anteilsscheine weiter ausgedehnt werden (offen). Der geschlossene Immobilienfonds bezieht sich meist nur auf eine Immobilie, während die

Zahl der Immobilien beim offenen Immobilienfonds mindestens zehn lauten muß. Zudem ist auch reglementiert, daß bspw. zur Zeit des Erwerbs der Wert einer Immobilie im offenen Immobilienfonds nicht 15% des Fondsvermögens überschreiten darf. Der Vorteil des offenen Immobilienfonds liegt in der jederzeitigen Veräußerbarkeit des Anteils; der Kapitalanleger kann börsentäglich die Rücknahme des Anteils zu einem festen Preis verlangen. Für geschlossene Immobilienfonds ist dies nicht üblich.

Immobilienleasing. Beim Immobilienleasing überläßt der Leasinggeber dem Leasingnehmer eine Immobilie im Rahmen eines Mietvertrags zur langfristigen Nutzung. Es handelt sich dabei um gewerbliche Immobilien, die im Eigentum des Leasinggebers stehen, für die aber der Leasingnehmer ein späteres Erwerbsrecht oder die Möglichkeit eines Anschlußmietverhältnisses hat.

Indexmietvereinbarung. Andere Bezeichnung: Wertsicherungsklausel, Gleitklausel, Mietanpassungsklausel. § 10 I MHG offeriert den Mietvertragsparteien die Möglichkeit schriftlich zu vereinbaren, daß die weitere Entwicklung des Mietzinses durch den Preis von anderen Gütern oder Leistungen bestimmt werden soll. Die Vereinbarung einer Indexmiete dient zum einen dem Kaufkraftverlustausgleich und zum anderen der Vereinfachung des Mieterhöhungsverfahrens (Geldentwertung als nachvollziehbare Begründung für den Mieter). Die Mietanpassungsvereinbarung ist nur wirksam, wenn die Genehmigung nach § 3 des Währungsgesetzes oder entsprechenden währungsrechtlichen Vorschriften erteilt wird (§ 10 a I MHG). Wesentliche Voraussetzungen für die Wirksamkeit einer Indexmietvereinbarung: 1. Mietvertrag hat eine min. 10jährige Laufzeit und das Vermieterkündigungsrecht ist für min. 10 Jahre ausgeschlossen. 2. Miete muß sowohl bei Anstieg als auch bei Abstieg der Bezugsgröße reagieren. 3. Als Bezugsgröße ist bspw. der Preisindex für die Lebenshaltung gewählt worden. Für die Geltungsdauer der Vereinbarung sind Mieterhöhungen wegen § 2 MHG (ortsübliche Vergleichsmiete), § 3 MHG (Modernisierungserhöhung) und § 5 MHG (Umlegung erhöhter Kapitalkosten) nicht zulässig (§ 10 a II MHG). Eine Mieterhöhung nach § 3 MHG ist ausnahmsweise zulässig, wenn die baulichen Änderungen vom Vermieter auf Grund von Umständen durchgeführt wurden, die er nicht zu vertreten hat (§ 10 a II S. 2 MHG). Laut § 10 a II S. 1 MHG muß der Mietzins für mindestens ein Jahr unverändert bleiben, bis er eine Mieterhöhung auf Grund der gestiegenen Bezugsgröße verlangen kann (Zugang des Erhöhungsschreibens). Die Jahresfrist beginnt mit Mietbeginn oder ab Eintritt der letzten Mieterhöhung.

Industriegebiet. Im → Bebauungsplan eine besondere → Art der baulichen Nutzung für die zur Bebauung vorgesehenen Flächen (Baugebiet) nach § 1 II BauNVO. Industriegebiete (§ 9 BauNVO) dienen ausschließlich der Unterbringung von Gewerbebetrieben und zwar vorwiegend solcher Betriebe, die in anderen Baugebieten unzulässig sind.

Infrastruktur. Zumeist öffentliche Einrichtungen, die Voraussetzung für Existenz und Entwicklung eines Wirtschaftsraums sind. Wichtige Infrastrukureinrichtungen sind Verkehrswege (Straßen,Eisenbahn etc.), Ver- und Entsorgung mit Energie und Wasser, Gesundheitswesen, Bildungseinrichtungen, soziale Einrichtungen.

Innenarchitekt. Die Tätigkeiten des Innenarchitekten lassen sich im wesentlichen unter der Bezeichnung „raumbildende Ausbauten" der HOAI zusammenfassen. Raumbildende Ausbauten sind die innere Gestaltung oder Erstellung von Innenräumen ohne wesentliche Eingriffe in Bestand oder Konstruktion (§ 3 Nr. 7 HOAI).

Innenbereich. Beim Innenbereich (§ 34 BauGB) handelt es sich nicht um ein Gebiet im → Außenbereich oder um ein Gebiet mit qualifiziertem → Bebauungsplan oder mit in der Aufstellungsphase befindlichem Bebauungsplan. Der Innenbereich umfaßt die im Zusammenhang bebauten Ortsteile. Die Bebauung in einem Innenbereich vermittelt den Eindruck der Geschlossenheit infolge der aufeinanderfolgenden, zusammenhängenden Bebauung, obwohl Baulücken vorhanden sein können. Um Zweifel an der Zugehörigkeit zum Innenbereich auszuschließen, haben die Gemeinden die Möglichkeit, den Innenbereich durch Satzung festzulegen. Die Zulässigkeit von Bauvorhaben im Innenbereich hängt davon ab, ob es sich nach Art und Maß der baulichen Nutzung, der Bauweise und der

Grundstücksfläche, die überbaut werden soll, in die Eigenart der näheren Umgebung einfügt, und die Erschließung gesichert ist. Die Anforderungen an gesunde Wohn- und Arbeitsverhältnisse müssen gewahrt bleiben; das Ortsbild darf nicht beeinträchtigt werden.

Instandhaltung/Instandsetzung des Gemeinschaftseigentums. Die ordnungsmäßige Instandhaltung und Instandsetzung des Gemeinschaftseigentums ist gesetzlicher Bestandteil einer ordnungsmäßigen, dem Interesse der Gesamtheit der Wohnungseigentümer entsprechenden Verwaltung (§ 21 V Nr. 2 WEG). Jeder Wohnungseigentümer kann von der Wohnungseigentümergemeinschaft verlangen, daß derartige Maßnahmen ergriffen werden (§ 21 IV WEG). Hierfür ist der Verwalter verantwortlich (§ 27 I Nr. 2 WEG). Andererseits hat jeder Wohnungseigentümer die Pflicht, das Betreten und Benutzen der im Sondereigentum stehenden Gebäudeteile zu gestatten, soweit dies zur Instandhaltung und Instandsetzung des gemeinschaftlichen Eigentums erforderlich ist. Sollte dadurch eine Beschädigung des Sondereigentums auftreten, hat die Gemeinschaft den Schaden zu ersetzen (§ 14 IV WEG). Instandhaltungs- oder Instandsetzungsmaßnahmen dürfen auch die Anpassung an übliche Standards umfassen, d. h. eine bloße Konservierung des ursprünglichen Zustands ist nicht unbedingt erforderlich. Das wäre aufgrund des stetig fortschreitenden Wertverlustes des Gebäudes auch nicht im Interesse der Wohnungseigentümer.

Instandhaltung/Instandsetzung im Mietrecht. Während die Instandhaltung vorbeugende Maßnahmen umfaßt, geht die Instandsetzung noch einen Schritt weiter: Hier sind bereits Schäden aufgetreten, die beseitigt werden müssen, um einen ordnungsmäßigen Zustand zurückzuerhalten. Die Grenzziehung ist nicht immer ganz eindeutig und nicht immer notwendig, wenn es um die Beschreibung der Erhaltungspflicht des Vermieters aus § 536 BGB geht. Hiernach hat nämlich der Vermieter dem Mieter die Mietsache in einem zu dem vertragsmäßigen Gebrauch geeigneten Zustand zu überlassen und sie während der Mietzeit in diesem Zustand zu erhalten. Der Vermieter hat von Zeit zu Zeit auch altbaubedingte Unzuträglichkeiten des Mietobjekts durch Anpassung an neuere Standards zu beseitigen (AG Bremerhaven, WM 92, 601). Kommt der Vermieter seiner

Erhaltungspflicht nicht nach, so stehen dem Mieter bestimmte Möglichkeiten zur Verfügung (z. B. → Mietminderung gem. § 537 BGB). In begrenztem Maße kann der Vermieter die Erhaltungspflicht auf den Mieter abwälzen (→ Bagatellreparaturen, → Schönheitsreparaturen).

Isolierung. Isolierungsmaßnahmen dienen der Sicherung gegen elektrische Energie bzw. gegen Wasser/Feuchtigkeit (z. B. Dampfsperre). Die umgangssprachliche Gleichsetzung dieses Begriffs mit (Wärme- und Schall-) Dämmung ist nicht korrekt (s. Bildanhang 4).

Isolierverglasung. Isolierverglaste Fenster haben wenigstens eine zweifache Verglasung. Zwischen den luftdicht verbundenen Glasscheiben befindet sich getrocknete Luft oder ein Gas. Dieser Zwischenraum dient der Wärmedämmung. Eine Verglasung mit drei Scheiben erhöht noch die Wärmedämmung, sind aber auch gut schalldämmend (gerade an verkehrsreichen Orten notwendig). Wichtiges Merkmal einer Wärmeschutzverglasung ist die Bedampfung einer der Scheiben mit einer unsichtbaren Metallschicht.

K

Kalksandstein. → Mauerstein, der aus einem Gemisch von Kalk und Quarzsand hergestellt wird

Kalkulationsirrtum. Ein Irrtum des Bauunternehmers in seiner Kalkulation, aufgrund der er sein Angebot gebildet hat, hat er selbst zu tragen (BGH, BauR 86, 334). Eine Anfechtung des Vertrags wegen Irrtums (§ 119 BGB) ist nur bei ungewollten Kalkulationsfehlern, wie z. B. Tippfehler, Additionsfehler, denkbar. Der Bauunternehmer kann nur dann eine Änderung des Angebots verlangen, wenn der Bauherr den Fehler erkannt hat, den Bauunternehmer auf den Fehler aber nicht hinweist. Ebenso verhält es sich, wenn die Kalkulation Verhandlungsgegenstand war. Gleiches gilt für Kalkulationsfehler an deren Zustandekommen der Bauherr zumindest beteiligt war.

Kaltdach. Als sogenanntes belüftetes Dach (geneigte oder Flachdächer) befindet sich zwischen der → Dachhaut und der Wärmedämmung ein Luftraum. Dieser wird ständig be- und entlüftet. Das geschieht durch Öffnungen an den Dachrändern. Infolge der Luftzirkulation wird die feuchte Luft aus dem Dachbereich herausgetragen. → Warmdach (s. Bildanhang 4).

Kammputz. Rillenartig strukturierter Putz. Er wird mit einem Putzkamm hergestellt.

Kapitalwiedergewinnungsfaktor. Andere Bezeichnung: Annuitätenfaktor. Der Kapitalwiedergewinnungsfaktor ist eine Formel, die man mit dem Darlehensbetrag multipliziert, um als Ergebnis die → Annuität zu erhalten. Er lautet: $(i \times (1+i)^n)/((1+i)^n-1)$ hierbei sind i=Zinssatz, n=Laufzeit des Darlehens. Bsp.: Ein Darlehen in Höhe von 10000,– DM, mit einer Laufzeit von 20 Jahren und einem Zinssatz von 8% (also 0,08) hat eine Annuität von 1085,50 DM. Der Rechenweg: $(0{,}08 \times (1+0{,}08)^{20})/((1+0{,}08)^{20}-1)=$*0,10185*ist der Kapitalwiedergewinnungsfaktor. Die Annuität berechnet sich wie folgt: 0,10185 x 10 000,– DM=*1085,50 DM*.

Kataster. Grundstücksverzeichnis der Katasterämter (Vermessungsämter), auch Erbbaurechte und Wohnungseigentum sind verzeichnet. Kataster hatten früher besondere Bedeutung für die Besteuerung des Grundbesitzes. Heute ist es im wesentlichen ein der Grundbuchordnung dienendes Grundstücksverzeichnis. Ein Kataster umfaßt Katasterbücher (Flurbuch, Liegenschaftsbuch, Eigentümerverzeichnis, alphabetisches Namensverzeichnis) und Katasterkarten (→ Gemarkungskarte, → Flurkarte). Katastertechnische Gebietseinteilungen sind → Flurstück, → Flur, → Gemarkung.

Kausalität der Maklertätigkeit. Andere Bezeichnung: Ursächlichkeit. Sie ist eine der → Provisionsvoraussetzungen. Die Nachweis- bzw. Vermittlungstätigkeit des Maklers muß für den Abschluß des → Hauptvertrags ursächlich sein (§ 652 I BGB). Daher schließt die → Vorkenntnis des Maklerkunden von der Vertragsabschlußgelegenheit, die der Makler nachweist, grundsätzlich eine Kausalität aus (BGH, BB 68, 148). Der Makler hat auch dann noch einen Provisionsanspruch, wenn seine Bemühungen als mitursächlich für den Hauptvertragsabschluß eingeschätzt werden können. So kann es passieren, daß der Auftraggeber an mehrere Makler Courtage zahlen muß, weil alle mitursächlich für das Zustandekommen des Hauptvertrags waren (BGH, RDM-Rspr. A 110–15). Auch, wenn der Auftaggeber selbst Informationen sammelt, liegt Mitursächlichkeit vor, falls diese Ermittlungen nicht über ein bestimmtes Maß hinausgehen (OLG Hamm, RDM-Rspr. A 110–37). Das Prinzip der Kausalität schützt die Provision des Maklers gerade in Situationen, in denen Auftraggeber und Interessent quasi am Makler vorbei einen Hauptvertrag abschließen, um die Provision zu sparen. Wichtig ist, daß zwischen dem im Maklervertrag angestrebten Hauptvertrag und dem später tatsächlich abgeschlossenen eine Identität besteht (→ Identität der Verträge im Maklerrecht). Typisch für die Kausalität ist, wenn bspw. ein Mietinteressent ein Wohnungsangebot ablehnt, weil ihm die Miete zu hoch erscheint, er aber einige Monate später trotzdem den Mietvertrag abschließt (OLG München, RDM-Rspr. 110–23).

Kaution. Andere Bezeichnung: Mietsicherheit, Mietkaution. Im Mietvertrag kann eine Kaution vereinbart werden. Sie dient der Sicherung des Vermieters hinsichtlich der Mieterpflichten (z. B. Zahlung des Mietzinses, Erfüllung der Schönheitsreparaturen). Die Kaution darf nicht höher sein als das *Dreifache* des auf einen Monat entfallenden Mietzinses (§ 550 b I BGB). Der Mietzins enthält hierbei nicht die Betriebskosten, über die gemäß Mietvertrag gesondert abzurechnen ist. Deswegen kann grundsätzlich gesagt werden, daß entweder die Nettokaltmiete oder die Teilinklusivmiete (→ Bruttomiete) Berechnungsgrundlage der Kaution ist; je nach dem, was im Mietvertrag vereinbart wurde. Soll neben der Kaution auch noch eine Bürgschaft erbracht werden (*Doppelsicherung*), so darf die Summe aus Barkaution und Bürgschaft ebenfalls o. g. Grenze nicht übersteigen (BGH, WM 90, 343). Diese Grenze kann auch nicht dadurch umgangen werden, daß der Mieter bspw. eine Teppichabnut zungspauschale zu entrichten hat (AG Aachen, WM 86, 336). Dem Mieter ist es freigestellt, die Kaution in drei gleichen monatlichen Teilleistungen zu erbringen; die erste ist zu Beginn des Mietverhältnisses (Wohnungsübergabe) fällig (§ 550 b BGB). Der Vermieter hat die Kaution getrennt von seinem Vermögen bei einem Kreditinstitut *anzulegen* und zwar zu einem für Spareinlagen mit dreimonatiger Kündigungsfrist üblichen Zinssatz. Die Zinsen stehen dem Mieter zu und erhöhen die Sicherheit (§ 550 b II BGB). Es reicht ein Sammelkonto für alle Kautionen des Vermieters. Es muß als Sonder- oder Kautionskonto bezeichnet werden, so sind die Kautionsgelder konkurssicher. Der Vermieter kann sich mit *Rückzahlung der Kaution* einige Monate nach Auszug des Mieters Zeit lassen und prüfen, ob er zu verrechnende Ansprüche hat (BGH, WM 87, 310).

Kehlbalken. Zwischen den Sparren eines Sparrendaches (Bildanhang 3) befinden sich waagererechte Querbalken. Sie dienen der Sicherung des Daches vor Durchbiegen wegen starker Belastung. Diese Situation tritt bei starkem Wind oder bei Schneelast auf. Bei einem Dachgeschoßausbau würden die Kehlbalken den Fußboden tragen.

Keilstufe. Treppenstufe, die im Querschnitt dreieckig oder trapezförmig erscheint.

Kerndämmung. Bezeichnung für die Dämmung zwischen dem Außenmauerwerk und dem Vormauerwerk/Verblendmauerwerk. Zwischen Außenmauerwerk und der Dämmung kann noch eine Luftschicht vorgesehen werden. Die Dämmung kann aus festem Material (z. B. Minearalwollmatten) oder aber aus Schüttmaterial (z. B. Tonkügelchen) bestehen.

Kerngebiet. Im → Bebauungsplan eine besondere → Art der baulichen Nutzung für die zur Bebauung vorgesehenen Flächen (Baugebiet) nach § 1 II BauNVO. Kerngebiete (§ 7 BauNVO) dienen vorwiegend der Unterbringung von Handelsbetrieben sowie der zentralen Einrichtungen der Wirtschaft, der Verwaltung und der Kultur.

Kettenhaus. Aneinandergereihte Häuser, die abwechselnd aus einem ein- und einem zweistöckigen Gebäudeteil bestehen. Z. B. Reihenhäuser, die jeweils durch Garagen getrennt sind.

Kleinsiedlungsgebiet. Im → Bebauungsplan eine besondere → Art der baulichen Nutzung für die zur Bebauung vorgesehenen Flächen (Baugebiet) nach § 1 II BauNVO. Kleinsiedlungsgebiete (§ 2 BauNVO) dienen vorwiegend der Unterbringung von Kleinsiedlungen einschließlich Wohngebäuden mit entsprechenden Nutzgärten und landwirtschaftlichen Nebenerwerbsstellen.

Klinker. Klinker werden oft als → Mauersteine oder Pflastersteine verwendet. Sie sind durch große Hitze sehr hart gebrannt und daher äußerst frostunempfindlich und widerstandsfähig gegen chemische und mechanische Einflüsse.

Konkurrenzschutz. Der Vermieter eines Gewerbeobjektes ist verpflichtet, seinem gewerblichen Mieter Konkurrenzschutz zu gewähren. Dieser Grundsatz gilt auch ohne ausdrückliche Vereinbarung einer Konkurrenzschutzklausel für Hauptartikel (vertragsimmanenter Konkurrenzschutz; BGH, BB 57, 167). Das ergibt sich schon aus § 536 BGB, wonach der Vermieter verpflichtet ist, die Mietsache dem Mieter in einem zum vertragsgemäßen Gebrauch geeigneten Zustand zu überlassen und auch während der Mietzeit diesen Zustand aufrechtzuerhalten. Der Vermieter darf durchaus an andere

Mieter vermieten, die die gleichen Nebenartikel verkaufen (BGH, ZMR 85, 374). Eine solche Klausel ermöglicht aber eine genauere Eingrenzung, was unter Konkurrenzschutz zu verstehen sein soll. So können auch Nebenartikel miteinbezogen werden. Möglich ist es auch, den Konkurrenzschutz vertraglich auszuschließen. Der Konkurrenzschutz besteht nicht, wenn die räumliche Nähe des Konkurrenzmieters ohne Einfluß auf die Geschäftstätigkeit des zu schützenden Gewerbemieters ist (OLG Karlsruhe, NJW-RR 87, 848). Schutz besteht nicht gegenüber den bei der Anmietung bereits vorhandenen Konkurrenten (LG Köln, WM 90, 379). Wird der zu schützende Mieter durch die Mißachtung des Konkurrenzschutzes verletzt, so hat er gegen den Vermieter einen Unterlassungs- bzw. Beseitigungsanspruch (BGH, ZMR 55, 200). Darüber hinaus stehen ihm → Mietminderung und Schadensersatz zu.

Kontrollschacht. Andere Bezeichnung: Revisionsschacht. Kontrollschächte dienen der Kontrolle, Reinigung und Reparatur von im Boden verlegten Leitungen (z. B. Abflußrohre). Oft sind Kontrollschächte Fertigteile, die bereits mit Steigeisen und einer u. U. befahrbaren Abdeckung ausgestattet wurden.

Konvektor. Heizkörper, der überwiegend aus dünnen Metallscheiben (Lamellen), die auf ein Rohr aufgezogen sind oder aus Rippenrohren besteht. Konvektoren heizen durch Luftumwälzung (Konvektion). Warme Luft steigt auf, kalte sinkt nieder, wird erwärmt und steigt ebenfalls auf usw. Eine Verkleidung der Konvektoren unterstützt noch die Konvektion.

Koppelungsgeschäft des Maklers. Hierunter versteht man die Vereinbarung, daß der Maklerkunde neben dem beabsichtigten → Hauptvertrag noch eine weiter Leistung in Anspruch nehmen soll. Das könnte bspw. der Kauf von Möbeln sein. § 3 IV WoVermittG schiebt dieser Form des Kaufzwangs einen Riegel vor: „Eine Vereinbarung, durch die der Auftraggeber sich im Zusammenhang mit dem Auftrag verpflichtet, Waren zu beziehen oder Dienst- oder Werkleistungen in Anspruch zu nehmen, ist unwirksam. Die Wirksamkeit des Vermittlungsvertrages bleibt unberührt. Satz 1 gilt nicht, wenn die Verpflichtung die Übernahme von Einrichtungs- oder Ausstattungsgegenständen des bisherigen Inhabers der Räume zum Gegenstand hat." Mit dem letzten Satz sind Ablösevereinbarungen (→ Abstandsvereinbarung) gemeint.

Kosten des Zwangsversteigerungsverfahrens. Die Verfahrenskosten werden aus dem Versteigerungserlös beglichen. Allerdings haften die betreibenden Gläubiger gesamtschuldnerisch für diese Kosten. Wenn also das Objekt nicht versteigert wird, haften die betreibenden Gläubiger hierfür. Die Kosten der Rechtsanwalts der betreibenden Gläubiger werden an der Rangstelle berücksichtigt, die ihr jeweiliges Recht im Grundbuch innehat. Der Ersteher hat eine vom Versteigerungserlös abhängige Zuschlagsgebühr zu entrichten.

Kostenvoranschlag. Andere Bezeichnung: Kostenanschlag. Er ist eine unverbindliche Berechnung des Bauunternehmers bezüglich der voraussichtlichen Kosten seiner zu erbringenden Leistung. Weichen die tatsächlichen Kosten aber um rund 15 bis 25% vom Voranschlag ab, ist i. d. R. die Toleranzgrenze überschritten. Der Auftraggeber hat dann ein Kündigungsrecht (§ 650 BGB; → Kündigung des Bauvertrages). Als Vergütung steht dem Bauunternehmer nur das zu, was der erbrachten Leistung entspricht (§ 650 I i. V. m. § 645 I BGB). Der Unternehmer hat dem Auftraggeber die Erwartung eines solchen Überschreitens unverzüglich mitzuteilen (§ 650 II BGB). Als Kostenanschlag wird auch eine Grundleistung der Leistungsphase 7 (Mitwirkung bei der Vergabe) im Rahmen der → Architektenleistungen bezeichnet. Hier werden die Einheitspreise (→ Einheitspreisvertrag) oder → Festpreise der Angebote zusammengestellt, um die gesamten Vorhabenkosten zu ermitteln.

Kratzputz. Wandputz, der nach dem Abtrocknen durch Aufkratzen eine rauhe Oberfläche erhält.

Kreuzverband. Form des → Mauerverbands, bei dem Schichten aus → Läufer und → Binder einander abwechseln. Dabei werden die Läufer um einen halben Stein versetzt (s. Bildanhang 6).

Krüppelwalmdach. Aus vier geneigten Dachflächen bestehendes Dach, wobei die sich gegenüberliegenden Dachflächen der schmalen Gebäudeseiten nicht bis zur → Traufe herunterreichen, sondern schon vorher enden (s. Bildanhang 1).

Kündigung des Architektenvertrages. 1. *Kündigung durch Auftraggeber.* Auftraggeber kann jederzeit kündigen, muß dem Auftragnehmer (Architekt) aber die vereinbarte Vergütung zahlen. Er hat sich aber das anrechnen zu lassen, was er wegen der Kündigung des Auftrags einspart, durch anderweitige Verwendung seiner Arbeitskraft erwirbt oder böswillig zu erwerben unterläßt (§ 649 BGB). Weiterhin ist eine Kündigung aus wichtigem Grund möglich (z. B. Annahme von Provisionen von Bauunternehmern; BGH, BauR 77, 363). 2. *Kündigung durch den Auftragnehmer.* Die Kündigung ist nur möglich, wenn der Auftraggeber seine Mitwirkungspflicht (§ 643 BGB) unter Mißachtung einer Fristsetzung zur Nachholung dieser Mitwirkung verletzt (z. B. Zurückhalten wichtiger Unterlagen). Auch hier besteht die Möglichkeit der Kündigung aus wichtigem Grund (z. B. Nichtzahlung des fälligen Honorars).

Kündigung des Bauvertrages. I. *Bauvertrag auf BGB-Grundlage.* 1. *Kündigung durch Auftraggeber.* Auftraggeber kann jederzeit kündigen, muß dem Auftragnehmer (Bauunternehmer) aber die vereinbarte Vergütung zahlen. Er hat sich aber das anrechnen zu lassen, was er wegen der Kündigung des Auftrags einspart, durch anderweitige Verwendung seiner Arbeitskraft erwirbt oder böswillig zu erwerben unterläßt (§ 649 BGB). Wegen eines fehlerhaften → Kostenvoranschlags kann ebenfalls gekündigt werden (§ 650 BGB). Weiterhin ist eine Kündigung wegen positiver Vertragsverletzung möglich. Das ist ein von der Rechtsprechung entwickelter Begriff, der ein schuldhaftes Verhalten voraussetzt, aufgrund dessen der Vertragszweck gefährdet wird, und die Fortsetzung des Vertrags nicht zugemutet werden kann (z. B. Beleidigung durch den Auftragnehmer). 2. *Kündigung durch den Auftragnehmer.* Die Kündigung ist möglich, wenn der Auftraggeber seine Mitwirkungspflicht (§ 643 BGB) unter Mißachtung einer Fristsetzung zur Nachholung dieser Mitwirkung verletzt (z. B. nach Bauvertragsabschluß nicht die Bauzeichnungen übergibt). Auch hier besteht die Möglichkeit der Kündigung wegen positiver Vertragsverletzung (z. B. Schwarzarbeit von Arbeitern des Bauunternehmers während der regulären Arbeitszeit; OLG Köln,

BauR 93, 80). II. *Bauvertrag auf VOB-Grundlage.* 1. *Kündigung durch Auftraggeber.* § 8 Nr. 1 VOB/B: Sie ist dem § 649 BGB nachgebildet (s. o.). § 8 Nr. 2 VOB/B (unordentliche Vermögensverhältnisse des Auftragnehmers: Zahlungen werden eingestellt, Vergleichsverfahren beantragt, Konkurs). § 8 Nr. 3 VOB/B (mangelhafte, vertragswidrige Leistung – trotz Fristsetzung Mangel nicht beseitigt; verzögerte Leistung). § 8 Nr. 4 VOB/B (wettbewerbswidriges Verhalten des Auftragnehmers). § 6 Nr. 7 VOB/B (Bauunterbrechung länger als drei Monate). 2. *Kündigung durch Auftragnehmer.* § 9 VOB/B (Verletzung einer Mitwirkungspflicht; Auftraggeber gerät in Zahlungsverzug). § 6 Nr. 7 VOB/B (Bauunterbrechung länger als drei Monate).

Kunststein. Aus Beton hergestellter Stein (Betonwerkstein) in verschiedensten Formen und Farben (z. B. als Gehwegplatten).

K-Wert. Andere Bezeichnung: Wärmedurchgangswert, Wärmedurchgangszahl, Wärmedurchgangskoeffizient. Der K-Wert gibt an, wieviel Wärme vom Innenraum durch einen Quadratmater eines Baumaterials nach außen dringt. Die Wärme wird in Watt angegeben. Zwischen innen und außen wird in der Ausgangssituation eine Lufttemperaturdifferenz von 1 °C angenommen. Je niedriger der K-Wert, um so besser sind also die Wärmedämmeigenschaften des Materials. Eine Mauer aus Ziegelsteinen hat bspw. einen K-Wert von 1,40.

L

Läufer. Im → Mauerverband befindlicher Stein, der in Längsrichtung verläuft. Läufer können auch als ganze Läuferschicht gemauert werden (s. Bildanhang 6).

Laibung. Andere Schreibweise: Leibung. Bezeichnung für die innere seitliche Fläche einer Öffnung in der Wand oder Nische. Z. B.: Fenster-, Türlaibung.

Laubengang. Außengang am Gebäude entlang, der zur Front hin geöffnet ist, aber ansonst geschlossen. Er führt vom Treppenhaus zu den Wohnungen des jeweiligen Geschosses.

Leibrente. Regelungen in §§ 759 bis 761 BGB. Leibrenten sind regelmäßig wiederkehrende Zahlungen, die im Zweifel für die Lebenszeit des Gläubigers zu entrichten sind (§ 759 I BGB). Zuweilen werden Immobilien (ganz oder zum Teil) auf Leibrente verkauft. D. h. anstatt einer Summe als Kaufpreis, erhält der Verkäufer sein Leben lang eine Leibrente vom Käufer gezahlt. Bei der Berechnung der Leibrente wird die statistische, vom jeweiligen Lebensalter des Gläubigers (Verkäufer) abhängige Lebenserwartung berücksichtigt. Für beide Vertragsparteien besteht ein gewisses Risiko in der Abweichung des tatsächlich erreichten Lebensalters des Gläubigers und der bei Vertragsabschluß berücksichtigten Lebenserwartung. Lebt der Gläubiger länger, zahlt der Schuldner mehr für die Immobilie als erwartet. Lebt der Gläubiger nicht so lange, dann zahlt der Schuldner insgesamt weniger für die Immobilie als erwartet – zum Nachteil der Erben des Gläubigers.

Leichtbeton. → Beton, der ein niedriges Raumgewicht hat. Z. B. Porenbeton, Gasbeton.

Leistungsverzeichnis. Die zu erbringende Leistung muß in der → Ausschreibung und später als Basis für den → Bauvertrag eindeutig und erschöpfend beschrieben werden. Dies erfolgt meist in der Leistungsbeschreibung, die aus einer → Baubeschreibung, einem in Teilleistungen gegliedertes Leistungsverzeichnis (§ 9 Nr. 6 VOB/A) und Bauzeichnungen besteht.

Leitungswasser. Leitungswasser kann bestimmungswidrig (z. B. durch Leitungsbruch) aus Zu- und Ableitungsrohren der Wasserversorgung, Warmwasserheizung, Sprinkleranlagen etc. austreten und einen Schaden verursachen. Werden mit dem Gebäude fest verbundene Teile (z. B. verklebte Auslegware) beschädigt, reguliert die → Gebäudeversicherung den Schaden. Die beweglichen Dinge (z. B. Perserteppich auf der Auslegware) sind über die Hausratversicherungen abgedeckt. Haftungsansprüche Dritter werden durch die Haftpflichtversicherung (Privathaftpflichtversicherung oder → Grundeigentümerhaftpflichtversicherung) reguliert.

Lichtmaß. Andere Bezeichnung: lichtes Maß. Innerer Abstand zwischen zwei Bauteilen, d. h. der Abstand zwischen den dem jeweiligen anderen Bauteil am nächsten liegenden Punkten.

Liegenschaftszinssatz. Wichtige Berechnungsgröße für den Vervielfältiger (→ Barwert) und somit für das → Ertragswertverfahren. Nach § 11 I WertV ist der Liegenschaftszinssatz der Zinssatz, mit dem der Verkehrswert von Liegenschaften im Durchschnitt marktüblich verzinst wird. Er ist auf der Grundlage geeigneter Kaufpreise und der ihnen entsprechenden Reinerträge für gleichartig bebaute und genutzte Grundstücke unter Berücksichtigung der Restnutzungsdauer der Gebäude nach den Grundsätzen des Ertragswertverfahrens zu ermitteln (§ 11 II WertV). Angenähert kann er mit folgender Formel beschrieben werden: i=RE/K, wobei i=Liegenschaftszins, RE= → Reinertrag, K=Kaufpreis. Wesentliche Einflußgrößen des Liegenschaftszinssatzes sind demnach: I. *Erhöhende Faktoren.* Wert- bzw. Ertragsminderung (→ Alterswertminderung, → wirtschaftliche Wertminderung), Eigenkapitalverzinsung. II. *Verringernde Faktoren.* Wert- bzw. Ertragssteigerung auf Grund der Inflation. Demnach enthält der Liegenschaftszinssatz nicht die immobilientypische Wertsteigerung. Oft sind die Liegenschaftszinssätze beim → Gutachterausschuß abfragbar (3.5.5 WertR). Ansonsten kann hilfsweise auf die Angaben in 3.5.5 WertR zurückgegriffen werden: 5% bei Mietwohngrundstücken; 5,5% bei gemischt genutzten Grundstücken mit weniger als 50% gewerblichem Mietanteil; 6% bei gemischt genutzten Grundstücken mit mehr als 50% gewerblichem Mietanteil; 6,5% bei Geschäftsgrundstücken. → Vergleichsfaktor.

Lineare Abschreibung. Form der normalen → Abschreibung. Regelungen in § 7 IV EStG. Die lineare Abschreibung gilt für Altbauten und geht für die gesamte Abschreibungszeit von gleichbleibenden Abschreibungssätzen aus. Bsp.: Wohngebäude, die nach dem 31. 12. 1924 fertiggestellt worden sind, können mit jährlich 2% der Anschaffungs- bzw. Herstellungskosten abgeschrieben werden (50 Jahre). Die Voraussetzungen für die Möglichkeit der → degressiven Abschreibung (Neubauten) sind zu prüfen. Ggf. kann sie alternativ eingesetzt werden.

Löschung im Grundbuch. Die Aufgabe eines Rechts an einem Grundstück bedarf i. d. R. der *Löschungsbewilligung* des Berechtigten (Erklärung, daß er das Recht aufgibt) und der Löschung im Grundbuch (§ 875 BGB). Bei → Hypothek, → Grundschuld und → Rentenschuld ist zusätzlich die Zustimmung des Grundstückseigentümers nötig (§ 27 GBO). Die Löschung erfolgt durch *Löschungsvermerk*. Wird bei Übertragung eines Grundstücks oder Grundstücksteils auf ein anderes → Grundstücksblatt ein eingetragenes Recht nicht mitübertragen, so gilt es als gelöscht (§ 46 GBO). Zusätzlich zum Löschungsvermerk wird das Gelöschte im Grundbuch rot unterstrichen (sog. *Rötung*) und nicht durchgestrichen.

Loggia. Freisitz, der an einer Seite offen, aber ansonsten geschlossen ist. Im Unterschied zum Balkon hängt die Loggia nicht vor der Fassade, sondern springt in die Fassade zurück.

Luftheizung. Form der Heizung, bei der an einem Ort im Hause Luft erwärmt und anschließend über Schächte zu den gewünschten Räumen geleitet wird. Der Transport erfolgt durch den natürlichen Auftrieb der warmen Luft. Möglich ist aber auch der Transport mittels Ventilatoren.

M

Mängelanzeige. Um → Gewährleistungsansprüche (§ 634 BGB) geltend zu machen oder Nachbesserung (§ 633 BGB; → Ersatzvornahme) beanspruchen zu können, muß der Bauherr gegenüber dem Bauunternehmer die entdeckten Baumängel anzeigen. Es kommt dabei auf konkrete Angaben an.

Mängelfeststellung. Sie ist in § 15 II HOAI als Grundleistung in Leistungsphase 9 aufgeführt. Die Objektbegehung zur Mängelfeststellung muß vor Ablauf der Gewährleistungsfristen (→ Gewährleistungsansprüche) gegenüber den bauausführenden Unternehmen erfolgen.

Magerbeton. → Beton, der einen geringeren Zementanteil enthält. Er wird bspw. im Fundamentbereich verwendet, in dem hohe Druckfestigkeit erforderlich ist.

Maisonette. Andere Bezeichnung: Maisonettwohnung. Wohnung, die sich über mehrere Geschosse erstreckt, wobei die einzelnen Ebenen der Wohnung über Treppen innerhalb der Wohnung erreicht werden können.

Makleralleinauftrag. Überbegriff für → normale Makleralleinaufträge und → qualifizierte Makleralleinaufträge.

Maklereigenschaft offenbaren. Der Makler ist verpflichtet, darauf hinzuweisen, daß er seine Leistungen als Makler erbringt. Ansonsten könnte bspw. der Leser einer Annonce darüber hinweggetäuscht werden, daß es sich bei dem Inserenten um einen Makler handelt. Hier läge eine irreführende Angabe im Sinne des § 3 UWG vor. Der Leser würde über die Bezugsquelle des Angebotenen irregeführt (BGH, NJW 87, 3196). Der Leser könnte glauben, es handelt sich um ein privates Angebot und würde nicht mit einer Courtage rechnen. Hierdurch hätte der Makler einen deutlichen Wettbewerbsvorteil gegenüber den Mitbewerbern, die von vornherein über ihre

Maklereigenschaft aufklären. Auf dem Gebiet der Mietwohnungsvermittlung gibt es zu diesem Thema eine klare Vorschrift, die besagt, daß der Makler öffentlich, insbesondere in Zeitungsanzeigen, auf Aushängetafeln und dergleichen, nur unter Angabe seines Namens und der Bezeichnung als Wohnungsvermittler Wohnräume anbieten oder suchen darf (§ 6 II WoVermittG). Die Maklereigenschaft kommt deutlich zum Ausdruck, wenn in der Annonce Bezeichnungen wie „Immobilien", „Haus- und Grundstücksmakler" oder „Immobilienvermittlung" verwendet werden. Hingegen wäre „Finanz- und Vermögensberater" unzulässig (BGH, WRP 91, 236). Problematisch sind auch Abkürzungen, wie z. B. „Imm.", „Immo." oder „Hausm." für Hausmakler. Maklern ist es ferner untersagt unter einer → Chiffreanzeige zu werben. Gleiches gilt für die Annoncierung unter einer Telefonnummer, ohne auf den gewerblichen Charakter der Anzeige hinzuweisen (LG Dortmund, AIZ 61, 172). Der Verzicht auf den Maklerhinweis wird nicht dadurch zulässig, daß auf die Provisionsfreiheit hingewiesen wird. Immerhin zahlt die Gegenseite die Provision und die ist deshalb sicherlich im Angebotspreis eingerechnet. Insofern würde der Leser getäuscht werden.

Maklerverbünde. Form der → Maklerzusammenarbeit. Maklerverbünde sind den → Immobilienbörsen zugeordnet. Sie haben aber strengere Regeln. Hier besteht die Pflicht zur Eingabe der Objekte in einen gemeinsamen Objektpool. Ferner müssen stets Alleinaufträge vorhanden sein. Maklerverbünde sind nicht mit den Maklerverbänden zu verwechseln (z. B. RDM, VDM).

Maklervertrag. Überbegriff für den → einfachen Maklervertrag, → normalen Makleralleinauftrag, → qualifizierten Makleralleinauftrag. Wesentlicher Inhalt, um Mißverständnisse zu vermeiden: 1. Maklervertragspartner. 2. Art des Maklervertrags (s. o.). 3. Art des beabsichtigten → Hauptvertrags und Objektbeschreibung. 4. Laufzeit des Maklervertrags. 5. Art der Maklertätigkeit. 8. → Nachweismakler und/oder Vermittlungsmakler. 6. Provisionspflichtigkeit. 7. Vertragliche Nebenpflichten.

Maklerzusammenarbeit. Formen der Maklerkooperationen zeigen sich im → Gemeinschaftsgeschäft unter Maklern, in → Immobilienbörsen, → Maklerverbünden, Zusammenarbeitsformen als → Mitmakler oder → Untermakler, aber auch im → Zubringergeschäft.

Mansarddach. Dach, bei dem im Bereich zwischen First und Traufe zwei verschieden geneigte Dachflächen angeordnet sind. Das ggf. ausgebaute Dachgeschoß (Mansarde, Mansardgeschoß) kann ohne Deckenschrägen erstellt werden (s. Bildanhang 1).

Makler- und Bauträgerverordnung (MaBV). Genaue Bezeichnung dieser verbraucherschützenden Vorschrift: Verordnung über die Pflichten der Makler, Darlehens- und Anlagenvermittler, Bauträger und Baubetreuer. Hieraus ergeben sich für → *Bauträger*wesentliche Pflichten, deren Einhaltung überwacht werden. Für *Makler* existieren insbesondere Buchführungs- (§ 10 III MaBV) und Informationspflichten (§ 11 MaBV). Bspw. muß der Makler bei der Vermittlung oder dem Nachweis von Immobilienkaufverträgen in seinen Unterlagen folgende Angaben (§ 10 III Nr. 1 MaBV) gemacht haben: Lage, Größe und Nutzungsmöglichkeit des Grundstücks, Art, Alter und Zustand des Gebäudes, Ausstattung, Wohn- und Nutzfläche, Zahl der Zimmer, Höhe der Kaufpreisforderung einschließlich zu übernehmender Belastungen, Name, Vorname und Anschrift des Veräußerers. Laut § 11 Nr. 1 MaBV muß der Makler diese Angaben an seinen Auftraggeber spätestens bei Aufnahme der Vertragsverhandlungen weiterleiten.

Maß der baulichen Nutzung. Es ergibt sich für die im B-Plan festgesetzten Baugebiete aus der Kombination von → Baumassenzahl, → Geschoßflächenzahl und→ Grundflächenzahl (§§ 17, 19, 20, 21 BauNVO).

Mauersteine. Mauersteine werden aus unterschiedlichsten Materialien für verschiedene Zwecke hergestellt. Sie variieren in den Maßen und physikalischen Eigenschaften. Der ursprüngliche Mauerstein ist der Tonziegel (→ Klinker). Siehe auch → Kalksandstein, → Vollziegel.

Mauerverband. Andere Bezeichnung: Mauerstein-, Mauerziegelverband. Mauerverband ist der Überbegriff für die Arten, wie die Mauersteine zu einem Mauerwerk zusammengefügt werden (z. B. → Kreuzverband) (s. Bildanhang 6).

Meistgebot. Andere Bezeichnung: Letztes Gebot. Es soll mittels dreimaligen Aufrufs verkündet werden (§ 73 II ZVG). Ist kein Bietinteresse mehr vorhanden, wird der Schluß der Versteigerung verkündet. Der Meistbietende erhält den Zuschlag (§ 81 I ZVG). Für den Fall, daß das Meistgebot nicht bezahlt wird siehe → Zuschlag im Zwangsversteigerungsverfahren.

Mehrerlösvereinbarung des Maklers. Andere Bezeichnung: Übererlösvereinbarung. Das ist eine Provisionsgestaltung derart, daß sich die Provision nicht wie üblich am Erfolg der Maklerbemühungen orientiert (Erfolgshonorar gem. § 652 BGB). Vielmehr entspricht die Provision dem Teil des Verkaufspreises, der über dem zwischen Makler und Auftraggeber vorher verabredeten Verkaufspreis liegt. Bspw. wurde ein 25%iger Mehrerlös als außerhalb vernünftiger Erwartung liegend hoch bezeichnet (OLG Köln, MDR 68, 494). Unzulässig ist ein Mehrerlös, der sittenwidrig ist, z. B. weil der Makler im Vorwege wußte, daß der tatsächliche Kaufpreis höher liegen wird (BGH, RDM-Rspr. A 122–9).

Mezzanin. Andere Bezeichnung: Halbgeschoß. Räume, die bereits auf der halben Raumhöhe des anderen Geschosses beginnen und mit einer Treppen von dem anderen Geschoß aus erreichbar sind.

Mietaufhebungsvertrag. Mietaufhebungsverträge werden vereinbart, wenn es darum geht, ein Mietverhältnis, das zeitlich befristet ist oder ein unbefristetes Mietverhältnis, das eine längere Kündigungsfrist hat, vorzeitig zu beenden. Mietaufhebungsverträge sind an keine Form gebunden; aus Beweisgründen ist allerdings die Schriftform zu bevorzugen. Mietaufhebungsverträge werden teilweise schon gleichzeitig mit dem Mietvertrag geschlossen. So ist der Vermieter nicht den rechtlichen Restriktionen des → Zeitmietvertrags unterworfen. Oft sind Mietaufhebungsverträge mit einer Zahlung des Mieters an den Vermieter verbunden, wenn die Initiative vom Mieter ausgeht. Der umgekehrte Fall liegt vor, wenn die Initiative vom Vermieter ausgeht.

Mietausfallversicherung. Das Mietausfallrisiko kann über die → Gebäudeversicherung mitversichert werden.

Mieterauswahl. Die bekannten Möglichkeiten, eine Mieterauswahl vorzunehmen sind: → Arbeitgeberauskunft, → Auskunft des bisherigen Vermieters, → Bankauskunft, → Schufa-Auskunft, → Selbstauskunft.

Mieterhöhungsvereinbarung. Nach § 10 I MHG sind Vereinbarungen, die zum Nachteil des Mieters von den Vorschriften der §§ 1 bis 9 abweichen, unwirksam, es sei denn, daß der Mieter während des Bestehens des Mietverhältnisses einer Mieterhöhung um einen *bestimmten* Betrag zugestimmt hat. Die im MHG vorgesehenen Mieterhöhungen ergeben sich aus: § 2 MHG: Mieterhöhung gemäß ortsüblicher Miete, § 3 MHG: Mieterhöhung wegen Modernisierung, § 4 MHG: Mieterhöhung wegen gestiegener Betriebskosten (Umlagenerhöhung), § 5 MHG: Mieterhöhung wegen gestiegener Kapitalkosten, § 6 MHG: Erhöhung der Kostenmiete im Saarland, § 7 MHG: Mieterhöhung bei Bergmannswohnungen, § 10 MHG: Staffelmiete, § 10 a MHG: Indexmiete. Von diesen Mieterhöhungsvorschriften kann also nach § 10 I MHG abgewichen werden. Damit der Mieter keinem Druck bei Mietvertragsabschluß ausgesetzt wird, einer solchen Vereinbarung zuzustimmen, darf diese Mieterhöhungsvereinbarung nicht *vor* oder *bei* Mietvertragsabschluß, sondern allenfalls *während* des Mietverhältnisses geschlossen werden.

Mieterhöhungsverfahren. Das MHG sieht verschiedene Möglichkeiten der Mieterhöhung vor; Mieterhöhungen nach §§ 2, 3, 5 bis 7 MHG räumen dem Mieter ein Sonderkündigungsrecht ein (§ 9 MHG). I. *Mieterhöhungsverlangen des Vermieters nach § 2 MHG.* Der Vermieter hat das Recht, vom Mieter die Zustimmung zur Mieterhöhung zu verlangen, wenn drei grundlegende Bedigungen beachtet werden: 1. Mietzins ist seit einem Jahr unverändert. 2. Neuer Mietzins entspricht der ortsüblichen Vergleichsmiete. 3. Die Kappungsgrenzen werden nicht überschritten. – Der Vermieter muß im Mieterhöhungsschreiben sein Mieterhöhungsverlangen berechnen und begründen (LG Itzehoe, WM 82, 329). Der Vermieter kann dabei auf den Mietspiegel, auf ein Sachverständigengutachten oder auf

Vergleichswohnungen Bezug nehmen (§ 2 II MHG). Stimmt der Mieter dem Erhöhungsverlangen nicht bis zum Ablauf des zweiten Kalendermonats zu, der auf den Zugang des Mieterhöhungsverlangens folgt, so kann der Vermieter bis zum Ablauf von weiteren zwei Monaten auf Erteilung der Zustimmung klagen (§ 2 III MHG). Mit Beginn des dritten Kalendermonats, der auf den Zugang des Erhöhungsverlangens folgt, ist der erhöhte Mietzins fällig (§ 2 IV MHG). II. *Mieterhöhungserklärung des Vermieters bei baulichen Änderungen nach § 3 MHG.* Hierbei ist keine Zustimmung des Mieters erforderlich. Zwei Sachverhalte werden in § 3 MHG genannt: 1. Bauliche Veränderungen, die den Gebrauchswert der Mietsache nachhaltig erhöhen, die allgemeinen Wohnverhältnisse auf die Dauer verbessern oder nachhaltig Einsparungen von Heizenergie oder Wasser bewirken (Modernisierung; also keine Instandhaltung oder Instandsetzung, es sei denn die Modernisierung hat diese verursacht). 2. Bauliche Änderungen aufgrund von Umständen, die der Vermieter nicht zu vertreten hat (z. B. behördliche Anordnungen). – Die Mieterhöhung kann 11% der für die Wohnung aufgewendeten Kosten betragen (Zuschüsse und dergl. sind von den Kosten aber abzuziehen). Dabei hat der Vermieter dem Mieter genau zu erklären, wie sich die einzelnen Rechnungspositionen der Gesamtkosten mittels Verteilerschlüssel auf die Wohnung des Mieters aufteilen (AG Greifswald, WM 94, 279). Fälligkeit der erhöhten Miete: Beginn des auf die Mieterhöhungserklärung folgenden übernächsten Monats. Verlängerung der Fälligkeitsfrist um sechs Monate (§ 3 IV MHG): 1. Vermieter hat dem Mieter die zu erwartende Erhöhung nicht nach § 541 b II BGB mitgeteilt (Vermieter muß dem Mieter zwei Monate vor Beginn der Maßnahme deren Art, Umfang, Beginn und voraussichtliche Dauer sowie die zu erwartende Erhöhung schriftlich mitteilen). 2. Verlängerung der Frist tritt auch ein, wenn die tatsächliche Mieterhöhung von der angekündigten um mehr als 10% nach oben abweicht. III. *Mieterhöhungserklärung wegen gestiegener Betriebskosten nach § 4 MHG.* → Betriebskostenerhöhung. IV. *Mieterhöhungerklärung wegen gestiegener Kapitalkosten nach § 5 MHG.* Steigen die Zinsen dinglich gesicherter Darlehen (für Neubau, Ausbau, Erwerb etc.), kann der Vermieter diese unter bestimmten Bedingungen auf den Mieter anteilig umlegen. So richtet sich die Mieterhöhung sich nach dem Alter des Mietverhältnisses: 1. Das

Mietverhältnis wurde vor dem 1. 1. 1973 begründet: momentaner Zinssatz abzügl. Zinssatz am 1. 1. 1973 = Erhöhungsbetrag. 2. Das Mietverhältnis wurde nach dem 31. 12. 1972 begründet: momentaner Zinssatz abzügl. Zinssatz bei Beginn des Mietverhältnisses = Erhöhungsbetrag. Fälligkeit des erhöhten Mietzinses: Erster des auf die Erhöhung folgenden Monats; falls Erklärung nach dem Fünfzehnten eines Monats abgegeben wird: Erster des übernächsten Monats. V. *Mieterhöhungserklärung zur Kostenmiete im Saarland*. Regelungen in § 6 MHG. VI. Mieterhöhungserklärung für Bergmannswohnungen. Regelungen in § 7 MHG. VII. *Mieterhöhungserklärung bei Staffelmietvereinbarung*. Regelungen in § 10 II MHG. → Staffelmietvereinbarung. VIII. *Mieterhöhungserklärung bei Mietanpassungsvereinbarung*. Regelungen in § 10 a MHG. → Indexmietvereinbarung.

Mietminderung. Regelung in § 537 BGB. Beim Wohnraummietverhältnis ist eine zum Nachteil des Mieters abweichende Vereinbarung unwirksam (§ 537 III BGB). Der Mieter kann die Miete mindern, wenn die Mietsache mit einem Fehler behaftet ist, der die Tauglichkeit zum vertragsmäßigen Gebrauch gemindert hat. Sollte die Tauglichkeit sogar aufgehoben sein, so braucht der Mieter überhaupt keine Miete entrichten (100%ige Minderung). Die Mietminderung ist aber nur für den Zeitraum zulässig, in dem der die Tauglichkeit beeinträchtigende Mangel vorhanden ist. Hierbei kann es sich um einen Mangel handeln, der bereits bei der Überlassung der Mietsache an den Mieter vorhanden ist; ebenso kann es ein Mangel sein, der im Laufe des Mietverhältnisses auftritt. Der Mangel darf nicht nur eine unerhebliche Minderung der Tauglichkeit verursachen. Die Minderung wird entsprechend der Minderung der Tauglichkeit prozentual angegeben. Bsp. für mietminderungsberechtigende Mängel: Wasserschaden infolge undichter Fenster im Wohn- und Schlafzimmer bei starkem Regen (5% Minderung ; LG Berlin, MDR 82, 671); Lärm durch Garagentore in der Nacht (10% Minderung; LG Berlin, WM 86, 116); Gesundheitsgefährdung durch Asbest in Elektronachtspeicheröfen (50% Minderung; LG Dortmund, ZMR 94, 410); in der Wohnung ist die einzige Toilette nicht benutzbar (100% Minderung; LG Berlin, WM 88, 213). Der Mieter ist auch berechtigt, die Miete zu mindern, wenn der Mietsache eine zugesicherte Eigenschaft fehlt oder später wegfällt (§ 537 II BGB; z. B. Tragfähigkeit einer Decke). Hinsichtlich bestimmter Mängel existiert eine → Anzeigepflicht des Mieters gegenüber dem Vermieter (§ 545 BGB). Der Mieter verliert sein Mietminderungsrecht, wenn er Vorkenntnis vom Mangel hat (§ 539 BGB; → Vorkenntnis des Mieters vom Mangel). Siehe auch → Auskunftspflicht des Vermieters, → Duldung von Instandhaltungsmaßnahmen, → Hausordnung, → Instandhaltung/Instandsetzung im Mietrecht, → Konkurrenzschutz, → Modernisierung.

Mietpreisnennung in Anzeigen. Nach § 6 II WoVermittG muß der Makler, wenn er Wohnräume anbietet, den Mietpreis der Wohnräume angeben und darauf hinweisen, ob Nebenleistungen besonders zu vergüten sind. Werden z. B. vom Makler in einer Anzeige mehrere Wohnungen angeboten, darf sie nicht so formuliert werden, daß zusammenfassend Beispiel-Mieten, Von-Bis-Mieten oder Ab-Mieten angegeben werden. Genauso unzuläsig sind Quadratmeter-Mietangaben. Die Angabe einer „Miete" oder „Warmmiete" genügt nicht; es fehlt der Hinweis auf die Nebenkosten.

Mietzahlungsverjährung. Der Anspruch des Vermieters auf rückständige Mietzinsen (inkl. Nebenkosten) verjährt in vier Jahren (§ 197 BGB). Die Verjährung kann vertraglich nicht ausgeschlossen oder erschwert werden; allerdings sind Erleichterungen, insbesondere eine Abkürzung der Verjährungsfrist zulässig (§ 225 BGB). Gleiches gilt für einen möglichen Rückzahlungsanspruch des Mieters gegenüber dem Vermieter.

Mindestsparguthaben. Eine der → Zuteilungsvoraussetzungen der Bausparsumme. Andere Bezeichnung: Mindestansparsumme. I. d. R. ist das Mindestsparguthaben erreicht, wenn 40 bis 50% der Bausparsumme angespart sind. Erst dann kann eine Auszahlung des Darlehens erfolgen.

Mindestsparzeit. Eine der → Zuteilungsvoraussetzungen der Bausparsumme. Andere Bezeichnung: Mindestwartezeit. Die Mindestsparzeit gibt die Zeit an, die der Bausparer ab Bausparvertragsabschluß zumindest sparen muß, um in den Genuß der Zuteilung des

Bausparvertrags (Bausparsumme) zu kommen. Die Mindestsparzeit muß in jedem Falle abgewartet werden, selbst wenn das → Mindestsparguthaben auf einmal eingezahlt würde. Verringern sich bei einer Bausparkasse die Zuflüsse aus Bauspareinlagen und Tilgung ausgegebener Bauspardarlehen, so verlängert sich die Mindestsparzeit.

Mischgebiet. Im → Bebauungsplan eine besondere → Art der baulichen Nutzung für die zur Bebauung vorgesehenen Flächen (Baugebiet) nach § 1 II BauNVO. Mischgebiete (§ 6 BauNVO) dienen dem Wohnen und der Unterbringung von Gewerbebetrieben, die das Wohnen nicht wesentlich stören.

Mischmietverhältnis. Die Einordnung eines Mietvertrags als Gewerberaummietvertrag oder Wohnraummietvertrag hat Konsequenzen. Wird der Vertrag als Wohnraummietvertrag eingestuft, gelten die Mieterschutzbestimmungen des BGB und MHG. Die Entscheidung erfolgt nach der Übergewichtstheorie des BGH (BGH, ZMR 86, 278). Entscheidend ist der Wille der Vertragsparteien und der Vertragszweck. Besonders wichtig ist das Flächenverhältnis beider Nutzungsarten zueinander. Im Gleichgewichtsfalle wird der Vertrag als Wohnraummietvertrag eingestuft (LG Frankfurt, WM 92, 112).

Mitmakler. Erhalten zwei oder mehrere Makler gemeinsam ein und denselben Auftrag, spricht man Mitmaklern. Die Makler sind also dem *gleichen* Auftraggeber verpflichtet. Mitmaklerschaften dürfen nicht mit der gleichzeitigen Beauftragung mehrerer Makler verwechselt werden, wo jeder Makler einen *eigenen* Maklervertrag mit dem Auftraggeber abschließt. Hierbei treten die Makler nämlich in gegenseitige Konkurrenz, was bei der Mitmaklerschaft nicht der Fall ist. Mitmaklerverhältnisse sind eher selten anzutreffen. Die Mitmakler müssen sich *gemeinsam* um den erfolgreichen Abschluß des gewünschten Hauptvertrages bemühen. Solche Arbeitsgemeinschaften sind rechtlich als Gesellschaften Bürgerlichen Rechts einzuordnen (BGH 09. 07. 1969 – IV ZR 797/68 – AIZ 71, 122). Mitmaklerschaften setzen voraus, daß die Beteiligten Vereinbarungen über die Arbeits-, Kosten- und Provisionsaufteilung getroffen haben. Meist wird eine gleichmäßige Aufteilung zwischen den Mitmaklern vereinbart. Nach § 1 IV der Geschäftsgebräuche für Gemeinschaftsgeschäfte (GfG; → Gemeinschaftsgeschäfte unter Maklern) können die in dem Regelwerk der Maklerverbände enthaltenen Bestimmungen für Gemeinschaftsgeschäfte vereinbart werden.

Modernisierung. Unter Modernisierung sollen hier im Sinne des § 541 b I BGB Maßnahmen zur Verbesserung gemieteter Räume oder sonstiger Teile des Gebäudes, zur Einsparung von Heizenergie oder Wasser oder zur Schaffung neuen Wohnraums verstanden werden. Es kommt auf die ersichtliche Erhöhung des Nutz- und Substanzwerts an (KG Berlin, GE 84, 763). Bsp.: Elektrischer Türöffner (AG Schönberg, NJW 86, 2059), neuer Balkon (LG München, WM 89, 27), neue Außentüren zur besseren Wärmedämmung (AG Münster, WM 81, 12). Der Mieter hat hinsichtlich der Modernisierungsmaßnahmen eine Duldungspflicht (§ 541 b I S. 1 BGB), die jedoch nicht bei Vorliegen einer Härte für den Mieter oder für seine Familie besteht (z. B. gesundheitliche Probleme, Mieterhöhung (→ Mieterhöhungsverfahren), Verlust eines Zimmers). Aber die Härte ist mit dem Interesse des Vermieters an der Modernisierung abzuwägen. Der Vermieter muß dem Mieter zwei Monate vor Beginn der Maßnahme deren Art, Umfang, Beginn und voraussichtliche Dauer sowie die zu erwartende Erhöhung *schriftlich* mitteilen. Der Mieter hat ein außerordentliches Kündigungsrecht (§ 541 b II BGB). Der Mieter verliert sein → Mietminderungsrecht (§ 537 BGB) nicht, wenn er der Modernisierung zugestimmt hat (LG Mannheim, WM 86, 139). → Aufwendungsersatzanspruch des Mieters bei Modernisierung.

Modernisierungs- und Instandsetzungsgebot. Regelung in § 177 BauGB. Die Beseitigung der Mißstände kann die Gemeinde durch ein *Modernisierungsgebot* anordnen. In dem Bescheid sind die zu beseitigenden Mißstände zu bezeichnen und eine angemessene Frist für die Durchführung der Maßnahmen zu bestimmen. Mißstände liegen insbesondere vor, wenn die bauliche Anlage nicht den allgemeinen Anforderungen an gesunde Wohn- und Arbeitsverhältnisse entspricht. Die Beseitigung von Mängeln kann die Gemeinde durch ein *Instandsetzungsgebot* anordnen. Auch hier hat der Bescheid die Mängel zu bezeichnen und eine Frist zu setzen. Mängel liegen insbesondere vor, wenn durch Abnutzung, Alterung, Witterungseinflüsse oder Einwirkungen Dritter 1. die bestimmungsgemäße Nutzung beeinträchtigt ist, 2. das Straßen- und Ortsbild beeinträchtigt wird, 3. das Bauwerk erneuerungsbedürftig ist und wegen ihrer städtebaulichen Bedeutung erhalten bleiben soll. Eine Kostenerstattung der Gemeinde kann im Einzelfall möglich sein.

Mörtel. Mörtel kann bpw. für → Putz oder als Mauermörtel verwendet werden. Mauermörtel (zur Verbindung der Mauersteine) gibt es in verschiedenen Mischungsanteilen, je nach dem, welche Aufgaben er zu erfüllen hat (z. B. für tragende, nichttragende Wand). Mörtel besteht aus Wasser, Sand und Kalk, Gips oder Zement. Durch → Zuschlagstoffe kann Trocknungszeit variiert und die Wasserdurchlässigkeit beeinflußt werden.

Mündlicher Maklervertrag. Für → normale oder → qualifizierte Maklerverträge sind mündliche Vereinbarungen nicht zulässig, sie müssen immer schriftlich erfolgen. Mündliche Maklerverträge können demnach nur → einfache Maklerverträge sein. Der Makler kann wegen der lediglich mündlichen Vereinbarung in *Beweisschwierigkeiten* kommen. Daher wird er versuchen, Zeugen für das Gespräch zu finden. Vielfach wird aber der Weg eines Bestätigungsschreibens gewählt, wobei der Kunde eine Kopie unterschrieben an den Makler zurücksendet.

N

Nachbarrecht. Man unterscheidet zwischen → öffentlich-rechtlichem Nachbarrecht und → privatem Nachbarrecht.

Nachbarwiderspruch. Die Eigentümer der angrenzenden Grundstücke sind am Baugenehmigungsverfahren beteiligt. Bspw. nach § 68 II HBauO können diese → Bauvorlagen einsehen und sich zu dem genehmigungsbedürftigen Vorhaben äußern. Werden nachbarliche Belange berührt (z. B. Abweichung von den Mindestabstandsflächen), so bedarf es der nachbarlichen Zustimmung zu diesem Vorhaben. Durch die Unterschrift des betroffenen Nachbarn, dokumentiert er nicht nur die Kenntnisnahme, sondern auch seinen Verzicht gegen das Vorhaben Nachbarwiderspruch einzulegen. Unterschreibt er nicht, kann zwar trotzdem eine Baugenehmigung erteilt werden, aber dieser kann er widersprechen. Erteilt die Baugenehmigungsbehörde einen abschlägigen Widerspruchsbescheid, steht die Möglichkeit der Nachbarklage gegen die Behörde offen. Bei Erfolg der Klage, hat der Nachbar den Anspruch gegen die Behörde, daß diese gegen den Bauherrn vorgeht, falls dieser bereits mit dem Bau begonnen hat. Das begonnene Bauwerk wäre dann zu beseitigen.

Nachfinanzierung. Reicht die ursprünglich beantragte und bewilligte Finanzierung nicht aus, so müssen zusätzliche Fremdmittel aufgenommen werden. Diese Nachfinanzierung kann Schwierigkeiten bereiten, falls die → Beleihungsgrenze bereits ausgeschöpft ist. Die Situation kann allerdings dadurch verbessert werden, wenn die die Nachfinanzierung verursachenden Mehrkosten auch eine Erhöhung des → Beleihungswerts mit sich bringen.

Nachrangfinanzierung. Das Darlehen wird im Grundbuch lediglich nachrangig eingetragen (→ Rang).

Nachtstromspeicherheizung. Andere Bezeichnung: Nachtspeicherheizung. Diese Heizungsart wird direkt an das Stromnetz angeschlossen. Mittels verbilligtem Nachtstrom wird in der Nacht der wärmespeichernde Kern aufgeheizt. Über den Tag hinweg erfolgt dann die kontrollierte Wärmeabgabe.

Nachweismakler. Der Nachweismakler tritt in dem Maklervertrag nur als Makler auf, der einen Nachweis hinsichtlich einer Vertragsabschlußgelegenheit gibt. Eine Vermittlung zwischen dem Auftraggeber und dem Interessenten übernimmt er nicht (→Vermittlungsmakler). Grundsätzlich können Makler allein die Nachweistätigkeit oder allein die Vermittlungstätigkeit oder eine Kombination aus beidem im Maklervertrag vereinbaren. Die Kombination kann als Nachweis- und Vermittlungstätigkeit formuliert werden, aber auch als Nachweis- oder Vermittlungstätigkeit. In letzterem Falle hat der Makler die größte Chance auf seine Provision, da er einen Anspruch bekommt, wenn er nur nachweist, nur vermittelt oder beides macht. Ein Nachweis ist nur dann provisionspflichtig, wenn er vollständig erbracht wird (Objekt, Namen und Adresse der anderen Vertragsseite), es sei denn, der Auftraggeber kann ohne große Schwierigkeiten selbst über die Objektangaben die Vertragsgegenseite ermitteln (BGH, NJW-RR 91, 371). Der Nachweis soll den Auftraggeber in die Lage versetzen, mit der anderen Partei des angestrebten → Hauptvertrags über dessen Inhalt zu verhandeln. Hinsichtlich des Nachweisproblems beim Nachweis durch mehrere Makler siehe → Kausalität der Maklertätigkeit. → Vorkenntnis des Maklerkunden.

Nebenanlage. In jeder → Art der baulichen Nutzung sind untergeordnete Nebenanlagen und Einrichtungen zulässig (§ 14 BauNVO) die dem Nutzungszweck der in dem Baugebiet gelegenen Grundstücke oder des Baugebiets selbst dienen und die seiner Eigenart nicht widersprechen. Soweit nicht schon ohnehin Einrichtungen und Anlagen für die Tierhaltung zulässig sind, gehören zu den untergeordneten Nebenanlagen auch solche für Kleintierhaltung. Eine Beschränkung von Nebenanlagen und Einrichtungen ist im B-Plan möglich. Nebenanlagen sind nicht Bestandteil des Hauptgebäudes (BVerw, UPR 94, 263). Nebenanlagen können bspw. Telefonzellen, private Tennisplätze, Gartenhäuser sein.

Nebenkosten beim Immobilienkauf. Die üblichen Nebenkosten sind Notar- und Gerichtskosten (knapp 2% des Kaufpreises), Maklercourtage (max. 6% des Kaufpreises plus USt), Grunderwerbsteuer (§ 11 I GrEStG; 3,5% des Kaufpreises). Gut 11% sind also dem Grundstückskaufpreis noch hinzuzurechnen.

Nebenpflichten des Maklerkunden. Der Auftraggeber ist verpflichtet, seinen Makler von der *Aufgabe der Geschäftsabsicht* zu unterrichten. Ansonsten wird der Makler weiterhin tätig, ohne eine Chance auf Abschluß des angestrebten Hauptvertrags (BGH, WM 72, 444). Der Auftraggeber macht sich in diesem Falle zum Schadensersatz pflichtig (in Höhe der vergeblichen Aufwendungen). Liegen genügend Anhaltspunkte für die Wahrscheinlichkeit eines provisionspflichtigen Geschäfts vor, so kann der Makler vom Auftraggeber *Auskunft hinsichtlich des Hauptvertrags* darüber verlangen, ob mit einem seiner Interessenten der Vertrag abgeschlossen wurde, wie hoch der Kaufpreis war etc. (OLG Celle, AIZ 61, 76). Der Auftraggeber ist zur *Vertraulichkeit* verpflichtet. Gibt der Auftraggeber die Informationen, die er vom Makler bekommen hat, unbefugt weiter, so macht er sich schadensersatzpflichtig. Der Makler kann die entgangene Provision als Schadensersatz fordern wenn es ihm gelingt, nachzuweisen, daß der Dritte auch über den Makler den Hauptvertrag abgeschlossen bzw. ein anderer Kunde den Vertrag abgeschlossen hätte (BGH, NJW 87, 2431). Ansonsten sind Vertraulichkeitsklauseln in den → Allgemeinen Geschäftsbedigungen des Maklers zulässig; ihre Rechtsfolge (Provisionszahlung) ist unabhängig vom Beweis eines tatsächlichen Schadens – es genügt allein schon die Weitergabe der Information mit der Folge des Hauptvertragsabschlusses durch den Dritten (BGH, NJW 87, 2431). Der Auftraggeber verletzt seine Treuepflicht gegenüber dem Makler, wenn er den Auftrag *ohne tatsächliche Absicht*, den Hauptvertrag abzuschließen erteilt hätte (z. B., um den Marktpreis festzustellen). Schließlich hat der Auftraggeber noch die *Informationspflicht*, die besagt, daß er dem Makler alle ihm bekannten Angaben machen muß, die für die Durchführung des Auftrags Bedeutung haben.

Nebenpflichten des Maklers. Verletzt der Makler eine seiner vertraglichen Nebenpflichten, verliert er seinen Provisionsanspruch, dabei muß dem Auftraggeber noch nicht einmal ein Schaden entstanden sein (BGH, NJW 86, 2537). Die Provisionsverwirkung setzt ein vorsätzliches oder grob fahrlässiges Verhalten voraus; Fahrlässigkeit, wie beim Schadensersatzanspruch genügt nicht. Das zeigt den Strafcharakter der Provisionsverwirkung (BGH, NJW 86, 1035). Der Makler hat *keine Erkundigungs- und Prüfungspflicht*(OLG Hamm, RDM-Rspr. A 146–33), muß ihm aber alle stichhaltigen Verdachtsmomente mitteilen, damit der Auftraggeber vor Schaden bewahrt wird (OLG Frankfurt, RDM-Rspr. A 115–13). Die Aufklärungs- und Informationspflicht besagt, daß der Makler dem Kunden das über das Objekt mitteilen muß, was für den Kunden von Bedeutung ist (OLG Frankfurt, NJW-RR 88, 1200). Voraussetzung: Der Kunde teilt dem Makler mit, was für ihn von Bedeutung ist (BGH, RDM-Rspr. A 115–10).

Nießbrauch. Regelungen in §§ 1030 bis 1089 BGB. Ein Nießbrauch an einem Grundstück ist die Belastung des Grundstücks in der Weise, daß derjenige, zu dessen Gunsten die Belastung erfolgt, berechtigt ist, die Nutzungen der Sache zu ziehen (§ 1030 I BGB). Das Nießbrauchrecht ist ein Besitzrecht (§ 1036 I BGB). Der Nießbraucher muß die bisherige wirtschaftliche Bestimmung der Sache aufrechterhalten und ordnungsgemäß bewirtschaften (§ 1036 II BGB). Das Nießbrauchrecht findet seine Grenze dort, wo der Nießbraucher das Grundstück umgestalten oder wesentlich verändern möchte (§ 1037 I BGB). Er hat für die gewöhnliche Unterhaltung der Nutzung zu sorgen (§ 1041 BGB). Ein Nießbrauchrecht bietet sich bspw. für denjenigen an, der die Nutzungen und Lasten des Grundstücks nicht mehr tragen möchte, dafür aber immer noch Eigentümer bleiben will (z. B. im Verhältnis der Eltern gegenüber den zu berechtigenden Kindern).

Nominalzins. Der Nominalzins ist im → Effektivzins enthalten. Er ist die sich im Zeitablauf verringernde Komponente der → Annuität. Der Nominalzins ist der gemäß Darlehensvertrag laufend zu entrichtende Zins.

Normaler Makleralleinauftrag. Typisches Merkmal des Makleralleinauftrags ist, daß der Makler allein beauftragt wird, daß der Auftraggeber also *keinem weiteren Makler* einen Auftrag erteilt. Das bringt dem Makler Schutz vor Konkurrenz und somit eine gewisse Sicherheit, nicht vergeblich Kosten und Mühen eingesetzt zu haben, wenn plötzlich ein anderer Makler den angestrebten → Hauptvertrag herbeiführt. Zudem ergeben sich für den Auftraggeber keine Gefahren, die entstehen würden, wenn mehrere Makler am gleichen Objekt arbeiten (z. B. Erwecken des Anscheins, es gäbe Vermarktungsschwierigkeiten, weswegen mehrere Makler beauftragt wurden; keine Gefahr für den Käufer mehrere Nachweise zu erhalten und ggf. mehrere Courtagen zahlen zu müssen, → Kausalität der Maklertätigkeit; Verwirrung des Marktes mit verschiedenen Objektkonditionen). Verletzt der Auftraggeber seine Pflicht, keine weiteren Makler einzuschalten, umfaßt der Schadensersatz zugungsten des alleinbeauftragten Maklers die getätigten Aufwendungen. Einen Provisionsersatz wird er nur schwer durchsetzen können. Er muß beweisen, daß ein Interessent tatsächlich den Hauptvertrag abgeschlossen hätte (BGH, NJW 73, 1194). Im Gegensatz zum → qualifizierten Makleralleinauftrag darf der Auftraggeber aber weiterhin *Eigengeschäfte* durchführen (→ Eigengeschäft des Maklerauftraggebers). Ein weiteres Merkmal ist, daß der Makler als Gegenleistung zum o. g. Beauftragungsverbot *zur Auftragsbearbeitung verpflichtet* ist. Er muß den Auftrag aktiv bearbeiten und nicht passiv abwarten, ob sich ein Interessent meldet. Der normale Makleralleinauftrag hat *schriftlich* vereinbart zu werden; Grund: Er wirkt wettbewerbsbeschränkend gegenüber anderen Maklern (OLG Karlsruhe, NJW-RR 95, 237). Alleinaufträge laufen nicht unbefristet, wie es bei → einfachen Maklerverträgen möglich ist. Ohne Vereinbarung einer *Laufzeit* geht die Rechtsprechung von einer angemessenen Laufzeit aus. Eine vorzeitige Kündigung ist nur aus wichtigem Grund möglich (§ 626 BGB).

Normalherstellungskosten. Wichtige Berechnungsgröße für das → Sachwertverfahren. Der Herstellungswert der Gebäude werden ermittelt, indem die gewöhnlichen Herstellungskosten je Raum- oder Flächeneinheit (Normalherstellungskosten) mit der Anzahl der entsprechenden Raum-, Flächen- oder sonstigen Bezugseinheiten der Gebäude zu vervielfachen (§ 22 I WertV, 3.6.1.1 WertR). Dabei sind Bauart und Bauweise entsprechend zu berücksichtigen. Die Normalherstellungskosten enthalten auch die Baunebenkosten. Normalherstellungskosten sind Erfahrungssätze bekannter Bezugszeitpunkte, ausgedrückt in den Wertverhältnissen eines standardisierten Jahres (z. B. 1913). Die Normalherstellungskosten lassen sich einschlägigen Tabellen entnehmen. Die Kosten werden mittels Indexreihen (ebenfalls aus einschlägigen Tabellen zu entnehmen) auf den Bewertungsstichtag umgerechnet.

Normenkontrolle. Regelung in § 47 VwGO. Alle Satzungen nach dem Baugesetzbuch können durch ein Normenkontrollverfahren überprüft werden (z. B. B-Plan, Veränderungssperre). Für das Normenkontrollverfahren ist das Oberverwaltungsgericht bzw. der Verwaltungsgerichtshof zuständig. Jeder, der durch die betreffende Rechtsvorschrift oder deren Anwendung einen Nachteil erlitten oder in absehbarer Zeit zu erwarten hat, kann den Antrag stellen (Bsp.: Bauherr im B-Plan-Gebiet). Stellt sich im Ergebnis heraus, daß die Rechtsvorschrift gegen eine höhere Rechtsnorm verstößt, wird sie für nichtig oder teilnichtig erklärt. Wird vom Gericht aber kein Fehler festgestellt, weist es den Normenkontrollantrag ab. Nicht mehr anfechtbare Gerichtsentscheidungen und Verwaltungsakte (z. B. Baugenehmigung), die sich noch auf die für nichtig erklärte Norm beziehen, bleiben aber weiterhin gültig.

Notar. Der Notar ist unparteilicher Träger eines öffentlichen Amtes und für einige Rechtspflegeaufgaben zuständig. Eine wesentliche Aufgabe ist die Beurkundung von Immobilienkaufverträgen (→ Beurkundungspflicht).

O

Oberlicht. Öffnung zur Belichtung im oberen Bereich eines Raumes. Oberlichter können sich in der Decke (z. B. Lichtkuppel) oder als schmale Fenster oben in der Wand befinden.

Obhutspflicht. Der Mieter muß die Mietsache sorgfältig und pflegsam behandeln und – wenn möglich und zumutbar – Schaden von ihr abhalten. Die Obhutspflicht erstreckt sich auf alles, was dem Mieter zum Gebrauch oder Mitgebrauch gewährt wird. Die → Anzeigepflicht des Mieters ist eine Folge der Obhutspflicht. Die Obhutspflicht umfaßt aber keine Prüfungspflicht des Mieters (BGH, WM 76, 152). Bsp. für die Obhutspflicht: Reinigen des Balkonabflußsiebs (LG Berlin, WM 87, 119); Verhinderung von Frostschäden durch leichte Beheizung der Räume (BGH, NJW 72, 34); keine Monatsbinden durch die Toilette entsorgen (LG Regensburg, WM 87, 19).

Öffentlich-rechtliches Nachbarrecht. → privates Nachbarrecht. Wesentliche Bestandteile des öffentlich-rechtlichen Nachbarrechts ergeben sich aus den baurechtlichen Gesetzen (z. B. Baugesetzbuch, Landesbauordnungen) und dem Bundesimmissionsschutzgesetz. Bsp.: → Abstandsflächen, → Art der baulichen Nutzung, → Nachbarwiderspruch.

Offene Bauweise. Regelung in § 22 BauNVO; Gegensatz zur→ geschlossenen Bauweise. In der offenen Bauweise werden alle Gebäude mit seitlichem Grenzabstand als Einzelhäuser, Doppelhäuser oder Hausgruppen errichtet. Deren Länge darf max. 50 m betragen. Im B-Plan können Flächen festgesetzt werden, auf denen nur Einzelhäuser, nur Doppelhäuser, nur Hausgruppen oder nur zwei dieser Hausformen zulässig sind.

Option. Der Vermieter kann einem Mietinteressenten ein Optionsrecht einräumen, einen Mietvertrag abzuschließen. Dabei bindet sich der Vermieter, während der Mieter diesbezüglich noch frei entscheiden kann. Der Vermieter kann einem Mieter aber auch ein Optionsrecht dahingehend einräumen, einen bestehenden zeitlich befristeten Mietvertrag durch einseitige Erklärung zu verlängern. Auch hier bindet sich also nur der Vermieter.

OKFF. Abkürzung für „Oberkante Fertigfußboden". Hierunter versteht man den Abstand eines Bauteils von der Oberkante des fertigen Fußbodens. Der Fußboden hat dabei bereits die endgültige Höhe – inkl. vollständigem Fußbodenaufbau: Dämmung, Estrich, (Fliesen-)Belag. Bspw. können so in den Planungszeichnungen die Fensterhöhen angegeben werden oder die Höhe eines Obergeschosses (z. B. OKFF + 5,60). Für die Rohbauausführung wird die Angabe OKRF verwendet (Oberkante Rohfußboden; entspricht OKFF ohne Fußbodenaufbau).

Ortbeton. → Beton, der auf der Baustelle eingebracht wird, um da „an Ort und Stelle" zu erhärten.

Ortgang. Letzte (spezielle) Dachziegelreihe, die auf der Giebelseite den Rand des Daches ergeben.

P

Penthouse. Andere Bezeichnung: Dachterrassenwohnung. Eine Penthousewohnung vermittelt den Charakter eines Einfamilienhauses auf einem Haus. Oft ist das Penthouses von einer Dachterrasse umgeben.

Pfette. Beim → Pfettendach der Längsbalken, der die Sparren trägt. Es gibt beim Pfettendach drei Pfettenarten (zwei Fußpfetten, zwei Mittelpfette und eine Firstpfette) (s. Bildanhang 3).

Pfettendach. Dachstuhlform, die besonders für flachere Dachneigungen geeignet ist. Gerade wegen des tragenden Gerüstes der Pfetten kann aber die Nutzbarkeit des Dachgeschosses eingeschränkt sein (s. Bildanhang 3).

Privates Nachbarrecht. Wesentliche Bestandteile des privaten Nachbarrechts ergeben sich aus dem BGB und den in vielen Bundesländern vorhandenen Nachbarrechtsgesetzen. Bsp.: → Dienstbarkeiten, nachbarrechtliche Regelungen in §§ 906 bis 923 BGB (z. B. Zuführung unwägbarer Stoffe, Überbau, Notweg, Grenzbaum).

Prospekthaftung. Werden bestimmte Kapitalanlageformen in Prospekten dargestellt und sind die wesentlichen rechtlichen und wirtschaftlichen Angaben unrichtig, nicht vollständig oder gar irreführend, so greift die Prospekthaftung. Der Prospekt muß auch Aussagen über das Risiko der Kapitalanlage beinhalten. Bsp., in denen die Prospekthaftung zum Tragen kommt, sind zu hohe Mietangaben, „heruntergerechnete" Baukosten, nicht erzielbare Steuervorteile. Die Haftung kommt z. B. gerade im Bereich der Bauherrenmodelle und Publikums-KG zur Anwendung. Die haftenden Personen können Anlagevermittler, Initiatoren u. a. von Kapitalanlagemodellen sein.

Provisionsanspruchsverjährung. Ist der Makler gewerbsmäßig tätig, verjährt sein Provisionsanspruch gegenüber einem gewerblichen Auftraggeber in vier Jahren (§ 196 I Nr. 1 i. V. m. § 196 II BGB), gegenüber einem nicht gewerblichen Auftraggeber in zwei Jahren (§ 196 I Nr. 1 BGB). Wenn der Makler nur Gelegenheitsmakler ist, verjähren seine Ansprüche regelmäßig in dreißig Jahren (§ 195 BGB). Die Verjährungfrist beginnt mit dem Schluß des Kalenderjahres zu laufen, in dem die Provisionsforderung entsteht (§ 201 BGB).

Provisionsausschluß. Ein Provisionsanspruch des Maklers ist ausgeschlossen, wenn die → Provisionsvoraussetzungen nicht erfüllt sind. Darüber hinaus ist die Provision ausgeschlossen, wenn der Makler selbst den angestrebten → Hauptvertrag abschließt (→ Selbsteintritt des Maklers). Gleiches gilt, wenn der Makler mit der Vertragsgegenseite rechtlich oder persönlich verflochten ist (→ Verflechtung des Maklers mit der Vertragsgegenseite), der Makler seine Nebenpflichten (→ Nebenpflichten des Maklers) verletzt, der Makler seine Tätigkeit als → Doppelmakler nicht offenbart (wenn für beide Seiten vermittelnd tätig) oder eine → Provisionsanspruchsverjährung vorliegt.

Provisionsfälligkeit. Ist nichts anderes vereinbart, so ist die Provision entsprechend § 271 I BGB mit ihrer Entstehung fällig. Die Provision entsteht mit dem Zustandekommen des vom Makler vermittelten oder nachgewiesenen → Hauptvertrags (§ 652 I BGB). Der Hauptvertrag muß also wirksam sein. Das ist bspw. der Kaufvertrag nur, wenn mögliche → aufschiebende Bedingungen eingetreten sind oder bisher noch ausstehende (behördliche) Genehmigungen (z. B. → Grundstücksverkehrsgesetz, → gesetzliches Vorkaufsrecht) vorliegen. Wird hierbei z. B. vereinbart, daß die Courtage schon mit notariellem Kaufvertragsabschluß fällig wird, so ist die Fälligkeit entsprechend vorverlegt. Das setzt aber eine individualvertragliche Vereinbarung voraus (OLG Hamburg, AIZ 75, 286). Der Makler muß aber damit rechnen, daß er bei Nichteintritt der Wirksamkeitsvoraussetzungen die Courtage zurückzahlen muß.

Provisionshöhe. Grundsätzlich können Maklerprovisionen (→ erfolgsabhängiges Honorar des Maklers, → erfolgsunabhängiges Honorar des Maklers) frei ausgehandelt werden. Es gibt keinerlei Vorschriften, die eine Reglemetierung vorsehen. Falls versäumt wurde, eine Provisionshöhe zu vereinbaren, so ist der übliche Lohn als vereinbart anzusehen (§ 653 II BGB). Bringt ein Gutachten keine eindeutige Aussage hinsichtlich der Üblichkeit, setzt das Gericht die Höhe fest (BGH, NJW 85, 1895). Maklerprovisionen sind regional recht unterschiedlich gestaltet. So sind teilweise nur der Käufer, nur der Verkäufer oder beide provisionspflichtig. Aber insgesamt beträgt die Provision meist rund 5 bis 6% (plus Umsatzsteuer) des Kaufpreises. Bei größeren Objekten liegt sie zwischen 2 und 4% plus Umsatzsteuer. Für gewerbliche Mieträume werden meist 3 Monatsmieten plus Umsatzsteuer gefordert. Bei der Wohnungsvermietung ist der Satz auf 2 Monatsmieten (nettokalt) plus Umsatzsteuer beschränkt (§ 3 II WoVermittG).

Provisionsvoraussetzungen. Voraussetzungen für einen Provisionsanspruch sind: 1. Wirksamer → Maklervertrag. 2. Entfaltung einer Maklertätigkeit, d. h. Nachweis bzw. Vermittlung einer Hauptvertragsabschlußgelegenheit (→ Nachweismakler, → Vermittlungsmakler). 3. → Kausalität der Maklertätigkeit für den Hauptvertragsabschluß. 4. → Wirksamer Hauptvertrag. 5. Identität zwischen angestrebtem und tatsächlichem Hauptvertrag (→ Identität im Maklerrecht).

Prüfingenieur. Genauer: Prüfingenieur für Baustatik. Er wird als freiberuflicher Bauingenieur von der Baugenehmigungsbehörde beauftragt und entsprechend honoriert. Seine hoheitliche Tätigkeit bezieht sich auf die Überprüfung der statischen Berechnung eines Bauantrags.

Pultdach. Dachform, die nur auf einer Seite eine geneigte Dachfläche besitzt. Diese Dachfläche verläuft dabei von der einen Gebäudeseite zur anderen (s. Bildanhang 1).

Putz. → Mörtel, der als abdeckende Schicht auf Wände und Decken aufgetragen wird. Neben seine Schutzfunktion für das Bauwerk hat er auch eine optische. Zum einen ist er geeignet, Unebenheiten auszugleichen, damit die Flächen tapeziert werden können. Zum anderen werden auch Sichtputze aufgebracht, die nicht mehr übertapeziert werden. Putze werden nach ihrer Zusammensetzung (z. B. Kalkputz, Gipsputz, Lehmputz) – dadurch unterschiedliche Eigenschaften – und der Ausführungsart unterschieden (z. B. → Kammputz, → Kratzputz, → Rapputz).

Q

Qualifizierter Makleralleinauftrag. Andere Bezeichnung: erweiterter Makleralleinauftrag. Im Unterschied zum → normalen Makleralleinauftrag enthält der qualifizierte Hinzuziehungs- und Verweisungsklauseln (→ Hinzuziehungs- und Verweisungsklauseln im Maklerrecht). → Eigengeschäfte des Maklerauftraggebers sind verboten. Mit unter werden diese Klauseln insofern eingeschränkt, daß ein bestimmter Personenkreis (z. B. Verwandte) nicht unter diese Klauseln fallen. Auch qualifizierte Makleralleinaufträge bedürfen der Schriftform. Sie können im Gegensatz zum normalen Makleralleinauftrag nur durch Individualvereinbarung (→ Allgemeine Geschäftsbedingungen) geschlossen werden (BGH, BGHZ 60, 377), weil sie vom gesetzlichen Leitbild des Erfolgshonorars abweichen.

R

Radiator. Heizkörper, der bspw. aus röhrenförmigen Elementen besteht, die vom Wärmeträger (z. B. Warmwasser) durchströmt werden, wobei die Wärme durch Strahlung und Konvektion (Luftumwälzung) an die Umgebung abgegeben wird.

Rang im Grundbuch. In welchem Rangverhältnis die im Grundbuch eingetragenen Rechte zueinander stehen, bestimmt sich nach § 879 BGB. Ist hier von → Abteilungen des Grundbuchs die Rede, sind nur die Abteilungen II und III gemeint. 1. *Mehrere Rechte in der gleichen Abteilung.* Rang entscheidet sich nach der Reihenfolge der Eintragungen (im Grundbuch örtlich betrachtet). 2. *Rechte in verschiedenen Abteilungen.* Rang entscheidet sich nach dem Eintragungsdatum; das ältere Recht ist vorrangig. 3. *Rechte mit gleichem Eintragungsdatum.* Gleichrangige Behandlung. Nach § 880 kann das Rangverhältnis nachträglich geändert werden. Der Rang ist wichtig in der Zwangsversteigerung: Bei geringerem Versteigerungserlös wird der Gläubiger mit dem rangbesseren Recht bevorzugt befriedigt. Betreibt ein Gläubiger mit rangschlechterem Recht die Zwangsversteigerung, bleibt das rangbessere Recht bestehen (§ 44 I ZVG). Neben den durch § 879 BGB beschriebenen Rängen sind bei der Zwangsversteigerung noch die neun *Rangklassen* des ZVG zu beachten (§ 10 I Nr. 1 bis 8 und § 110 ZVG). Die Ansprüche werden in der Reihenfolge dieser Rangklassen befriedigt. So stehen bspw. die öffentlichen Lasten – wie Grundsteuer oder Erschließungskosten – (Rangklasse 3, § 10 I Nr. 3 ZVG) vor den Ansprüchen des betreibenden Gläubigers (Rangklasse 5; § 10 I Nr. 5 ZVG).

Rapputz. Putzart für untergeordnete Räume (z. B. Keller).

Rasenstein. Andere Bezeichnung: Rasengitterstein. Befahr-/begehbarer Betonstein, der wegen seiner gitterartigen Ausbildung von Rasen bewachsen werden kann.

Realkredit. Kredit, der – im Gegensatz zum Personalkredit – durch Sachen gesichert ist (z. B. → Grundpfandrecht).

Reallast. Die Reallast ist die Belastung des Grundstücks in der Weise, daß an denjenigen, zu dessen Gunsten die Belastung erfolgt, wiederkehrende Leistungen aus dem Grundstück zu entrichten sind (§ 1105 I BGB). Die Leistung kann als Geldleistung (z. B. Rente) oder Naturalleistung (z. B. Nahrung) erfolgen. Wenn nicht etwas anderes vereinbart ist, haftet der Eigentümer auch persönlich für die während der Dauer seines Eigentums fällig werdenden Leistungen (§ 1108 BGB). Zwei Formen der Reallast: 1. *Subjektiv-dingliche Reallast* (§ 1110 BGB). Eine zugunsten des jeweiligen Grundstückseigentümers bestehende Reallast kann nicht von dem Eigentum an dem Grundstück getrennt werden. 2. *Subjektiv-persönliche Reallast* (§ 1111 BGB). Eine zugunsten einer bestimmten Person bestehende Reallast kann nicht mit dem Eigentum an einem Grundstück verbunden werden.

Rechtsschutzversicherung. Es kommt darauf an, ob sich der Rechtsschutz auf eine vermietete oder selbstgenutzte Immobilie bezieht. Im ersteren Falle sind bspw. Streitigkeiten mit dem Mieter, im letzteren Falle solche mit Nachbarn abgesichert.

Refinanzierung. Finanzierungsbeschaffung des Darlehensgebers. Er muß sich selbst Gelder beschaffen, um diese wiederum als Darlehen zu vergeben.

Regeln der Baukunst. Andere Bezeichnung: Allgemein anerkannte Regeln der Baukunst; (allgemein anerkannte) Regeln der Technik. Architekt und Bauunternehmer sind verpflichtet, bei der Ausführung ihrer Arbeiten die Regeln der Baukunst zu beachten. Ansonsten sehen sie sich → Gewährleistungsansprüchen ausgesetzt. Was diesen Regeln entspricht, ist nicht immer ganz genau definierbar, zumal diese Regeln sich entsprechend dem technischen Fortschritt immer weiter entwickeln. Allgemein kann man sagen, daß die Regeln der Baukunst im Kreise der betreffenden Techniker (sowohl theoretisch als auch praktisch) als richtig und notwendig anerkannt und durchweg bekannt sind. Es gibt viele Regelwerke, für die die Vermutung aufgestellt werden kann, daß sie den anerkannten Regeln der Baukunst entsprechen (OLG Stuttgart, BauR 77, 129). Sie sind widerlegbar, denn diese Regelwerke können durchaus veraltet sein. Bsp. für Regelwerke sind die DIN-Normen des Deutschen Instituts für Normung e. V., die Bestimmungen des Verbandes Deutscher Elektrotechniker (VDE).

Reinertrag. Wichtige Kalkulationsgröße für das → Ertragswertverfahren. Der Reinertrag ergibt sich durch Abzug der → Bewirtschaftungskosten vom → Rohertrag (§ 16 I WertV).

Reines Wohngebiet. Im → Bebauungsplan eine besondere → Art der baulichen Nutzung für die zur Bebauung vorgesehenen Flächen (Baugebiet) nach § 1 II BauNVO. Reine Wohngebiete (§ 3 BauNVO) dienen dem Wohnen.

Rentenschuld. Eine der drei → Grundpfandrechte. Die Rentenschuld ist eine spezielle Form der → Grundschuld. Eine Grundschuld kann nämlich in der Weise bestellt werden, daß in regelmäßig wiederkehrenden Terminen eine bestimmte Geldsumme aus dem Grundstück zu zahlen ist (§ 1199 I BGB). Im Grundbuch wird die Summe angegeben, mit der der Grundstückseigentümer die Rentenschuld ablösen kann (Ablösesumme; § 1199 II BGB). Mit Ausübung des Ablösungsrechts erwirbt der Eigentümer eine Eigentümerrentenschuld (BGH, NJW 80, 2198).

Reservierungsgebühr. In Reservierungsvereinbarungen verpflichtet sich der Makler das Objekt dem Interessenten für eine bestimmte Zeit zu reservieren. Der Interessent hat den Anspruch darauf, daß das Objekt innerhalb dieser Zeit nicht verkauft bzw. vermietet wird. Als Gegenleistung zahlt der Interessent dem Makler eine Reservierungsgebühr. Für eine solche Verpflichtung müssen Bedingungen erfüllt sein. Zunächst muß der Makler einen → qualifizierten Makleralleinauftrag haben und dem Makler die Reservierung erlauben. Nur so ist der Makler sicher, daß der Auftraggeber kein → Eigengeschäft durchführt oder weitere Makler einschaltet, und nur so verletzt der Makler gegenüber dem Auftraggeber seine für den Alleinauftrag typische Tätigkeitspflicht nicht. Alternativ muß sich der Auftraggeber gegenüber dem Makler in gleicher Weise mit einer Reservierungsvereinbarung verpflichten wie der Makler gegenüber dem Interessenten. Die Obergrenze der Reservierungsgebühr liegt für Kaufobjekte bei 10 bis 15% der vereinbarten Provision (BGH, WM 86, 1438). Durch die Höhe des Objektwertes kann aber schon die sich so ergebende absolute Höhe der Reservierungsgebühr unzulässig sein. Insofern ist die Begrenzung der Gebühr einzelfallabhängig. Das gleiche gilt für die Relation zwischen Gebührenhöhe und Reservierungszeitraum. Wird durch die Reservierungsvereinbarung in irgendeiner Form ein Ankaufdruck (wegen der Gebührenhöhe) auf den Interessenten ausgeübt, bedarf die Vereinbarung der notariellen Beurkundung (§ 313 BGB). Reservierungsvereinbarungen sind nur individualvertraglich zu vereinbaren (→ Allgemeine Geschäftsbedingungen).

Residualverfahren. Andere Bezeichnung: Bauträgerverfahren, Restwertverfahren. Verfahren zur Ermittlung des → Bodenwertes. Zunächst wird der erwartete Reinertrag des Grundstücks geschätzt, aus dem der Ertragswert (→ Ertragswertverfahren) zu ermitteln ist. Vom Ertragswert werden die gesamten Kosten des Bauvorhabens (z. B. Abbruchkosten, Baukosten, Baunebenkosten, Grundstücksanschaffungskosten, Finanzierungskosten, Vermarktungskosten) abgezogen. Als Rest (Residuum) verbleibt der Bodenwert. Hierbei handelt es sich um ein, gerade bei Investoren beliebtes Verfahren. Die individuellen Rahmenbedingungen des jeweiligen Projektes lassen sich auf einfachem Wege in dieses Bewertungsverfahren einbinden. Die oft geäußerte *Kritik* richtet sich aber gegen die extremen Reaktionen des Bodenwertes auf Grund von nur minimalen Änderungen der eingesetzten Kalkulationsgrößen. Hier wirkt sich gerade eine Variation des Liegenschaftszinssatzes überpropotional aus. Die allgemeine Formel des Residualverfahrens lautet: BW=RE x V-GSW, wobei BW = Bodenwert, RE = Reinertrag, V = Vervielfältiger, GSW = Gebäudesachwert.

Restschuld. Der Teil des Darlehens, der noch nicht getilgt ist.

Richtfest. Wenn Rohbau und Dachstuhl fertiggestellt sind, wird Richtfest gefeiert. Der Dachfirst ist mit einem Richtkranz oder Richtbaum verziert. Oft erhalten die Handwerker statt einer Beteiligung an Essen und Trinken das sog. Richtgeld.

Riemchen. Schmale flache Steine, die als Fassadenverkleidung verklebt werden. Riemchen erwecken den Eindruck, als seien an der Fassade Mauerziegel verarbeitet worden.

Rohbau. Im wesentlichen besteht der Rohbau aus den erledigten Erdarbeiten, dem Keller, den Wänden und Decken, dem Dachstuhl.

Rohbauversicherung. Sie deckt im wesentlichen die Risiken für den Rohbau (also vor Bezugsfertigkeit des Hauses) ab. Der Versicherungsschutz entspricht dem der → Gebäudeversicherung.

Rohertrag. Wichtige Kalkulationsgröße im → Ertragswertverfahren. Der Rohertrag (§ 17 WertV) umfaßt alle bei ordnungsgemäßer Bewirtschaftung und zulässiger Nutzung nachhaltig erzielbaren Einnahmen aus dem Grundstück (insbesondere Mieten, Pachten, Vergütungen). Der Rohertrag enthält keine Betriebskosten, die umgelegt werden. Nachhaltige Einnahmen heißt, daß sie nicht von üblichen Entgelten abweichen dürfen.

Rücklauf. Leitung, die vom Heizkörper in Richtung Heizkessel bzw. Fernwärmeanschluß zurückläuft.

S

Sachwertverfahren. Dieses Verfahren zur → Immobilienbewertung wird insbesondere dann angewendet, wenn die zu bewertende Immobilie nicht in erster Linie der Erzielung eines nachhaltigen Ertrags dient. Das sind insbesondere individuell gestaltete Ein- und Zweifamilienhausgrundstücke, gerade, wenn sie eigengenutzt sind. Liegen keine ortsüblichen Mieten vor, so kann dies auch für Fabrikanlagen, Lagerhallen und andere gewerbliche Objekte gelten (3.1.3 WertR). Das Sachwertverfahren läuft vereinfacht wie folgt ab: Der Raum- oder Flächeninhalt des Gebäudes wird mit den → *Normalherstellungskosten* eines bestimmten Zeitpunktes (z. B. 1913) multipliziert. Als Ergebnis zeigt sich der Herstellungswert zu jenem bestimmten Zeitpunkt. Nun wird dieser Herstellungswert mittels *Baupreisindex* auf den Wertermittlungsstichtag umgerechnet. Es ergibt sich folglich der Herstellungswert am Wertermittlungsstichtag. Nun werden Wertminderungen wegen Alters (→ Alterswertminderung) und wegen Baumängel und Bauschäden abgezogen (→ technische Wertminderung). Jetzt sind die sonstigen wertbeeinflussenden Umstände zu berücksichtigen (§ 25 WertV, 3.6.5 WertR; z. B. belastende Rechte, → wirtschaftliche Wertminderung). Man erhält den Sachwert des Gebäudes (*Gebäudesachwert*). Dazu werden der Sachwert der Außenanlagen und sonstigen Anlagen (§ 21 IV WertV) und der → Bodenwert addiert. Ergebnis ist der Sachwert des Grundstücks (*Grundstückssachwert*). Unter Berücksichtigung der Lage auf dem Grundstücksmarkt und der Ergebnisse anderer Wertermittlungsverfahren wird aus dem Ertragswert der Verkehrswert festgestellt (§ 7 WertV).

Sanierung. Regelung in §§ 136 ff. BauGB. Städtebauliche Sanierungsmaßnahmen zielen auf die Behebung *städtebaulicher Mißstände.* Mißstände liegen vor, wenn die allgemeinen Anforderungen an die Wohn- und Arbeitsverhältnisse und an die Sicherheit der im Sanierungsgebiet lebenden und arbeitenden Menschen nicht erfüllt werden (z. B. Belichtung, Besonnung, Belüftung, Zugänglichkeit, Immissionen). Mißstände liegen ferner vor, wenn das Gebiet in der

Erfüllung seiner Aufgaben erheblich beeinträchtigt ist, die ihm nach Lage und Funktion obliegen (z. B. Verkehr, infrastrukturelle Erschließung). Sanierungsmaßnahmen sollen u. a. die sozialen, hygienischen, wirtschaftlichen, kulturellen Umstände der baulichen Struktur entwickeln. Umweltschutz und Denkmalschutz sind zu berücksichtigen. Durch Sanierungssatzung kann die Gemeinde das Sanierungsgebiet festlegen. Eigentümer, Mieter, Pächter und sonstige zum Besitz oder zur Nutzung Berechtigte haben gegenüber der Gemeinde eine Auskunftspflicht. Im Sanierungsgebiet sind viele Vorhaben und Rechtsvorgänge genehmigungsbedürftig (z. B. längerfristige Mietverträge, Grundstücksteilungen, Baumaßnahmen; § 144 BauGB). Sanierungsmaßnahmen sind *Ordnungsmaßnahmen* (§ 147 BauGB; → Bodenordnung und Erwerb von Grundstücken, Umzug von Bewohnern und Betrieben, Freilegung von Grundstükken, Herstellung und Änderung von Erschließungsmaßnahmen, sonstige Maßnahmen) und *Baumaßnahmen* (§ 148 BauGB; z. B. Modernisierung, Instandsetzung, Neubebauung, Ersatzbauten) die nach den Zielen und Zwecken der Sanierung erforderlich sind. Baumaßnahmen sind Eigentümersache. Gemeinbedarfs- und Folgeeinrichtungen obliegen der Gemeinde. So verhält es sich auch mit sonstigen Baumaßnahmen, soweit die Gemeinde selbst Eigentümer ist bzw. nicht gewährleistet ist, daß die Maßnahmen vom Eigentümer zügig und zweckmäßig durchgeführt werden. Durch die Sanierung verursachte Bodenwertsteigerungen sind durch *Ausgleichsbeträge* von den Eigentümern an die Gemeinde abzuführen (§ 154 BauGB). Siehe auch → Abschreibung.

Schaltzeichen. Im Elektrohandwerk übliche Zeichen zur Kennzeichnung der Stellen am Bau, wo bestimmte elektrische Anlagen installiert werden müssen (z. B. Schalter, Steckdosen, Waschmaschine).

Schamotte. Dieser feuerfeste und hart gebrannte Ton dient zur Herstellung von Schamottesteinen, die für die innere Auskleidung von Öfen und Kaminen benötigt werden.

Scheinbestandteil. Scheinbestandteile (§ 95 BGB) gehören nicht zu den Bestandteilen eines Grundstücks. Scheinbestandteile sind solche Sachen, die nur zu einem vorübergehenden Zweck mit dem Grund und Boden verbunden sind. Scheinbestandteile eines Grundstücks sind auch solche Gebäude oder Werke, die in Ausübung eines Rechts (dingliche Rechte wie z. B. Erbbaurecht, Nießbrauchrecht) an dem Grundstück von dem Berechtigten mit dem Grundstück verbunden worden sind. Scheinbestandteile des Gebäudes sind Sachen, die nur zu einem vorübergehenden Zweck in das Gebäude eingefügt sind; sie gelten nach § 95 II BGB nicht als Bestandteil des Gebäudes. Scheinbestandteile behandelt man *wie bewegliche Sachen*. Nicht → Auflassung und Eintragung im Grundbuch bestimmen den Eigentumsübergang, sondern Einigung und Übergabe. Bsp. für Scheinbestandteile: Zaun, der vom Pächter aufgestellt wurde, Baracke.

Scheinfuge. Rein stilistische Vertiefung in Beton, die den Eindruck einer Fuge vermitteln soll.

Schindel. Kleine Holzbretter, die als Fassadenverkleidung oder für die Dachdeckung verwendet werden.

Schlüsselfertiger Erwerb. Hierunter ist die vollständige Bauwerkserstellung zu einem → Festpreis zu verstehen. → Generalunternehmer oder → Bauträger sind typische Bauunternehmer, die die schlüsselfertige Erstellung anbieten.

Schlußzahlung. Hiermit wird die letzte Zahlung an den Bauunternehmer (Auftragnehmer) bezeichnet. Nach § 16 Nr. 3 VOB/B ist die Schlußzahlung alsbald nach Prüfung und Feststellung der vom Auftragnehmer vorgelegten Schlußrechnung (→ Abrechnung) zu leisten, spätestens innerhalb von zwei Monaten nach Zugang der Schlußrechnung. Teilt der Auftragnehmer dem Auftraggeber seinen Vorbehalt gegen die Schlußzahlung mit, sind Nachforderungen ausgeschlossen. Voraussetzung für diese Ausschlußwirkung ist die Schlußzahlungserklärung: 1. Der Bauherr muß den Bauunternehmer schriftlich auf die Schlußzahlung hinweisen; 2. Der Bauherr weist den Bauunternehmer auf die Ausschlußwirkung hin. Anstatt der Schlußzahlung kann der Bauherr dem Bauunternehmer gegenüber schriftlich auch weitere Zahlungen endgültig ablehnen. Der

Vorbehalt des Bauunternehmers ist gegenüber dem Bauherrn innerhalb von 24 Werktagen nach Zugang der Schlußzahlungserklärung mitzuteilen. Der so erklärte Vorbehalt wird aber hinfällig, wenn nicht innerhalb weiterer 24 Werktage eine prüfbare Rechnung (→ Abrechnung) über die vorbehaltenen Forderungen eingereicht wird. Anstatt dieser prüfbaren Rechnung genügt eine eingehende Begründung des Vorbehalts.

Schönheitsreparaturen. In den Mietverträgen werden Schönheitsreparaturen meist auf den Mieter abgewälzt. Damit geht ein Teil der in § 536 BGB genannten Instandhaltungs-/Instandsetzungspflicht des Vermieters auf den Mieter über (→ Instandhaltung/Instandsetzung im Mietrecht). Dementsprechend greift dann auch nicht mehr § 548 BGB nach dem der Mieter Veränderungen oder Verschlechterungen der gemieteten Sache, die durch den vertragsmäßigen Gebrauch herbeigeführt werden, nicht zu vertreten hat. Nach dem BGH umfassen Schönheitsreparaturen das Anstreichen, Tapezieren, Kalken der Wände und Decken, das Streichen der Fußböden, Heizkörper und Heizungsrohre und Innentüren sowie der Fenster und Außentür von innen (BGH, WM 87, 306; § 28 IV II. BV). Küchen, Bäder, Duschen sollen nach drei Jahren, Wohn- und Schlafräume, Flure, Dielen und Toiletten nach fünf Jahren, andere Nebenräume nach sieben Jahren unaufgefordert renoviert werden. Dies sind Renovierungsfristen, wie sie vom BGH als angemessen angesehen werden. Unzulässig sind Mietvertragsklauseln, die sinnlose Schönheitsreparaturen verlangen, wenn trotz Fristablauf objektiv keine Schönheitsreparatur nötig ist (LG Berlin, WM 93, 261). Die Maßnahmen können vom fachkundigen Mieter selbst durchgeführt werden; (LG Berlin, WM 93, 261; OLG Stuttgart, WM 93, 528).U. U. kann der Vermieter dem Mieter wegen vertragswidrigen Gebrauchs (§ 553 BGB) fristlos kündigen, wenn sich der Mieter wiederholt längere Zeit weigert, die Schönheitsreparaturen durchzuführen (LG Hamburg, ZMR 84, 90).

Schriftlicher Maklervertrag. → Normale Makleralleinaufträge und → qualifizierte Makleralleinaufträge müssen wegen ihrer wettbewerbsbeschränkenden Eigenschaft schriftlich abgefaßt werden (OLG Karlsruhe, NJW-RR 95, 237). → Einfache Maklerverträge können auch mündlich oder stillschweigend abgeschlossen werden (→ mündlicher Maklervertrag, → stillschweigender Maklervertrag).

Schufa-Auskunft. Abkürzung für: Schutzgemeinschaft für allgemeine Kreditsicherung. Instrument der → Mieterauswahl. Die Vertragspartner der Schufa übermitteln ihr gewisse Daten aus der Geschäftsverbindung mit ihren Kunden. Die Schufa selbst entnimmt aber auch Informationen aus öffentlichen Verzeichnissen (z. B. Schuldnerverzeichnis). Diese Daten können nun von den anderen Vertragspartnern abgefragt werden. So sollen sich die Vertragspartner vor Verlusten aus dem Kreditgeschäft schützen können. Vertragspartner der Schufa sind Unternehmen, die ihren Kunden Darlehen gewähren und Unternehmen, die gewerbsmäßig Forderungen einziehen. Meist sind es also Kreditinstitute. Die Kunden der Vertragspartner der Schufa können ihre *eigenen* Daten auch abfragen (Selbstauskunft). Auf diesem Wege ist es dem Vermieter möglich, an die Schufa-Infomationen heranzukommen. Er bittet den Mietinteressenten um eine Schufa-Selbstauskunft. Die Schufa-Auskunft umfaßt u. a. vertragswidrige Kreditabwicklungen, Scheckkartenmißbrauch, Lohn- und Gehaltsabtretungen. Nicht enthalten sind bspw. Informationen über Einkommen, Kontostand etc.

Schuldrechtliches Vorkaufsrecht. Andere Bezeichnung: persönliches oder obligatorisches → Vorkaufsrecht. Regelungen in §§ 504 bis 514 BGB. Wegen der → Beurkundungspflicht von Immobiliengeschäften, muß auch die Einräumnung eines Vorkaufsrechts vom Notar beurkundet werden. Der Eigentümer wird nur persönlich und für einen Verkaufsfall verpflichtet. Für den Vorkaufsberechtigten gelten die gleichen Vertragkonditionen wie zwischen dem Vorkaufsverpflichteten und dem ursprünglichen Käufer. Der Immobilienkauf kann nicht von der Nichtausübung des Vorkaufsrechts abhängig gemacht werden. Auch ein Rücktrittsrecht des ursprünglichen Käufers vom Kaufvertrag zielt ins Leere. Der Vorkaufsverpflichtete oder der ursprüngliche Käufer müssen dem Vorkaufsberechtigten den Kaufvertragsinhalt mitteilen. Innerhalb zweier Monate kann er sein Vorkaufsrecht ausüben. Im Gegensatz zum → dinglichen Vorkaufsrecht hat der Vorkaufsberechtigte nur einen Schadensersatzanspruch gegen den Vorkaufsverpflichteten, wenn er das Vorkaufsrecht mißachtet. Der Vorkaufsberechtigte verdrängt nicht den ursprünglichen Käufer.

Schwarzbau. Hierunter versteht man ein ohne (erforderliche) Baugenehmigung errichtetes Bauwerk. Die Bauaufsichtsbehörde kann u. a. gegen den Schwarzbau mittels → Baueinstellung (während der Bauphase), Abbruchanordnung (→ Abbruchgebot) oder Nutzungsuntersagung vorgehen. Die Behörde hat das Gebot der Gleichheit (Maßnahmen in gleichgelagerten Fällen beachten) und das Gebot der Verhältnismäßigkeit (z. B. nachträgliche Genehmigung statt Abbruchanordnung) zu wahren.

Schwarzkauf. Darunter versteht man die Verabredung zwischen Käufer und Verkäufer einer Immobilie, nicht den vollen Kaufpreis im Kaufvertrag aufzuführen. Das kann verschiedene Gründe haben. Bspw. handelt es sich bei dem „unter der Hand" gezahlten Betrag um nicht versteuertes Geld oder man will die Grunderwerbsteuer und Notargebühren niedrighalten. Auf jeden Fall ist so ein Kaufvertrag als Scheingeschäft nichtig (§ 117 I BGB). Es gilt die R Beurkundungspflicht für den *gesamten* Vertragsinhalt. Wirksam wird das Scheingeschäft erst später mit der Auflassung und Eintragung in das Grundbuch (§ 313 S. 2 BGB).

Schwimmender Estrich. Estrich des Fußbodens, der auf trittschalldämmendes Material (Dämmmatten) aufgebracht und von den Wänden mittels Dämmstreifen auf Abstand gehalten wird.

Selbstauskunft. Meist ein Formular des Vermieters, in dem der Mietinteressent einige wirtschaftliche und persönliche Angaben machen soll; oft auch mündliche Befragung. Das dient der → Mieterauswahl. Falsche Selbstauskünfte können als Anfechtungsgrund (§§ 119, 123 BGB) für den Mietvertrag dienen; bei Erfolg der Anfechtung wird der Mietvertrag nichtig. Hat der Mieter die Wohnung aber bereits bezogen, wendet die Rechtsprechung zumeist die üblichen Kündigungsvorschriften des BGB an. Unzulässige Fragen darf der Mietinteressent ohne Folgen bewußt falsch beantworten (LG Köln, WM 84, 297). Zulässig sind bspw. Fragen nach den Einkommensverhältnissen. Der Mieter muß sogar von sich aus einige Auskünfte geben, z. B. wenn die Miete 75% des Nettoeinkommens ausmachen wird. Denn das bedeutet für den Vermieter ein erhebliches Risiko (AG Frankfurt/M., WM 89, 620). Fragen, wie die nach Vorstrafen oder der Religion sind unzulässig.

Selbsteintritt des Maklers. Unter Selbsteintritt des Maklers versteht man ein Eigengeschäft des Maklers in dem Sinne, daß er selbst als Vertragspartner seines Auftraggebers auftritt. In diesem Falle hat er seinem Auftraggeber gegenüber aber keine Nachweis- oder Vermittlungstätigkeit im eigentlichen Sinne geleistet (→ Nachweismakler, → Vermittlungsmakler). Weist der Makler sich sozusagen selbst als Vertragspartner nach, liegt hierin ein Angebot auf Abschluß eines Vertrags (KG, NJW 68, 1782). Ebenso ist eine Vermittlung zwischen sich selbst und dem Auftraggeber nicht möglich. Ein Provisionsanspruch ist bei Selbsteintritt des Maklers nur durch Individualvereinbarung zulässig (→ Allgemeine Geschäftsbedingungen).

Setzung. Durch die Last des Bauwerks gibt der Baugrund nach (Setzung). Geschieht dies ungleichmäßig, entstehen sog. Setzungsrisse.

Sheddach. Andere Bezeichnung: Sägedach. Aneinanderreihung von Dachabschnitten (Sheds), die das zickzackförmige Gesamtbild eines Sägeblattes ergeben. Typische Dachform industriell genutzter Gebäude (s. Bildanhang 1).

Sicherheiten. Sicherheiten dienen der Absicherung des Darlehensgebers für den Fall der Zahlungsunfähigkeit des Darlehensnehmers dienen. Bei Zahlungsunfähigkeit soll der Darlehensgeber die Möglichkeit haben, sich aus den Sicherheiten zu befriedigen. Sicherheiten können bspw. die → Bürgschaft oder → Grundpfandrechte sein.

Sofortige Vollziehung. Sofortige Vollziehung heißt, daß der Betroffene den Bescheid oder die Verfügung sofort zu befolgen hat und zwar auch dann, wenn ein Rechtsbehelf eingelegt wurde.

Sohle. Bodenfläche. Je nach der jeweiligen Betrachtung kann damit z. B. die gesamte Fläche der Baugrube gemeint sein oder aber die Fläche der Fundamente.

Solnhofer Platte. Beliebtes Naturgestein (Jurakalkstein; oft mit fossilen Einschlüssen) aus dem Solnhofer Raum zur Herstellung von Fensterbänken, Bodenbelägen etc.

Sondereigentum. Zum Sondereigentum kann das → Teileigentum oder das → Wohnungseigentum gehören. Im Gegensatz zum → Gemeinschaftseigentum ist das Sondereigentum Alleineigentum des Wohnungseigentümers. Zum Sondereigentum gehören die Räume, die in der → Teilungserklärung als Sondereigentum bezeichnet sind. Darüber hinaus sind die zu diesen Räumen gehörenden Bestandteile des Gebäudes, die verändert, beseitigt oder eingefügt werden können, ohne daß dadurch das gemeinschaftliche Eigentum oder ein auf Sondereigentum beruhendes Recht eines anderen Wohnungseigentümers über das nach § 14 WEG (Rücksichts- und Duldungspflichten) zulässige Maß hinaus beeinträchtigt oder die äußere Gestaltung des Gebäudes verändert wird (§ 5 I WEG). Teile des Gebäudes, die für dessen Bestand oder Sicherheit erforderlich sind, sowie Anlagen und Einrichtungen, die dem gemeinschaftlichen Gebrauch der Wohnungseigentümer dienen, sind nicht Gegenstand des Sondereigentums, selbst wenn sie sich im Bereich der im Sondereigentum stehenden Räume befinden (§ 5 II WEG). Die Wohnungseigentümer können vereinbaren, daß Bestandteile des Gebäudes, die Gegenstand des Sondereigentums sein können, zum gemeinschaftlichen Eigentum gehören (§ 5 III WEG). Bsp. für Sondereigentum: Einbauschränke; Teppichboden in den Räumen des Sondereigentums; Sanitärarmaturen; Toilette; Innenanstrich und Beschläge der Fenster (gleiches gilt für die Wohnungsabschlußtür); Türen innerhalb des Sondereigentums; Heizungsrohre ab Übergang ins Sondereigentum.

Sondergebiet. Im → Bebauungsplan eine besondere → Art der baulichen Nutzung für die zur Bebauung vorgesehenen Flächen (Baugebiet) nach § 1 II BauNVO. Sondergebiete (§ 10 BauNVO) dienen der Erholung. Es sind insbesondere Wochenendhausgebiete, Feriengebiete, Campinggebiete.

Sondernutzungsrecht. In der → Teilungserklärung werden auch die Sondernutzungsrechte aufgeführt. Sie räumen einem oder einer

Gruppe von Sondereigentümern ein i. d. R. alleiniges Nutzungsrecht bestimmter Teile des → Gemeinschaftseigentums ein. Zu einer solchen Regelung sind die Wohnungseigentümer durch § 15 I WEG ermächtigt. Danach können sie den Gebrauch des Gemeinschaftseigentums durch Vereinbarung regeln. Sondernutzungsrechte sind aus dem Grundbuch ersichtlich. Bsp.: Gartenfläche vor der Parterrewohnung; Pkw-Stellplatz; Hausfassade zwecks Werbung.

Sondertilgung. Außerordentliche Tilgung. Tilgung, die über die vereinbarte Tilgung hinausgeht. Es kommt auf die Ausgestaltung des Darlehensvertrages an, ob Sondertilgungen zulässig sind. Ggf. wird vom Kreditinstitut eine → Vorfälligkeitsentschädigung verlangt.

Sonderzahlungen. Mittels Sonderzahlungen kann der Bausparer seine → Wartezeit bis zur Zuteilung des Bausparvertrags verkürzen. Sonderzahlungen sind die über den Regelsparbeitrag (→ Bausparbeitrag) hinausgehende Sparleistung.

Sparren. Balken, die vom First bis zur Traufe verlaufen. Sie tragen die Dachhaut (s. Bildanhang 3).

Sparrendach. Dachstuhlform, die besonders zum Dachausbau geeignet ist, weil der Dachraum nicht durch Stützen verstellt ist. Ein Deckenbalken und zwei Sparren bilden ein Dreieck. Eine besondere Form ist das → Kehlbalkendach, das dann Anwendung findet, wenn das Dach eine bestimmte Größe überschreitet. Hierbei werden die sich gegenüberliegenden Sparren durch waagerechte Balken (Kehlbalken) verbunden, um ein Durchbiegen der Sparren zu vermeiden (s. Bildanhang 3).

Spekulationsgeschäft. Regelung in § 23 EStG. Werden privat Veräußerungen vorgenommen, so stellt sich die Frage, ob ein Spekulationsgeschäft vorliegt. Wird eine Immobilie innerhalb von bis zu zwei Jahren nach der Anschaffung wieder veräußert, unterliegt der Gewinn der Einkommensteuer (§ 23 I Nr. 1a EStG; Spekulationsfrist). Der Gewinn oder Verlust aus Spekulationsgeschäften ist der Unterschied zwischen dem Veräußerungspreis und den Anschaffungs- bzw. Herstellungskosten und den → Werbungskosten. → Abschreibungen innerhalb der Spekulationsfrist erhöhen den Gewinn. Beträgt der Spekulationsgewinn im Kalenderjahr weniger als 1000,– DM, so bleibt er steuerfrei (§ 23 III EStG). Spekulationsverluste dürfen nur mit Spekulationsgewinnen des gleichen Kalenderjahres ausgeglichen werden; eine Verrechnung mit anderen Einkunftsarten ist nicht zulässig (§ 23 III S. 4 EStG).

Spindeltreppe. Form der Wendeltreppe. In der Mitte stehender Pfosten (Spindel) dient als Befestigungspunkt aller Stufen, die gewendelt um die Spindel herumlaufen.

Sprinkleranlage. An der Decke installiertes wasserleitendes Röhrensystem mit zahlreichen Sprühköpfen. Jeder Sprühkopf enthält ein wärmeerkennendes Funktionsteil, das im Brandfall selbständig den Löschvorgang durchführt.

Spundwand. Bohlenartige profilierte Stahlteile, die zwecks → Baugrubenverkleidung in das Erdreich gerammt werden.

Ständerbauweise. Holzskelettbauweise aus massiven Ständern und Balken. Die Gefache werden mit Platten oder Mauerwerk ausgefüllt.

Staffelmietvereinbarung. Regelung in § 10 II MHG. Der gestaffelte Mietzins darf max. für einen Zeitraum von vereinbart werden. Eine Mieterhöhung nach §§ 2, 3, 5 MHG (→ Mieterhöhungsverfahren) ist ausgeschlossen. Mindestens ein Jahr muß der Mietzins je Stufe unverändert bleiben. Der jeweilige Mietzins oder aber die Mieterhöhung muß betragsmäßig ausgewiesen sein, d. h. prozentuale Erhöhungssätze sind unzulässig (LG Düsseldorf, DWW 90, 308).

Standortanalyse. Gerade bei Neubauvorhaben ist die Standortanalyse von besonderer Bedeutung. Dabei müssen neben dem Image des Standorts auch die Infrastruktur und die nachbarliche Bebauung untersucht werden. Die gewonnenen Detailinformationen müssen entsprechend dem Zweck des beabsichtigten Bauvorhabens bewertet und entsprechend der Bedeutung des betrachteten Kriteriums gewichtet werden. Die Summe der Werte stellt eine relativ objektive Vergleichsgröße für andere Standorte dar.

Statik. Andere Bezeichnung für Standsicherheit. Die Standsicherheit eines Hauses ist nur gewährleistet, wenn alle auftretenden Lasten in der Wahl der Konstruktionsteile berücksichtigt werden.

Stillschweigender Maklervertrag. Andere Bezeichnung: konkludenter Maklervertrag oder Maklervertrag durch schlüssiges Verhalten. Ein stillschweigender Maklervertrag ist für → normale Makleralleinaufträge oder → qualifizierte Makleralleinaufträge nicht zulässig. Oft entsteht aber ein → einfacher Maklervertrag durch schlüssiges Verhalten des Auftraggebers. Das liegt bspw. vor, wenn der Auftraggeber ein Exposé mit dem *deutlichen* Provisionshinweis des Maklers erhält (oder eine Zeitungsanzeige mit diesem Hinweis liest) und daraufhin weitere Leistungen, wie Besichtigungen in Anspruch nimmt (BGH, NJW-RR 89, 1071). Darin wird ein Einverständnis des Auftraggebers gesehen.

Stimmrecht beim Wohnungseigentum. Es gibt drei Formen: I. *Kopfstimmrecht.* Hierbei handelt es sich um die gesetzliche Regelung des § 25 II WEG. Danach hat jeder Wohnungseigentümer nur eine Stimme. Falls ein Wohnungseigentum mehreren gemeinschaftlich zusteht, so können sie das Stimmrecht nur gemeinschaftlich ausüben. Daher ist in diesem Falle die Stimmabgabe ungültig, wenn diese gemeinschaftlichen Wohnungseigentümer unterschiedlich stimmen. Das Kopfstimmrecht kann abbedungen werden. II. *Anteilsstimmrecht.* Hierbei richtet sich das Stimmrecht nach der Größe des Miteigentumsanteils im Verhältnis zu dem der anderen Wohnungseigentümer. III. *Objektstimmrecht.* Die Wohnungseigentümer haben für jedes Objekt eine Stimme. Bspw. hat ein Eigentümer mit drei Wohnungen drei Stimmen. – Gefahr beim Objekt- bzw. Anteilsstimmrecht: Wenige Wohnungseigentümer können bei entsprechend großer Objektanzahl bzw. großem Miteigentumsanteil die anderen bei Beschlußfassungen überstimmen (Majorisierung); ggf. kann im Einzelfall Rechtsmißbräuchlichkeit vorliegen. Andererseits verleihen diese Stimmrechtsprinzipien dem Wohnungseigentümer mit einem hohen Vermögen und hoher Kostenbeteiligung im Hause eine bedeutendere Stimme als denjenigen mit nur kleinem Vermögen, was vielfach als gerechter als das Kopfstimmrecht empfunden wird. Aus diesem Grunde ist das Objektstimmrecht weit verbreitet.

Stimmrechtsausschluß beim Wohnungseigentum. Ein Wohnungseigentümer ist nicht stimmberechtigt, wenn die Beschlußfassung die Vornahme eines auf die Verwaltung des gemeinschaftlichen Eigentums bezüglichen Rechtsgeschäfts mit ihm oder die Einleitung oder Erledigung eines Rechtsstreits der anderen Wohnungseigentümer gegen ihn betrifft oder wenn er nach § 18 WEG (→ Entziehung des Wohnungseigentums) rechtskräftig verurteilt ist (§ 25 V WEG). Bsp.: Wohnungseigentümer ist Verwalter, dann darf er nicht selbst bezüglich seiner Vergütung mit abstimmen; Wohnungseigentümer besitzt eine Heizungsfirma und die Gemeinschaft will darüber abstimmen, ob er den Auftrag für die Erneuerung der gesamten Heizungsanlage erhalten soll, er darf keine Stimme abgeben.

Stundenlohnvertrag. Bei jener Form des → Bauvertrags wird der tatsächliche Zeitaufwand des Bauunternehmers vergütet. Diese Form wird eher bei lohnintensiven Arbeiten angewendet (z. B. Instandsetzungsarbeiten). Nähere Regelungen finden sich in § 15 VOB / B. Danach hat der Bauunternehmer dem Bauherrn die Stundenlohnarbeiten vor Beginn anzuzeigen. Geleistete Arbeitsstunden, Materialverbrauch und Gerätegebrauch etc. hat der Bauunternehmer beim Bauherrn in Listenform (Stundenlohnzettel) je nach Verkehrssitte werktäglich oder wöchentlich einzureichen. Spätestens sechs Werktage nach Zugang dieser Stundenlohnzettel hat der Bauherr sie wieder unterschrieben zurückzugeben. Die Unterschrift des Bauherrn gilt als bestätigendes Schuldanerkenntnis (BGH, BauR 70, 239). Einwendungen gegen die Angaben auf den Stundenlohnzetteln hat der Bauherr auf ihnen selbst oder aber gesondert schriftlich zu erheben. Gibt er die Stundenlohnzettel nicht innerhalb jener Frist zurück, gelten sie als anerkannt.

Sturmversicherung. Schäden, die durch Sturm verursacht werden, sind zum einen in der → Gebäudeversicherung (mit dem Haus fest verbundene Teile, die beschädigt werden) und zum anderen in der → Hausratversicherung (z. B. infolge Sturmschadens des Daches durch Regenwasser beschädigte Bilder und Möbel) abgedeckt. Schäden Dritter werden durch die → Grundeigentümerhaftpflichtversicherung (z. B. herunterfliegende Dachpfannen) reguliert.

Sturz. Tragendes Bauteil (z. B. Stahlträger, bewehrter Beton) über einer Wandöffnung (Tür, Fenster).

Subunternehmer. Andere Bezeichnung: Nachunternehmer. Der Subunternehmer wird vom → Generalunternehmer oder → Generalübernehmer beauftragt. Zwischen Subunternehmer und Bauherr existieren keinerlei rechtliche Beziehungen, was Vergütung, Gewährleistung und Haftung (er ist nur Erfüllungsgehilfe des Generalunternehmers/Generalübernehmers, daher haftet letzterer für den Subunternehmer) anbelangt.

T

Tätigkeitspflicht des Maklers. Eine Tätigkeitspflicht trifft den Makler nur im Falle des → Makleralleinauftrags. Beim → einfachen Maklervertrag kann der Makler im Extremfall passiv zuwarten, ob sich ein Interessent im Laufe der Zeit auftut.

Technische Wertminderung. Sie ist beim → Sachwertverfahren von Bedeutung. Die technische Wertminderung setzt sich laut 3.6.3.1 WertR aus der → Alterswertminderung und der Wertminderung wegen Baumängel und Bauschäden zusammen. Dabei stellt 3.6.3.2 WertR klar, daß Baumängel bereits während der Bauzeit und Bauschäden nach der Fertigstellung infolge äußerer Einwirkung entstehen.

Teilauszahlung. Gerade für Baumaßnahmen wird meist keine Auszahlung des Darlehens auf einmal nötig sein. Vielmehr bedarf es einer schrittweisen Auszahlung und zwar entsprechend dem Baufortschritt. Oft verlangt das Kreditinstitut für die Teilauszahlung einen sog. → Teilauszahlungszins.

Teilauszahlungszins. Bei → Teilauszahlung des Darlehens ist i. d. R. ein höherer, um den Teilauszahlungszuschlag erhöhter Zinssatz zu entrichten (meist nur so lange, bis das Darlehen vollausgezahlt ist). Teilauszahlungzuschläge sind nicht im → Effektivzins enthalten. Der Zuschlag kann bspw. 1% zum regulären Zinssatz ausmachen.

Teilbaugenehmigung. Zur Beschleunigung des Bauvorhabens kann der Bauherr das gesamte Baugenehmigungsverfahren in Teilabschnitte zerlegen. Die Teilbaugenehmigung (z. B. § 69 IV HBauO) setzt die grundsätzliche Genehmigungsfähigkeit des gesamten Bauvorhabens voraus. Sie hat daher eine Bindungswirkung für das gesamte Bauvorhaben. Sobald die Teilbaugenehmigung vorliegt, kann mit den Bauarbeiten begonnen werden, was bei einem → Bauvorbescheid nicht der Fall ist.

Teileigentum. Teileigentum ist das Sondereigentum an nicht zu Wohnzwecken dienenden Räumen eines Gebäudes in Verbindung mit dem Miteigentumsanteil an dem gemeinschaftlichen Eigentum, zu dem es gehört (§ 1III WEG). Wohnungseigentum und Teileigentum können nicht in der Weise begründet werden, daß das Sondereigentum mit Miteigentum an mehreren Grundstücken verbunden wird (§ 1 IV WEG). Für das Teileigentum gelten die Vorschriften über das Wohnungseigentum entsprechend (§ 1VI WEG). Bsp.: Garagenstellplätze, gewerbliche Räume.

Teilungserklärung. Der Eigentümer eines Grundstücks kann durch Erklärung gegenüber dem Grundbuchamt das Eigentum an dem Grundstück in Miteigentumsanteile in der Weise teilen, daß mit jedem Anteil das Sondereigentum an einer bestimmten Wohnung oder an nicht zu Wohnzwecken dienenden bestimmten Räumen in einem auf dem Grundstück errichteten oder zu errichtenden Gebäude verbunden ist (*Teilungserklärung*; § 8 I WEG). Die Teilung wird mit der Anlegung der Wohnungsgrundbücher wirksam (§ 8 II S. 2 WEG). Das Miteigentum (§ 1008 BGB) an einem Grundstück kann durch Vertrag der Miteigentümer in der Weise beschränkt werden, daß jedem der Miteigentümer abweichend von § 93 BGB das Sondereigentum an einer bestimmten Wohnung oder an nicht zu Wohnzwecken dienenden bestimmten Räumen in einem auf dem Grundstück errichteten oder zu errichtenden Gebäude eingeräumt wird (*Teilungsvereinbarung*; § 3 I WEG). Im allgemeinen Sprachgebrauch wird aber auch die Teilungsvereinbarung oft als Teilungserklärung bezeichnet. Wesentlicher Inhalt der Teilungserklärung ist die Aufteilung der Immobilie in → Sondereigentum, → Gemeinschafteigentum, → Wohnungseigentum, → Teileigentum. Daher sind der Teilungserklärung auch der → Aufteilungsplan und die → Abgeschlossenheitsbescheinigung beigefügt (§ 7 IV WEG). Die Teilungserklärung legt auch die Miteigentumsanteile (Angabe des Bruchteils) am Gemeinschaftseigentum fest, die mit dem Sondereigentum verbunden werden. Ferner enthält die Teilungserklärung meist Vereinbarungen der Wohnungseigentümer gem. § 5 IV WEG untereinander, die zum Inhalt des Sondereigentums gemacht werden. Diese werden dann als → Gemeinschaftsordnung bezeichnet.

Terrazzo. Zementestrich, der mit Zuschlagstoffen (z. B. Marmorsplitter) versehen und nach Trocknung geschliffen wird. Er wird entweder großflächig als Masse aufgetragen oder in Plattenform gebracht.

Thermographie. Bei der Thermographie werden mit einer Spezialkamera von einem Gebäude Aufnahmen gemacht, um Mängel in der Wärmeisolierung aufzuspüren. Dort, wo Mängel existieren, werden tendeziell orange Flächen gezeigt, gute Isolierung bewirkt tendenziell blaue Flächen.

Tiefspülklosett. Im Unterschied zum → Flachspülklosett gibt es bei dieser Klosettform kein flaches Becken, das dem Geruchsverschluß vorgeschaltet ist; vielmehr gelangen die Exkremente sofort in den mit Wasser gefüllten Bereich. Das bewirkt eine geringere Geruchsentwicklung.

Tilgungsaussetzung. Bei der Tilgungsaussetzung werden die Tilgung ausgesetzt und die Zinsen weitergezahlt. Tilgungsaussetzungen können der Überbrückung eines finanziellen Engpasses des Schuldners dienen. Sie werden aber auch als Überbrückung einer Zeitspanne bis zur Auszahlung einer Kapitallebensversicherung oder Bausparvertrags benutzt, mit denen das betroffene Darlehen abgelöst werden soll.

Tilgungsplan. Tabellarische Übersicht, in der die zeitliche Entwicklung der Tilgungs- und Zinsleistungen und die jeweilige → Restschuld dargestellt wird.

Tilgungsstreckung. Sie dient der vorläufigen Reduzierung der laufenden Darlehensbelastung. Tilgungsstreckung bedeutet die Verlängerung der Darlehenslaufzeit und somit eine Verringerung der laufenden Tilgungsleistung.

Timesharing. Darunter versteht man den Kauf von Ferienimmobilien in der Weise des Miteigentums, daß der Käufer gegen einmalige Zahlung einer Summe jedes Jahr für eine bestimmte Zeit die Immobilie nutzen darf. Er hat aber auch seine anteiligen Bewirtschaftungskosten zu tragen. Die Miteigentümer nutzen das Objekt in der übrigen Zeit des Jahres.

Tod des Auftraggebers oder Maklers. Verstirbt der *Auftraggeber*, gehen die Rechte und Pflichten aus dem Maklervertrag auf die Erben über. Verstirbt der *Makler* und hat er eine Nachweis- oder Vermittlungstätigkeit (→ Nachweismakler, → Vermittlungsmakler), so geht der hieraus entstehnde Provisionsanspruch auf seine Erben über und zwar auch dann, wenn der Hauptvertrag erst nach seinem Tod zustande kommt (BGH, NJW 66, 2008; BGH, WM 76, 503).

Tod des Mieters. Regelungen in § 569 a BGB. Der Ehegatte (indirekt auch Partner einer eheähnlichen Gemeinschaft, Verlobte; BGH, WM 93, 254) des verstorbenen Mieters tritt in den Mietvertrag über den Wohnraum ein, in dem der Mieter mit dem Ehegatten den gemeinsamen Hausstand geführt hat. Der Ehegatte kann binnen eines Monats, nachdem er vom Tod des Mieters Kenntnis genommen hat, dem Vermieter erklären, daß er das Mietverhältnis nicht fortsetzen will. Das gleiche gilt für zum Hausstand gehörende Familienangehörige (§ 569 a II BGB). Treten der Ehegatte oder Familienangehörige des Hausstands nicht in den Vertrag ein, so wird der Mietvertrag mit den Erben weitergeführt (§ 569 a VI BGB). Sowohl Erben als auch Vermieter können dann unter Einhaltung der gesetzlichen Kündigungsfrist (→ fristgemäße Kündigung) kündigen, wobei der Vermieter ein berechtigtes Interesse anzugeben hat (BGH, 12. 3. 1997 – VIII ARZ 3/96). Allerdings sind an das berechtigte Interesse (→ fristgemäße Kündigung) keine allzu hohen Anforderungen zu stellen (keine weitgehende Schutzfunktion des Erben nötig, da er nicht in der Wohnung lebte). Sind aber Ehegatte oder Familienangehörige in den Vertrag eingetreten, kann der Vermieter nur bei Vorliegen eines wichtigen Grundes kündigen (§ 569 a V BGB), analog zu § 549 BGB (→ Untervermietung).

Tod des Vermieters. Die Erben des Vermieters treten in den Mietvertrag ein.

Tonnendach. Dachform, die einen tonnenförmigen Querschnitt aufweist. Es wird der Eindruck einer Tonnenseite erzeugt (Bildanhang 1).

Transportbeton. Beton, der in Betonwerken oder Betonmischfahrzeugen gemischt und verarbeitungsfertig auf die Baustelle geliefert wird.

Traufe. Waagerecht, parallel zum → First verlaufende untere Dachflächenkante des geneigten Daches.

Treuhänder. Gerade, wenn es um die Kapitalanlage im Immobilienbereich geht (insbesondere Immobilienfonds), werden oft Treuhänder eingesetzt (meist Rechtsanwälte, Steuerberater etc.). Ihre Aufgabe ist die Überwachung der von den Kapitalanlegern eingesetzten Gelder. Der Treuhänder ist in diesem Falle als Eigentümer im Grundbuch eingetragen und damit auch für Vermietung und Verkauf zuständig.

Türblatt. Der bewegliche Teil einer Tür. Die Befestigung erfolgt am Türrahmen.

Türfutter. Der Türrahmen besteht aus dem Türfutter, welches die → Laibung der Türöffnung abdeckt und der Bekleidung, die beidseitig die Türöffnung im rechten Winkel zum Türfutter abdeckt.

U

Überbau. Ein Überbau liegt vor, wenn ein Bauwerk zum Teil auf dem benachbarten Grundstück errichtet wird. Drei Formen werden unterschieden. 1. *Rechtmäßiger Überbau*: Einverständnis des Nachbarn liegt vor. Eigentumsverhältnisse wie beim entschuldigten Überbau. 2. *Entschuldigter Überbau* (§§ 912 ff. BGB): Erfolgte der Überbau ohne Vorsatz oder grobe Fahrlässigkeit, und hat der Nachbar nicht vor oder sofort nach Grenzüberschreitung Widerspruch erhoben, muß er den Überbau dulden. Dafür hat er aber einen Anspruch einer Geldrente (Überbaurente solange der Überbau besteht; Verzinsung des Verkehrswertes der überbauten Nachbarfläche). Der Überbau bleibt im Eigentum des Überbauenden (§ 95 I S. 2 BGB). 3. *Unentschuldigter Überbau*: Vorsatz oder grobe Fahrlässigkeit und Nachbar hat nicht vor oder sofort nach Grenzüberschreitung Widerspruch erhoben; Entschädigungsanspruch des Nachbarn (§ 951 BGB). Der Überbau steht entsprechend dem Grenzverlauf im Eigentum des Nachbarn.

Umkehrdach. Form des → Warmdachs, bei dem allerdings die (wasserunempfindliche) Wärmedämmung *über* der Abdichtung liegt.

Umsatzsteueroption. Bei bestimmten steuerfreien Umsätzen kann der Unternehmer auf die Steuerfreiheit verzichten und zur Umsatzbesteuerung optieren. Das hat für ihn den Vorteil, die in seinen Vorleistungen enthaltene und bereits selbst an andere Unternehmer gezahlte Umsatzsteuer vom Finanzamt erstattet zu bekommen. Dafür werden aber seine eigenen Umsätze wieder umsatzsteuerpflichtig. Diese Option ist nach § 9 I UStG auch für Vermietungs- und Verpachtungsumsätze und Grundstücksumsätze möglich, wenn diese an einen anderen Unternehmer für dessen Unternehmen ausgeführt werden. Allerdings unter einer *Einschränkung*: Der Unternehmer muß das Grundstück ausschließlich für Umsätze verwenden, die den Vorsteuerabzug nicht ausschließen (§ 9 II UStG; also keine Ärzte etc.). Hinsichtlich dieser Einschränkung gibt es aber noch

Übergangsfristen in § 27 II UStG. Danach ist die Einschränkung auf folgende Gebäude nicht anzuwenden: 1. Gebäude, die Wohnzwecken dienen oder zu dienen bestimmt sind und vor dem 1. 4. 1985 fertiggestellt worden sind; Errichtung des Gebäudes ist vor dem 1. 6. 1984 begonnen worden. 2. Gebäude, die anderen nichtunternehmerischen Zwecken dienen oder zu dienen bestimmt sind und vor dem 1. 1. 1986 fertiggestellt worden sind; Errichtung des Gebäudes ist vor dem 1. 6. 1984 begonnen worden. 3. Gebäude, die anderen als den unter Nr. 1 und 2 bezeichneten Zwecken dienen oder zu dienen bestimmt sind und vor dem 1. 1. 1998 fertiggestellt worden sind; Errichtung des Gebäudes ist vor dem 11. 11. 1993 begonnen worden.

Umschuldung. Ist die Laufzeit eines Darlehens beendet, und besteht noch eine Restschuld, so ist eine Umschuldung erforderlich. D. h. es wird ein neuer Darlehensvertrag mit gleichen oder anderen Konditionen, mit dem gleichen oder einem anderen Gläubiger abgeschlossen. Eine Umschuldung kann insbesondere dann wieder zusätzliche Kosten verursachen, wenn der Gläubiger gewechselt wird (z. B. → Bearbeitungskosten, Notar- und Grundbuchkosten).

Unbedenklichkeitsbescheinigung. Der Erwerber eines Grundstücks darf in das Grundbuch erst dann eingetragen werden, wenn eine Bescheinigung des für die Besteuerung zuständigen Finanzamts vorgelegt wird, daß der Eintragung steuerliche Bedenken nicht entgegenstehen (§ 22 I GrEStG). Das Finanzamt hat die Bescheinigung zu erteilen, wenn die Grunderwerbsteuer entrichtet, sichergestellt oder gestundet worden ist oder wenn Steuerfreiheit gegeben ist. Es darf die Bescheinigung auch in anderen Fällen erteilen, wenn nach seinem Ermessen die Steuerforderung nicht gefährdet ist (§ 22 II GrEStG).

Untätigkeitsklage. Der Bauherr hat die Möglichkeit, Klage beim Verwaltungsgericht zu erheben, wenn die Bauaufsichtsbehörde nicht innerhalb von drei Monaten über den Bauantrag entschieden hat (§ 75 VwGO). U. U. kann sich diese Frist verlängern.

Unterfangung. Werden tragende Bauteile entfernt oder unterhöhlt bzw. wird ihnen seitlich der Halt genommen (z. B. Baugrubenerstellung auf Nachbargrundstück bei → geschlossener Bauweise), muß eine Unterfangung vorgenommen werden (z. B. Pfosten).

Untermakler. Untermaklerverträge sind zwar weniger gebräuchlich als Verträge über → Gemeinschaftsgeschäfte unter Maklern, müssen aber als mögliche → Maklerzusammenarbeit berücksichtigt werden. Schaltet ein Makler einen anderen Makler ein, um sich von diesem die Interessenten für seinen eigenen Auftraggeber nachweisen beziehungsweise vermitteln zu lassen, bezeichnet man diesen anderen Makler als Untermakler. Hierbei besteht nur zwischen dem Hauptmakler und dem Untermakler eine *vertragliche Beziehung* - juristisch wird von einem Hilfsvertrag für den Maklervertrag gesprochen. Der Untermakler hat keinen Vertrag mit dem Auftraggeber des Hauptmaklers (OLG Hamburg 28.06.91 – 9 U 65/91 – RDM-Rspr. A 175–3; OLG Hamburg 19.02.86 – 4 U 44/85 – RDM-Rspr. A 175–1). Eine gesetzliche Regelung des Untermaklerverhältnisses existiert nicht. Deswegen kommt es entscheidend auf die jeweiligen Vereinbarungen zwischen Hauptmakler und Untermakler und die bisher ergangene Rechtsprechung zu diesem Thema an. Der Hauptmakler hat in seinen geschäftlichen Entscheidungen absolute *Freiheit*. Er ist deshalb nicht verpflichtet, von seinem Untermakler nachgewiesene Interessenten an den Auftraggeber weiterzureichen. Diese Freiheit des Hauptmaklers gipfelt darin, daß er sogar von sich aus auf die Provision von seinem Auftraggeber verzichten kann (Ausnahme: Arglist), obwohl er mit dem Untermakler eine Provisionsbeteiligung verabredet hat (OLG Hamburg, BB 54, 173; BGH 28.02.68 - VIII ZR 6/66 - BB 68, 729). In der Regel ist die *Provisionsabrede* in der Form einer Beteiligung des Untermaklers an der Provision des Hauptmaklers üblich (BGH, 09.07.69 - IV ZR 797/68 - AIZ 71, 122). Der Provisionsanspruch des Untermaklers steht und fällt mit dem Provisionsanspruch des Hauptmaklers gegen seinen Auftraggeber. So hat der Untermakler beispielsweise keinen Anspruch, wenn es an einem wirksamen Hauptvertrag (z. B. Kaufvertrag) fehlt (→ Provisionsvoraussetzungen, → Provisionsausschluß). Gelingt es dem Hauptmakler nicht, seinen eigenen Provisionsanspruch gegen den Auftraggeber durchzusetzen, bekommt der Untermakler auch keinen Provisionsanteil vom Hauptmakler ausgezahlt (BGH, NJW 84, 2881). *Haftungsrechtlich* ist der Untermakler Erfüllungsgehilfe

(§ 278 BGB) des Hauptmaklers. Somit hat sich der Hauptmakler ein Verschulden des Untermaklers selbst zurechnen zu lassen. Er haftet also für Schäden, die der Untermakler anrichtet. Einen Haftungsausschluß kann der Hauptmakler nur individualvertraglich mit seinem Auftraggeber vereinbaren.

Untervermietung. Der Mieter benötigt die Erlaubnis des Vermieters, wenn er den Gebrauch der gemieteten Sache einem Dritten überlassen will, insbesondere an diesen untervermieten will (§ 549 I BGB). Verweigert der Vermieter nun die Erlaubnis, so kann der Mieter den Mietvertrag kündigen. Dieses Recht hat der Mieter aber nur, wenn in der Person des Dritten kein wichtiger Grund für die Verweigerung des Vermieters liegt. Dem Vermieter steht es also frei, die Erlaubnis zu erteilen. Er kann daher ohne weiteres die Erlaubnis verweigern, auch wenn *kein* wichtiger Grund vorliegt. Anders sieht es aus, wenn nur ein Teil von Wohnraum untervermietet werden soll. Hier hat der Mieter nämlich einen Anspruch auf die Genehmigung des Vermieters, wenn kein wichtiger Grund vorliegt und er *nach* Mietvertragsabschluß ein berechtigtes Interesse an der Untervermietung bekommen hat (§ 549 II BGB). Anstatt des wichtigen Grundes kann der Vermieter auch die Überbelegung der Wohnung oder eine sonstige Unzumutbarkeit bezüglich der Untervermietung ins Feld führen. Der Vermieter kann die Untervermietung ggf. von einer angemessenen Mieterhöhung abhängig machen, wenn sie ihm sonst nicht zuzumuten ist (§ 549 II S. 2 BGB). Als berechtigtes Interesse gilt bspw. auch die wirtschaftliche Notwendigkeit für den Hauptmieter zur Untervermietung (LG Frankfurt/M., WM 93, 345). Wenn der Hauptmieter für immer ins Ausland geht, kann der Vermieter die Erlaubnis verweigern (LG Frankfurt/M., WM 89, 237). Der Vermieter hat gegenüber dem Hauptmieter ein beschränktes Informationsrecht, ansonsten hat er schließlich keine Grundlage, über die Erteilung einer Erlaubnis nachzudenken. Die Einkommensverhältnisse gehen den Vermieter jedoch nichts an (LG Hamburg, WM 91, 585).

Unterversicherung. Bezeichnung für die Situation, in der die Versicherungssumme geringer ist als der versicherte Wert. Es ist Sache des Versicherungsnehmers, die Versicherungssumme so anzusetzen, daß sie im Schadensfall die Höhe des Schadens tatsächlich deckt.

Bsp. für eine Unterversicherung: Schaden 20000,– DM, Versicherungssumme 100000,– DM, Wert des Versicherungsgegenstands 250000,– DM. Die Entschädigung beträgt hiernach lediglich 8000,– DM. Grund hierfür ist folgende Berechnung: 100000,– DM/ 250000,–DM=0,4, d. h. der Versicherungsgegenstand ist lediglich mit 40% seines Werts versichert. Infolgedessen trägt die Versicherung auch nur 40% des Schadens, also 40% x 20000,– DM= 8000,– DM.

V

Valuta. Bei Baufinanzierungen wird dieser Begriff für den noch nicht getilgten Darlehensteil verwendet.

Variabler Zins. Der Zins kann vom Gläubiger entsprechend dem allgemeinen Zinsniveau angepaßt werden. Im Unterschied hierzu ist der Festzins von solchen Zinsniveauschwankungen unabhängig.

Veräußerungsbeschränkung des Wohnungseigentums. Als Inhalt des Sondereigentums kann vereinbart werden (→ Vereinbarung der Wohnungseigentümer), daß ein Wohnungseigentümer zur Veräußerung seines Wohnungseigentums der Zustimmung anderer Wohnungseigentümer oder eines Dritten (meist Verwalter) bedarf (§ 12 I WEG). Die Zustimmung darf nur aus einem wichtigen Grund versagt werden. Hierbei muß es sich um einen wichtigen Grund handeln, der in der Person des *Erwerbers* und *nicht* des Veräußerers liegt. So will eine Veräußerungsbeschränkung verhindern, daß ein unzuverläßiger Erwerber Mitglied der Gemeinschaft wird (z. B. finanzielle Unzuverlässigkeit, OLG Hamm, NJW-RR 93, 279). Andererseits soll eine unzumutbare Nutzung verhindert werden können (z. B. Prostitution, KG, Rpfleger, 82, 283). Durch diese Vereinbarung kann dem Wohnungseigentümer darüber hinaus für bestimmte Fälle ein Anspruch auf Erteilung der Zustimmung eingeräumt werden (§ 12 II WEG). Ist eine solche Veräußerungsbeschränkung vereinbart, so ist eine Veräußerung des Wohnungseigentums und ein Vertrag, durch den sich der Wohnungseigentümer zu einer solchen Veräußerung verpflichtet, unwirksam, solange nicht die erforderliche Zustimmung erteilt ist. Für eine Veräußerung im Wege der Zwangsvollstreckung oder eine Veräußerung durch den Konkursverwalter gilt das gleiche wie für eine rechtsgeschäftliche Veräußerung (§ 12 III WEG).

Verblendung. Verkleidung mit Hilfe von Baustoffen, wie z. B. Klinker, Riemchen.

Verdingungsordnung für Bauleistungen (VOB). Ein Regelwerk, das zum Inhalt von Bauverträge gemacht werden kann. Die VOB sind kein Gesetz, sondern haben den Charakter → Allgemeiner Geschäftsbedingungen. Allerdings unterliegen die VOB nicht der Kontrolle durch das AGBG, wenn sie als Ganzes in den Bauvertrag einbezogen werden. Das ist wäre nur dann der Fall, wenn wesentliche Änderungen vorgenommen werden. Die VOB bestehen aus drei Teilen. *VOB Teil A*: Allgemeine Bestimmungen für die Vergabe von Bauleistungen. Dieser Teil hat gerade für Bauverträge mit öffentlichen Bauherren wesentliche Bedeutung. *VOB Teil B*: Allgemeine Vertragsbedingungen für die Ausführung von Bauleistungen. Dieser Teil ist Werkvertragsrecht wie im BGB und wird oft in den Bauvertrag einbezogen. Allerdings liegen gegenüber dem Werkvertragsrecht des BGB wesentliche Unterschiede vor (z. B. bei → Abnahme, → Abrechnung, → Abschlagszahlung und → Gewährleistungsansprüchen). *VOB Teil C*: Allgemeine Technische Vertragsbedingungen für Bauleistungen.

Vereinbarung der Wohnungseigentümer. Die Wohnungseigentümer können den Gebrauch des Sondereigentums und des gemeinschaftlichen Eigentums durch *Vereinbarung* regeln (§ 15 I WEG). Andererseits können die Wohnungseigentümer durch Stimmenmehrheit einen der Beschaffenheit der im Sondereigentum stehenden Gebäudeteile und des gemeinschaftlichen Eigentums entsprechenden ordnungsmäßigen Gebrauch beschließen (§ 15 II WEG), soweit eine Vereinbarung nicht entgegensteht. Eine Vereinbarung erfordert Einstimmigkeit der Wohnungseigentümer. Die Frage ist, ob eine Vereinbarung nicht mit einem einstimmigen Beschluß gleichzusetzen ist. Das ist keineswegs der Fall. Eine Vereinbarung wirkt in der Zukunft fort, während der Beschluß nur auf konkrete Anlässe bezogen ist. Selbst ein einstimmiger Beschluß kann wieder durch Mehrheitsbeschluß aufgehoben werden, wenn es um Maßnahmen der ordnungsmäßigen Verwaltung geht. Die Vereinbarung gibt neben den gesetzlichen Regelungen sozusagen den Rahmen vor, innerhalb dessen die Beschlüsse gefaßt werden müssen. Vereinbarungen sind Regelungen des Gemeinschaftsverhältnisses, die von den abdingbaren gesetzlichen Regelungen abweichen oder die bestehenbleibenden gesetzlichen Regelungen ergänzen (§ 10 II WEG).

Vereinbarungen, ihre Aufhebung oder Änderung müssen ins Grundbuch eingetragen werden, damit sie auch gegen einen Sondernachfolger (z. B. Käufer) des Wohnungseigentümers wirken (§ 10 II WEG). Die → Gemeinschaftsordnung besteht aus Vereinbarungen.

Verflechtung des Maklers mit der Vertragsgegenseite. Liegt eine Verflechtungssituation vor, so kommt es zum → Provisionsausschluß, d. h. der Makler ist nicht berechtigt, vom Auftraggeber Provision zu verlangen. Ist der Makler mit der Vertragsgegenseite verflochten, ist er nicht mehr in der Lage seinem Auftraggeber eine Nachweis- oder Vermittlungstätigkeit zu erbringen (→ Nachweismakler, → Vermittlungsmakler). Die Verflechtung gibt dem Makler eine ähnliche Position wie sie bei → Selbsteintritt des Maklers in das angestrebte Hauptgeschäft vorliegt. Er brauchte sich nicht bemühen, um eine zum Nachweis an den Auftraggeber geeignete Vertragsabschlußgelegenheit aufzuspüren. Das Einwirken des Maklers auf die Vertragsgegenseite, wie es die Vermittlung voraussetzt braucht der Makler nicht auszuüben. Eine Verflechtung des Maklers mit dem Auftraggeber ist nicht provisionsschädlich, da er dem Auftraggeber sowieso zur Treue verpflichtet ist (BGH, WM 76, 1334). Man unterscheidet zwei Arten der Verflechtung: persönliche und rechtliche Verflechtung. I. *Persönliche Verflechtung.* Hierunter werden Beziehungen verwandtschaftlicher, freundschaftlicher und ehelicher Art zusammengefaßt. Freundschaftliche Beziehungen (einschließlich eheähnlicher Gemeinschaften) werden im Interesse des Schutzes der Privatsphäre des Maklers nicht eng ausgelegt (BGH, WM 81, 993). Die Beurteilung ist stark einzelfallabhängig. Die Rechtsprechung sieht aber tendenziell in einer ungestörten Ehe einen Grund, eine Verflechtung anzunehmen (BVerfG, RDM-Rspr. A 145–12). II. *Rechtliche Verflechtung.* Bsp.: Makler ist Geschäftsführer der Vertragsgegenseite bzw. an ihr beteiligt (BGH, WM 78, 711; BGH, NJW 73, 1649); Makler ist als Mietverwalter für das Sondereigentum zuständig und nicht bloß als Wohnungseigentumsverwalter des Gemeinschaftseigentums der Vertragsgegenseite anzusehen LG Freiburg, WM 93, 413; LG Tübingen, WM 93, 414). In § 2 II WoVermittG sind einzelne Verflechtungstatbestände aufgeführt.

Verfügungsbeschränkungen. Verfügungsbeschränkungen über Immobilien können sich im Sanierungsgebiet (→ Sanierung), im → Entwicklungsgebiet, aber auch durch die → Bodenordnung, durch das → Grundstücksverkehrsgesetz und durch ein → Vorkaufsrecht ergeben.

Vergleichsfaktoren. Sie werden für das → Vergleichswertverfahren benötigt. Verhältnis aus Kaufpreis und einer geeigneten Bezugseinheit. § 12 WertV hebt besonders zwei Vergleichsfaktoren hervor: I. *Ertragsfaktor* (andere Bezeichnung: Maklerformel). Verhältnis aus Kaufpreis und nachhaltig erzielbarem Jahresertrag (Reinertrag, Rohertrag oder Nettokaltmiete). Bezieht sich der Kaufpreis (K) auf den Reinertrag (RE), so läßt sich der Ertragfaktor (F) als Formel folgendermaßen beschreiben: F=K/RE. Hierbei fällt auf, daß der reziproke Wert (Kehrwert), also 1/F=RE/K der angenäherten Form des → Liegenschaftzinssatzes ähnelt, die wie folgt lautet: i= RE/K. Ertragsfaktoren für bestimmte Arten von Gebäuden und bestimmte Baualtersklassen ermittelt auch der → Gutachterausschuß. Bsp.: Ein Mehrfamilienhaus hat den Faktor 12,1; damit kann der potentielle Kaufpreis mit dem 12,1fachen der (bspw.) Jahresnettokaltmiete festgestellt werden: Jahresnettokaltmiete 10 000,– DM x 12,1=121 000,–DM potentieller Kaufpreis. II. *Gebäudefaktor*. Verhältnis aus Kaufpreis und Raum- oder Flächeneinheit der baulichen Anlage. Gutachterausschüsse berechnen auch für bestimmte Gebäudearten bestimmter Baualtersklassen in bestimmten Lagen Quadratmeterpreise (genauer: Kaufpreis/Wohn- bzw. Nutzfläche).

Vergleichswertverfahren. Dieses Verfahren zur → Immobilienbewertung wird insbesondere dann angewendet, wenn die Grundstücke mit weitgehend typisierten Gebäuden, insbesondere Wohngebäuden bebaut sind (3.1.1 WertR; z. B. Einfamilien-Reihenhäuser, Zweifamilienhäuser, Eigentumswohnungen, einfache freistehende Eigenheime und Garagen). Bei der Anwendung des Vergleichswertverfahrens sind Kaufpreise solcher Grundstücke heranzuziehen, die hinsichtlich ihrer wertbeeinflussenden Merkmale (§§ 4, 5 WertV) mit dem zu bewertenden Grundstück hinreichend übereinstimmen (*Vergleichsgrundstücke*). Liegen zuwenig Kaufpreise vor, können Vergleichsgrundstücke aus vergleichbaren Gebieten herangezogen werden. Zur Ermittlung des → Bodenwerts kann anstatt auf Vergleichsgrundstückspreise alternativ auf geeignete → *Bodenrichtwerte* zurückgegriffen werden. Für bebaute Grundstücke können alternativ → Vergleichsfaktoren (§ 12 WertV) herangezogen werden. Der Vergleichswert ergibt sich dann durch Vervielfachung des jährlichen Ertrags oder der sonstigen Bezugseinheit des zu bewertenden Grundstücks mit dem Vergleichsfaktor (§ 13 III WertV). Weichen die wertbeeinflussenden Merkmale der Vergleichsgrundstücke oder der Grundstücke, für die Bodenrichtwerte oder Vergleichsfaktoren bebauter Grundstücke abgeleitet wurden, vom Zustand des zu bewertenden Grundstücks ab, so ist dies durch Zu- oder Abschläge oder in anderer geeigneter Weise zu berücksichtigen. Hierbei sind vorhandene Indexreihen (§ 9 WertV) oder Umrechnungskoeffizienten (§ 10 WertV) heranzuziehen.

Verjährung sonstiger Ansprüche. Im Unterschied zur → Mietzahlungsverjährung, die einer 4jährigen Verjährungsfrist unterliegt, verjähren die anderen aus dem Mietverhältnis erwachsenden Ansprüche entweder in sechs Monaten oder in 30 Jahren. I. *6 monatige Verjährung* (§ 558 BGB). Die Ersatzansprüche des Vermieters wegen Veränderungen oder Verschlechterungen der Mietsache (z. B. Schönheitsreparaturen) sowie die Ansprüche des Mieters auf Ersatz von Verwendungen (z. B. Reparatur eines Rohrbruchs) oder auf Gestattung der Wegnahme einer Einrichtung (→ Wegnahmerecht) verjähren in sechs Monaten. II. *30jährige Verjährung* (§ 195 BGB). Bsp.: Rückzahlungsanspruch des Mieters bzgl. Kaution plus Zinsen, Schadensersatzanspruch des Mieters gegen den Vermieter wegen Mängel der Mietsache; Rückgabeanspruch des Vermieters gegen den Mieter hinsichtlich der Mieträume, Ansprüche des Vermieters gegen den Mieter wegen vertragswidrigen Gebrauchs.

Verkauf während des Zwangsversteigerungsverfahrens. Verkauft der Schuldner das Grundstück während des Zwangsversteigerungsverfahrens, so ist die Veräußerung nach § 135 I BGB gegenüber dem betreibenden Gläubiger nicht wirksam. Der Erwerber tritt dann an die Stelle des Schuldners und ist nun selbst dem Gläubiger gegenüber verpflichtet. Der Gläubiger kann aber bei einem vom Schuldner beabsichtigten Verkauf die → Aufhebung des Zwangsversteigerungsantrags bewirken. Dadurch würde ein Verkauf erleichtert.

Verkehrslast. Die Last, die auf ein Bauteil wirkt, ohne die eigene Last und ohne die Last des Belags. Die Verkehrslast wird u. a. durch Wind, Schnee, Personen, Fahrzeuge etc. hervorgerufen.

Verkehrssicherungspflicht. Der Vermieter hat durch zumutbare Maßnahmen Dritte vor Schaden zu bewahren, der durch die Mietsache verursacht werden kann. Entsteht dennoch ein Schaden, so ist der Vermieter zum Ersatz dessen verpflichtet. Der Vermieter muß sich regelmäßig vom ordnungsmäßigen Zustand der Mietsache vergewissern (Prüfungspflicht; z. B. Gasleitungen). Wegen der Einschränkungen dieser Prüfungspflicht durch die Vermietung der Räume, hat der Mieter eine → Anzeigepflicht, auf deren Einhaltung der Vermieter vertrauen muß. Bsp. für die Verkehrssicherungspflicht: Winterdienst (falls mietvertraglich nicht auf den Mieter abgewälzt).

Verkehrswert. Der Verkehrswert wird durch den Preis bestimmt, der in dem Zeitpunkt, auf den sich die Ermittlung bezieht, im gewöhnlichen Geschäftsverkehr nach den rechtlichen Gegebenheiten und tatsächlichen Eigenschaften, der sonstigen Beschaffenheit und der Lage des Grundstücks oder des sonstigen Gegenstands der Wertermittlung ohne Rücksicht auf ungewöhnliche oder persönliche Verhältnisse zu erzielen wäre (§ 194 BauGB). Der Verkehrswert läßt sich mit Hilfe der Methoden der → Immobilienbewertung ermitteln.

Verkehrswert im Zwangsversteigerungsverfahren. Der Grundstückswert (→ Verkehrswert) wird vom Vollstreckungsgericht, nötigenfalls nach Anhörung von Sachverständigen, festgesetzt (Verkehrswertfestsetzung); § 74 a V ZVG. Der Verkehrswert hat Bedeutung für die Feststellung der 5/10-Grenze und der 7/10-Grenze. I. *5/10-Grenze.* Diese Grenze dient dem Schuldnerschutz. Der Zuschlag ist zu versagen, wenn das Meistgebot die Hälfte des Verkehrswerts nicht erreicht (§ 85 a I ZVG). II. *7/10-Grenze.* Diese Grenze dient dem Gläubigerschutz. Nach § 74 a ZVG kann ein Berechtigter die Versagung des Zuschlags beantragen, wenn das Meistgebot unter 7/

10 des Verkehrswerts liegt (der betreibende Gläubiger ist bereits durch das → geringste Gebot geschützt; er bedarf dieses Gläubigerschutzes nicht). Voraussetzung für die Versagung ist, das der Anspruch dieses Berechtigten bei einem Unterschreiten der 7/10-Grenze ganz oder teilweise nicht gedeckt sein würde, was aber ggf. bei Erreichen der Grenze der Fall sein würde. Widerspricht der betreibende Gläubiger der Versagung, ist der Antrag des anderen Berechtigten abzulehnen. Allerdings muß der betreibende Gläubiger glaubhaft machen, daß ihm durch die Versagung des Zuschlags ein unverhältnismäßiger Nachteil erwachsen würde. Im neu zu bestimmenden → Versteigerungstermin (er liegt mindestens drei, max. sechs Monate nach dem ersten Termin; § 74 III ZVG) darf der Zuschlag weder wegen der 5/10- noch wegen der 7/10-Grenze versagt werden; der Zuschlag kann also durchaus auch zum geringsten Gebot erfolgen (§ 74 a IV ZVG); es ist die unterste Grenze der Gebotsmöglichkeiten. Der Gläubiger hat die Möglichkeit, eine drohende Verschleuderung durch → einstweilige Einstellung des Zwangsversteigerungsverfahrens zu vermeiden. Beide Grenzen finden keine Beachtung, wenn der Meistbietende selbst zwischen seinem Gebot und der jeweiligen Grenze mit einem Anspruch ausfällt (§§ 74 b, 85 a ZVG).

Vermieterpfandrecht. Regelungen in §§ 559 bis 563, 1257 BGB. Der Vermieter eines Grundstücks hat für seine Forderungen (Bsp. Grundmiete, Betriebskosten) aus dem Mietverhältnis ein Pfandrecht an den eingebrachten Sachen des Mieters (§ 559 BGB). D. h. die Sachen dürfen nicht nur vorübergehend in die Mietsache geschafft worden sein. Für künftige Entschädigungsforderungen und für den Mietzins für eine spätere Zeit als das laufende und das folgende Mietjahr kann das Pfandrecht nicht geltend gemacht werden. Es erstreckt sich nicht auf die der Pfändung nicht unterworfenen Sachen. Zu beachten ist, daß einige Sachen unpfändbar sind (§ 811 ZPO). Dazu zählen bspw. Kleidung, Betten etc. Werden Sachen vom Grundstück (nicht nur aus der Mietsache) entfernt, erlischt das Pfandrecht. Es erlischt nur dann nicht, falls dies ohne das Wissen des Vermieters geschieht bzw. wenn der Vermieter der Entfernung widersprochen hat (§ 560 S. 1 BGB). Der Vermieter hat jedoch kein Widerspruchsrecht, falls die Entfernung der Sache im regelmäßigen

Geschäftsbetrieb des Mieters oder den gewöhnlichen Lebensverhältnissen erfolgt. Ebenso kann er der Entfernung nicht widersprechen, wenn die zurückbleibenden Sachen des Mieters zur Sicherung des Vermieters offenbar ausreichen (§ 560 II BGB). Der Vermieter hat ein Selbsthilferecht (§ 561 BGB). Danach kann der Vermieter auch ohne Anrufen des Gerichts die Entfernung verhindern (also ohne mittels einstweiliger Verfügung die Untersagung der Entfernung zu beantragen). Zieht der Mieter aus, kann der Vermieter die Sachen in seinen Besitz nehmen. Hinsichtlich der ohne Wissen des Vermieters oder unter dessen Widerspruch entfernten Sachen kann der Vermieter die Herausgabe zum Zwecke der Zurückschaffung in das Grundstück verlangen. Der Vermieter kann die gepfändeten Sachen durch öffentliche Versteigerung oder durch Verkauf aus freier Hand verwerten (§ 1235 BGB).

Vermittlungsmakler. Zur Abgrenzung siehe → Nachweismakler. Vermittlung bedeutet, die Abschlußbereitschaft der Vertragsgegenseite zugunsten den Auftraggebers zu fördern, d. h. auf die Vertragsgegenseite entsprechend einzuwirken. Er muß ggf. auf einen Kompromiß zwischen den Parteien hinarbeiten.

Versicherungssteuer. Regelungen im Versicherungsteuergesetz (VersStG). Der Steuersatz hängt von der Art der Versicherung ab. Im wesentlichen gilt: Der Steuersatz beträgt grundsätzlich 15% des Versicherungsentgelts (§ 6 VersStG). Ausnahmen (Bsp.): Gebäudeversicherung 13, 75%, Hausratversicherung 14%.

Vertragsstrafe im privaten Baurecht. Andere Bezeichnung: Pönale. Oft werden in Bauverträgen Vertragsstrafen als Druckmittel vereinbart. So können bspw. Terminüberschreitungen durch den Bauunternehmer vermieden werden. Regelungen in §§ 339 bis 345 BGB; § 12 VOB/A, § 11 VOB/B . Zwei Situationen der Vertragsstrafe unterscheidet das BGB: 1. *Strafversprechen für Nichterfüllung* (§ 340 BGB). Der Bauherr kann statt der Erfüllung die Vertragsstrafe verlangen. Falls auch noch ein Anspruch auf Schadensersatz wegen Nichterfüllung besteht, kann der Bauherr die Vertragsstrafe als Mindestbetrag verlangen. 2. *Strafversprechen für nicht gehörige Erfüllung* (§ 341 BGB). Hierunter ist insbesondere die nicht fristgerechte

Erfüllung der Leistungsverpflichtung zu verstehen. Der Bauherr kann im Falle der nicht gehörigen Erfüllung die Vertragsstrafe *neben* der Erfüllung verlangen. Für den Fall des Schadensersatzes wegen Nichterfüllung siehe 1. Damit der Bauherr aber beides verlangen kann, muß er sich *bei* Annahme der Erfüllung das Recht auf die Vertragsstrafe vorbehalten (BGH, NJW 83, 385). Die Vorbehaltserklärung des Bauherrn kann bspw. auf der Abnahmeniederschrift (→ Abnahme) erfolgen; der Bauherr hat diese Erklärung zu unterschreiben.

Verwaltungsbeirat. Die Wohnungseigentümer können durch Stimmenmehrheit die Bestellung eines i. d. R. ehrenamtlichen Verwaltungsbeirats beschließen. Der Verwaltungsbeirat besteht aus einem Wohnungseigentümer als Vorsitzenden und zwei weiteren Wohnungseigentümern als Beisitzern (§ 29 I WEG). Der Verwaltungsbeirat unterstützt den Verwalter bei der Durchführung seiner Aufgaben (§ 29 II WEG). Z. B. unterbreitet er Vorschläge hinsichtlich nötiger Instandsetzungsmaßnahmen, nimmt in regelmäßigen Abständen eine Besichtigung des Objekts vor, um Schäden festzustellen und wirkt bei der Aufstellung der Tagesordnung für die Versammlung mit. Der Wirtschaftsplan, die Abrechnung über den Wirtschaftsplan, Rechnungslegungen und Kostenanschläge sollen, bevor über sie die Wohnungseigentümerversammlung beschließt, vom Verwaltungsbeirat geprüft und mit dessen Stellungnahme versehen werden (§ 29 III WEG). In dieser Kontrollfunktion liegt auch das Haftungsrisiko des Beirats, weswegen meist die Haftung auf Vorsatz und grobe Fahrlässigkeit beschränkt wird. Der Beirat hat das Recht, die Unterlagen des Verwalters einzusehen und vom Verwalter Auskunft zu verlangen. Der Verwaltungsbeirat wird von dem Vorsitzenden nach Bedarf einberufen (§ 29 IV WEG).

Verzögerte Bauausführung. Eine Verzögerung liegt vor, wenn der Bauunternehmer vereinbarte Fristen der Leistungserstellung überschreitet. Ohne extra vereinbarte Fristen gelten angemessene Fristen. Nach § 636 BGB kann der Bauherr vom Bauvertrag zurücktreten, wenn der Bauunternehmer eine angemessene Nachfrist nicht einhält. Voraussetzung ist aber, daß der Bauherr mit der Nachfristsetzung mitteilt, daß er mit Ablauf dieser Nachfrist die Erfüllung ablehnt. Wenn der Bauunternehmer die Zulässigkeit des Rücktritts bestreitet, weil er das Werk rechtzeitig erstellt habe, muß er das beweisen. Eine ähnliche Regelung bezüglich der Nachfristsetzung mit Ablehnungsandrohung sieht auch § 5 VOB/B vor.

Verzugszinsen. Bspw. Zinsen, die vom Darlehensnehmer zu zahlen sind, wenn er mit seiner Zahlung an den Darlehensgeber in Verzug geraten ist.

Vierspänner. Befinden sich in einem Mehrfamilienhaus pro Geschoß vier Wohnungen, die an einem Treppenhaus liegen, spricht man vom Vierspänner.

Vollfinanzierung. Finanzierung ohne Eigenkapital – allein auf der Grundlage von Darlehen. Einer Vollfinanzierung kann die → Beleihungsgrenze im Wege stehen. Deswegen verlangt das Kreditinstitut oft zusätzlich anderweitige → Sicherheiten.

Vollziegel. Bezeichnung für → Mauersteine, die keine Lochung aufweisen.

Vorfälligkeitsentschädigung. Zahlt der Darlehensnehmer das Darlehen vor dem vertraglich vereinbarten Laufzeitende zurück, verlangt das Kreditinstitut oft eine sog. Vorfälligkeitsenschädigung. Sie dient als Ausgleich für die entgangene Zinseinnahme (wegen der vorzeitigen Rückzahlung zahlt der Darlehensnehmer schließlich künftig keine Zinsen mehr).

Vorhangfassade. Andere Bezeichnung: vorgehängte Fassade oder curtain-wall. Eine Vorhangfassade ist eine nichttragende Außenwand, die an der tragenden Wand befestigt wird. Hinter der Vorhangfassade befinden sich i. d. R. wärmedämmende Platten und eine Luftschicht zur Be- und Entlüftung. Das vorgehängte Material kann unterschiedlichster Art sein (z. B. Glas-, Holz-, Metallplatten).

Vorkaufsrecht. Hat jemand ein Vorkaufsrecht an einem Grundstück (Vorkaufsberechtigter), dann bedeutet das folgendes: Er kann das Grundstück von dem Vorkaufsverpflichteten erwerben, wenn dieser das Grundstück an den Käufer verkauft. Man unterscheidet drei Formen des Vorkaufsrechts: → dingliches, → schuldrechtliches und → gesetzliches Vorkaufsrecht.

Vorkaufsrecht und Maklerprovision. Ist der Verkäufer provisionspflichtig, so bleibt diese Pflicht auch bei Ausübung des Vorkaufsrechts bestehen, denn ohne die Tätigkeit des Maklers wäre es nicht zu dem Verkauf des Grundstücks gekommen. Ist aber der Käufer provisionspflichtig, so wird er bei Ausübung des Vorkaufsrechts durch den Vorkaufsberechtigten von dieser Pflicht frei. Letztere Situation wird von Maklern oft dadurch verhindert, daß der Kaufvertrag eine Klausel enthält, die als Vertrag zugunsten Dritter wirkt (§ 328 BGB). Hieraus erwirbt der Makler das Recht die Provision vom Vorkaufsberechtigten zu fordern.

Vorkenntnis des Maklerkunden. Liegt Vorkenntnis vor, so ist ein Nachweis (→ Nachweismakler) nicht mehr möglich. Vorkenntnis bedeutet, daß der Maklerkunde bereits weitreichende Objektinformationen (potentieller Vertragspartner, Objektdaten) hat und daß ihm die Vertragsabschlußgelegenheit bekannt ist. Nur wenn die Informationen des Maklers beim Kunden ein vorher nicht vorhandenes Interesse am Vertragsabschluß geweckt haben, kann man von Nachweis sprechen (LG Lüneburg, RDM-Rspr. A 110–3). Durch Individualvereinbarung können sog. Vorkenntnisklauseln (BGH, NJW 71, 1133) in den Maklervertrag mit aufgenommen werden. Hierdurch wird der Maklerkunde verpflichtet, dem Makler seine Vorkenntnis mitzuteilen. Ansonsten ist er im Falle des Hauptvertragsabschlusses trotz Vorkenntnis verpflichtet, die Provision zu entrichten (also: obwohl kein Nachweis im maklerrechtlichen Sinne erfolgt ist, muß die Provision gezahlt werden).

Vorkenntnis des Mieters vom Mangel. Falls der Mieter bei Mietvertragsabschluß den Mangel kennt, verliert er folgende Rechte (§ 539 BGB): I. → *Mietminderung* (§ 537 BGB). II. *Schadensersatz wegen Nichterfüllung* (§ 538 I BGB). Der Mangel ist bei Mietvertragsabschluß vorhanden *oder* der Mangel entsteht später aufgrund eines Umstands, den der Vermieter zu vertreten hat *oder* der Vermieter kommt mit der Beseitigung eines Mangels in Verzug. II. *Auf-*

wendungsersatz(§ 538 II BGB). Der Mieter kann den Mangel selbst beseitigen, wenn der Vermieter in Verzug geraten ist; die erforderlichen Aufwendungen hat der Vermieter dem Mieter zu ersetzen. – Bleibt dem Mieter der Mangel wegen grober Fahrlässigkeit unbekannt, oder nimmt er die mangelhafte Mietsache an, obwohl er den Mangel kennt, so kann er obige Rechte trotzdem geltend machen, wenn der Vermieter die Mangelfreiheit zugesichert oder den Mangel arglistig verschwiegen hat (§ 460 BGB) oder der Mieter die Mietsache unter Vorbehalt seiner obigen Rechte annimmt (§ 464 BGB).

Vorkostenabzug. Nach § 10 i I EStG kann derjenige Steuerpflichtige, der durch das Eigenheimzulagengesetz (→ Eigenheimzulage) begünstigt wird, eine Pauschale wie Sonderausgaben abziehen. Die Vorkostenpauschale beträgt 3500,– DM im Jahr der Fertigstellung oder Anschaffung, wenn er für die Wohnung im Jahr der Herstellung oder der Anschaffung oder in einem der zwei folgenden Jahre eine Eigenheimzulage in Anspruch nimmt. Im wesentlichen sind mit der Pauschale Kosten wie → Damnum, Schätzgebühren, Darlehensvermittlergebühren, Betriebskosten, Fahrtkosten, Telefonkosten, Schuldzinsen etc. abgegolten. Neben dieser Vorkostenpauschale können Erhaltungsaufwendungen (→ Erhaltungsaufwand) bis zu 22500,– DM abgezogen werden. Voraussetzung (§ 10 i Nr. 2 EStG): Die Erhaltungsaufwendungen sind bis zum Beginn der erstmaligen Nutzung einer Wohnung zu eigenen Wohnzwecken entstanden oder bis zum Ablauf des auf das Jahr der Anschaffung folgenden Kalenderjahres, wenn der Steuerpflichtige eine von ihm bisher als Mieter genutzte Wohnung anschafft.

Vorlauf. Leitung, die vom Heizkessel bzw. Fernwärmeanschluß in Richtung Heizkörper verläuft.

Vorläufige Deckungszusage. Sie bedeutet für den Versicherungsnehmer Schutz für die Zeit zwischen dem gewünschten Versicherungsbeginn und der Zahlung der ersten Prämie. Der Versicherungsnehmer kann nämlich den Versicherungsbeginn frühzeitiger wählen als die Versicherung ihre Entscheidung über die Annahme des Versicherungsantrags getroffen hat. Sollte die Versicherung den Antrag ablehnen, hat sie trotzdem einen vor dem Zeitpunkt der Ablehnung eintretenden Schaden zu ersetzen.

Vorschaltdarlehen. Jederzeit kündbares und verlängerbares festverzinsliches Darlehen zur Überbrückung eines bestimmten Zeitraumes (max. zwei Jahre). Der Zinssatz liegt über dem regulärer Darlehen. Diese Überbrückung kann bspw. als Zwischenfinanzierung nötig sein, um bis zur Zuteilung eines Bausparvertrags zu dienen. Denkbar ist aber auch, daß man eine Phase hoher Zinsen überbrükken möchte.

Vorschuß auf die Maklerprovision. Ein Vorschuß erscheint nur durch individualvertragliche Vereinbarung möglich, weil hier eine teilweise Vorauszahlung auf die Provision erfolgen soll, obwohl der Provisionsanspruch des Maklers noch nicht besteht. Insofern kann ein Vorschuß als → erfolgsunabhängiges Honorar des Maklers angesehen werden. Im Rahmen der Wohnungsvermittlung ist ein Vorschuß auch individualvertraglich unzulässig (§ 2 IV i. V. m. § 2 V WoVermittG).

W

Wärmebrücke. Wärmebrücken zeigen sich dadurch, daß sich an einigen Bauteilen Kondenswasser bildet. Dieses Schwitzwasser entsteht an Bauteilen mit schlechterer Wärmedämmung als im Umgebungsbereich. Kondenswasser begünstigt die Schimmelpilzbildung.

Walmdach. Geneigte Dachform, bei der die Giebelseiten ebenfalls abgeschrägte Dachflächen sind (s. Bildanhang 1).

Warmdach. Im Unterschied zum → Kaltdach ist im Warmdach keine Luftschicht vorhanden, über die Feuchtigkeit abgeführt werden kann. Daher ist eine Dampfsperre von innen aus betrachtet *vor* der Wärmedämmung notwendig (s. Bildanhang 4).

Wartezeit. Zeitraum zwischen Bausparvertragsabschluß und seiner Zuteilung. Die Wartezeit beeinflußt die Bewertungszahl. → Mindestsparzeit.

Waschbeton. Waschbetonbauteile werden sehr häufig verwendet. Insbesondere als Gehwegplatten erfreuen sie sich großer Beliebtheit. Waschbeton wird durch Auswaschen der → Zuschlagstoffe im oberen Bereich des Betons hergestellt, solange der Beton noch herauswaschbar ist. Durch diesen Waschvorgang entsteht eine rauhe Oberfläche (z. B. eine Kiesoberfläche).

Wegnahmerecht des Mieters. Nach § 547a BGB ist der Mieter berechtigt, eine Einrichtung, mit der er die Mietsache versehen hat, wegzunehmen. Als Einrichtungen gelten alle beweglichen Sachen, die dazu bestimmt sind, der Wohnung und ihren Zwecken zu dienen. Darüber hinaus muß die Einrichtung mit der Wohnung oder ihren Bestandteilen verbunden sein (BGH, WPM 69, 1114). Bsp.: Kacheln, Türen, Badewannen, Armaturen. Der Vermieter von Räumen kann die Ausübung des Wegnahmerechts des Mieters durch Zahlung einer angemessenen Entschädigung abwenden, es sei denn, daß der Mieter ein berechtigtes Interesse an der Wegnahme hat. Ob Angemessenheit vorliegt, bestimmt sich nicht nur nach dem Zeitwert, sondern auch durch Gegenrechnen von ersparten Kosten. Denn § 258 BGB bestimmt, das derjenige, der sein Wegnahmerecht ausübt, die Wiederherstellung des vorigen Zustands zu übernehmen hat. Diese Kosten würden erspart. Eine Vereinbarung, durch die das Wegnahmerecht des Mieters von Wohnraum ausgeschlossen wird, ist nur wirksam, wenn ein angemessener Ausgleich vorgesehen ist (§ 547 a III BGB).

Werbungskosten. Werbungskosten sind Aufwendungen zur Erwerbung, Sicherung und Erhaltung der Einnahmen. Sie sind bei der Einkunftsart abzuziehen, bei der sie erwachsen sind (§ 9 EStG). Werbungskosten sind nur bei den Überschußeinkunftsarten (Einkünfte=Einnahmen-Werbungskosten) abzuziehen und nicht bei den Gewinneinkunftsarten (1. Gewinn=Unterschiedsbetrag zwischen Betriebsvermögen am Schluß des Wirtschaftsjahres und dem Betriebsvermögen am Schluß des vorangegangenen Wirtschaftsjahres; oder 2. Gewinn=Betriebseinnahmen-Betriebsausgaben). Bei letzteren wären sie Aufwand bzw. Betriebsausgaben. Einkünfte aus Vermietung und Verpachtung zählen zu den Überschußeinkunftsarten. Von den Einnahmen aus Vermietung und Verpachtung können als Werbungskosten insbesondere abgeogen werden: I. Schuldzinsen einschließlich Nebenkosten, → Damnum. II. → Abschreibung. III. Grundbesitzsteuern (→ Grundsteuer) und sonstige öffentliche Abgaben. IV. Versicherungsbeiträge. V. Andere laufende Aufwendungen (z. B. Heizungskosten, Müllabfuhr, Beleuchtung etc.). V. → Erhaltungsaufwand. – *Pauschalierungswahlrecht* für Werbungskosten: Nach § 9 a EStG sind für Werbungskosten bei der Ermittlung der Einkünfte folgende Pauschbeträge abziehbar: 42,– DM pro Quadratmeter Wohnfläche. Neben dem Pauschbetrag können die nach § 9 I S. 3 Nr. 1 abziehbaren Schuldzinsen, Absetzungen für Abnutzung und für Substanzverringerung, erhöhte Absetzungen und Sonderabschreibungen abgezogen werden. Der Steuerpflichtige kann für den folgenden Veranlagungszeitraum die tatsächlichen Werbungskosten abziehen. In diesem Fall ist eine erneute Anwendung des Werbungskosten-Pauschbetrags erst nach Ablauf der vier folgenden Veranlagungszeiträume zulässig. Für Zeiträume, in denen das

Gebäude nicht Wohnzwecken oder der Erzielung von Einkünften aus Vermietung und Verpachtung dient, ist der Pauschbetrag nicht abzuziehen. Sind mehrere Steuerpflichtige Eigentümer des Gebäudes und sind sie an den Einkünften aus Vermietung und Verpachtung beteiligt, können sie das Wahlrecht nur einheitlich ausüben. Die vorstehenden Sätze sind auf Gebäudeteile, die selbständige unbewegliche Wirtschaftsgüter sind, sowie auf Eigentumswohnungen entsprechend anzuwenden.

Wertermittlungsrichtlinien (WertR). Verwaltungsanweisungen, die die Regelungen der → Wertermittlungsverordnung ergänzen. Darüber hinaus werden spezielle Probleme der Wertermittlung durch Beispiele näher erklärt.

Wertermittlungsverordnung (WertV). Die WertV ist für den → Gutachterausschuß bindend. Unter bestimmten Voraussetzungen darf von dort beschiebenen Verfahren der → Immobilienbewertung abgewichen werden. Zwar ist die WertV im übrigen für andere Sachverständige nicht verbindlich, wird von diesen aber als Orientierung beachtet, zumal auch die Rechtsprechung die WertV als Grundsatz anerkennt. → Wertermittlungsrichtlinien.

Widerrufsrecht beim Versicherungsvertrag. Mit Ausnahme der Lebensversicherung hat der Versicherungsnehmer ein 14tägiges Widerrufsrecht (§ 8 IV VVG), wenn das Versicherungsverhältnis für eine längere Laufzeit als ein Jahr vereinbart wurde. Die Frist beginnt mit Unterzeichnung des Vertrags, aber erst, wenn der Versicherungsnehmer vom Versicherer über sein Widerrufsrecht belehrt worden ist und der Versicherungsnehmer dies durch Unterschrift bestätigt. Der Widerruf hat schriftlich zu erfolgen. Ohne Belehrung erlischt das Widerrufsrecht erst einen Monat nach Zahlung der ersten Prämie. Das Widerrufsrecht ist bpw. ausgeschlossen, wenn eine → vorläufige Deckungszusage vereinbart wurde. Das Widerrufsrecht gilt nicht, wenn der Versicherungsnehmer ein → Widerspruchsrecht erhält.

Widerspruchsrecht beim Versicherungsvertrag. Wenn der Versicherer dem Versicherungsnehmer bei Antragstellung die Versicherungsbedingungen oder Verbraucherinformationen nicht übergibt, hat der Versicherungsnehmer innerhalb von 14 Tagen nach Überlassung der Unterlagen (Versicherungsschein und Unterlagen) ein schriftliches Widerspruchsrecht (§ 5 a VVG). Verstreicht diese Zeit ohne Widerspruch, so gilt der Vertrag als geschlossen. Wird der Versicherungsnehmer dabei nicht über sein Widerspruchsrecht informiert, erlischt das Recht erst ein Jahr nach Zahlung des ersten Beitrags. Kein Widerspruchsrecht besteht, wenn die → vorläufige Dekkungszusage vereinbart wird.

Winterbau. Unter Winterbau versteht man die Bauarbeiten während der Winterzeit. Winterbau verursacht Mehrkosten, die über die anrechenbaren Kosten (§ 10 HOAI) auch das Honorar des Architekten erhöhen. Der Bauunternehmer hat auf Verlangen des Bauherrn die von ihm bereits erbrachten Bauleistungen und die für die Ausführung der Bauleistungen übergebenen Gegenstände bis zur Abnahme vor Winterschäden zu schützen (§ 4 Nr. 5 VOB/B).

Wirksamer Hauptvertrag. Ein wirksamer → Hauptvertrag ist eine wichtige → Provisionsvoraussetzung. Wird der Hauptvertrag wegen Irrtums (§ 119 BGB) oder wegen arglistiger Täuschung oder Drohung (§ 123 BGB) angefochten, so wird der Hauptvertrag von Anfang an nichtig (LG Bamberg, WM 72, 119) und der Makler verliert rückwirkend seinen Provisionsanspruch. Zum gleichen Ergebnis führt die Nichtigkeit des Hauptvertrags z. B. wegen sittenwidrigen Vertragsinhalts (§ 138 BGB). Wird der Hauptvertrag unter einer → aufschiebenden Bedingung geschlossen, kann der Makler seine Provision erst mit Eintritt dieser Bedingung verlangen (§ 652 I S. 2 BGB).

Wirtschaftliche Wertminderung. Sie ist beim → Sachwertverfahren von Bedeutung und gilt als sonstiger wertbeeinflussender Umstand im Sinne des § 25 WertV. Hierunter versteht man die zeitbedingte oder zweckbdingte Baugestaltung (gerade im Gewerbebau und bei öffentlichen Bauten), überdimensionierte Raumgrößen und -höhen, unorganischer Aufbau und Grundriß des Gebäudes, unorganische Anordnung der Gebäude auf dem Grundstück etc. (3.6.5.1 WertR). Die Wertminderung ist durch prozentuale Abschläge zu berücksichtigen.

Wirtschaftsplan der Wohnungseigentümergemeinschaft. Der Verwalter hat jeweils für ein Kalenderjahr einen Wirtschaftsplan aufzustellen (§ 28 I WEG). Der Wirtschaftsplan wird oft im voraus für das folgende Kalenderjahr beschlossen. Grund: Bei Beschlußfassung während des betreffenden Kalenderjahres würde für die bereits verstrichene Zeit dieses Jahres eine Wohngeldlücke entstehen. Alternativ kann (anfechtbar) beschlossen werden, das der alte Wirtschaftsplan mit seinen Zahlungsverpflichtungen bis zur Beschlußfassung über den neuen Plan fortgilt. Der Wirtschaftsplan enthält: 1. *Voraussichtlichen Einnahmen bei der Verwaltung des gemeinschaftlichen Eigentums.* Im wesentlichen sind das: → Wohngeld der Wohnungseigentümer, Vermietungseinnahmen aus dem Gemeinschaftseigentum (z. B. Vermietung einer Werbefläche oder Garage), Zinseinnahmen. 2. *Voraussichtliche Ausgaben bei der Verwaltung des gemeinschaftlichen Eigentums.* Dabei fließt auch das Ergebnis der letzten Jahresabrechung mit ein. Zudem muß die Kostenentwicklung vom Verwalter geschätzt werden. Daher wird er im Vorwege meist angemessene Kostenerhöhungen berücksichtigen. Z. B. Grundsteuer, Müllgebühren, Heizkosten. 3. *Anteilmäßige Verpflichtung der Wohnungseigentümer zur Lasten- und Kostentragung.* Jede Ausgabenposition des (Gesamt-)Wirtschaftsplans wird mit dem entsprechenden Kostenverteilungsschlüssel verbunden. So erhält man die anteilige Belastung (Wohngeld; andere Bezeichnung : Hausgeld) jedes Sondereigentums (Einzelwirtschaftsplan). 4. *Beitragsleistung der Wohnungseigentümer zur Instandhaltungsrückstellung.* – Die Wohnungseigentümer sind verpflichtet, nach Abruf durch den Verwalter dem beschlossenen Wirtschaftsplan entsprechende Vorschüsse zu leisten (§ 28 II WEG). Über diese Vorschüsse muß der Verwalter nach Ablauf des Kalenderjahrs eine Abrechnung aufzustellen (Jahresabrechnung; § 28 III WEG). Die Wohnungseigentümer können durch Mehrheitsbeschluß jederzeit von dem Verwalter Rechnungslegung verlangen (§ 28 IV WEG). Über den Wirtschaftsplan, die Abrechnung und die Rechnungslegung des Verwalters beschließen die Wohnungseigentümer durch Stimmenmehrheit (§ 28 V WEG).

Wohnungsbauprämie. Regelungen im Wohnungsbau-Prämiengesetz (WoPG). Unbeschränkt einkommensteuerpflichtige Personen haben die Möglichkeit die Wohnungsbauprämie zu bekommen (zusätzlich zur → Arbeitnehmersparzulage). Begünstigt sind insbesondere Bauspareinlagen. Die Prämie beträgt 10% der im Sparjahr (*Kalender*jahr) geleisteten Aufwendung (§ 3 WoPG). Der geförderte Höchstbetrag beläuft sich für Alleinstehende auf 1000,– DM und für (zusammenveranlagte) Ehegatten auf 2000,– DM. Somit beträgt die Prämie max. 100,– DM bzw. 200,– DM pro Kalenderjahr. Folgende Einkommensgrenzen (zu versteuerndes Einkommen) dürfen nicht überschritten werden (§ 2 a WoPG): Alleinstehende 50 000,– DM pro Sparjahr; zusammenveranlagte Ehegatten 100 000,– DM.

Wohnungseigentümerbeschluß. Soweit die Verwaltung des gemeinschaftlichen Eigentums nicht durch → Vereinbarung der Wohnungseigentümer geregelt ist, können die Wohnungseigentümer eine der Beschaffenheit des gemeinschaftlichen Eigentums entsprechende ordnungsmäßige Verwaltung durch *Stimmenmehrheit* (→ Stimmrecht beim Wohnungseigentum) beschließen (§ 21 III WEG). Die Versammlung ist nur *beschlußfähig*, wenn die erschienenen stimmberechtigten Wohnungseigentümer mehr als die Hälfte der Miteigentumsanteile, berechnet nach der im Grundbuch eingetragenen Größe dieser Anteile, vertreten (§ 25 III WEG). Ist eine Versammlung in diesem Sinne nicht beschlußfähig, so beruft der Verwalter eine neue Versammlung mit dem gleichen Gegenstand ein. Diese Versammlung ist ohne Rücksicht auf die Höhe der vertretenen Anteile beschlußfähig; hierauf ist bei der Einberufung hinzuweisen (§ 25 IV WEG). Ein Beschluß ist nur ungültig, wenn er gemäß § 43 I Nr. 4 WEG durch das zuständige Amtsgericht für ungültig erklärt ist (§ 23 IV S. 1 WEG). Der Antrag auf eine solche Entscheidung (*Beschlußanfechtung*) kann nur binnen eines Monats seit der Beschlußfassung gestellt werden, es sei denn, daß der Beschluß gegen eine Rechtsvorschrift verstößt, auf deren Einhaltung rechtswirksam nicht verzichtet werden kann (§ 23 IV S. 2 WEG); dann ist der Beschluß ohnehin nichtig und bedarf keiner Anfechtung. *Stimmenthaltungen* werden nicht als Nein-Stimmen gewertet (BGH, ZMR 89, 266). D. h. man setzt nicht die Ja-Stimmen ins Verhältnis zu den restlichen Stimmen (die die Nein-Stimmen und Stimmenthaltungen enthalten), sondern nur ins Verhältnis zu den Nein-Stimmen. Beschlüsse müssen nicht ins Grundbuch eingetragen werden, damit sie auch gegen den Sondernachfolger (z. B. Käufer) eines Wohnungseigentümers wirken (§ 10 III WEG). Maßnahmen, die aufgrund eines Beschlusses getroffen werden, wirken auch für und gegen den Wohnungseigentümer, der gegen den Beschluß gestimmt oder an der Beschlußfassung nicht mitgewirkt hat (§ 10 IV WEG). Zum Unterschied zwischen einem (einstimmigen) Beschluß und einer Vereinbarung siehe → Vereinbarung der Wohnungseigentümer.

Wohnungseigentum. Wohnungseigentum ist das Sondereigentum an einer Wohnung in Verbindung mit dem Miteigentumsanteil an dem gemeinschaftlichen Eigentum, zu dem es gehört (§ 1 II WEG). Wohnungseigentum wird durch → Teilungserklärung begründet.

Wohnungseigentumsgrundbuch. Für → Wohnungs- bzw. → Teileigentum wird für jeden Miteigentumsanteil von Amts wegen ein besonderes → Grundbuchblatt (Wohnungsgrundbuch oder Teileigentumsgrundbuch) angelegt (§ 7 WEG). Auf dem Grundbuchblatt ist der als Bruchteil formulierte Miteigentumsanteil und das Sondereigentum an bestimmten Räumen eingetragen. Zusätzlich wird die Beschränkung des Miteigentums durch die Einräumung der zu den anderen Miteigentumsanteilen gehörenden Sondereigentumsrechte verzeichnet.

Wohnungsvermittlungsgesetz (WoVermittG). Besondere Vorschrift für Wohnungsvermittler. Die Vorschrift versteht unter Wohnungsvermittler nicht nur gewerbsmäßig tätige Immobilienmakler, sondern auch diejenigen, die diese Tätigkeit nicht gewerbsmäßig ausüben. Betroffen sind Mietverträge über Wohnraum und Geschäftsräume, soweit sie in räumlichem oder wirtschaftlichem Zusammenhang mit den Wohnräumen zusammen vermietet werden. Das WoVermittG bezieht sich nicht auf Wohnräume im Fremdenverkehr. Das Gesetz enthält u. a. auch die Regelung über → Abstandszahlungen im weiteren Sinne, → Aufwendungsersatz für Makler, → Provisionshöhe, → Mietpreisnennung in Anzeigen, → Verflechtung des Maklers mit der Vertragsgegenseite.

Z

Zeitmietvertrag. Man unterscheidet zwei Arten des Zeitmietvertrags (§ 564 c BGB). I. *Einfacher Zeitmietvertrag* (§ 564 c I BGB). Ist ein Mietverhältnis über Wohnraum auf bestimmte Zeit eingegangen, so kann der Mieter spätestens zwei Monate vor der Beendigung des Mietverhältnisses durch schriftliche Erklärung gegenüber dem Vermieter die Fortsetzung des Mietverhältnisses auf *unbestimmte* Zeit verlangen, wenn nicht der Vermieter ein berechtigtes Interesse an der Beendigung des Mietverhältnisses hat. Was als berechtigtes Interesse (→ Fristgemäße Kündigung) gilt, ergibt sich aus § 564 b BGB. Der Mieter genießt beim einfachen Zeitmietvertrag also den Kündigungsschutz. II. *Qualifizierter Zeitmietvertrag* (§ 564 c II BGB). Der Mieter kann keine Fortsetzung des Mietverhältnisses wie beim einfachen Zeitmietvertrag oder nach § 556 b (Sozialklausel) verlangen, wenn folgende Bedingungen erfüllt sind: 1. Das Mietverhältnis ist für *nicht mehr als fünf Jahre* eingegangen worden; 2. der Vermieter will nach Ablauf der Mietzeit a) die Räume als Wohnung für sich, die zu seinem Hausstand gehörenden Personen oder seine Familienangehörigen nutzen oder b) in zulässiger Weise die Räume beseitigen oder so wesentlich verändern oder instandsetzen, daß die Maßnahmen durch eine Fortsetzung des Mietverhältnisses erheblich erschwert würden oder c) Räume, die mit Rücksicht auf das Bestehen eines Dienstverhältnisses vermietet worden sind, an einen anderen zur Dienstleistung Verpflichteten vermieten; 3. der Vermieter hat dem Mieter diese Absicht bei Vertragsschluß schriftlich mitgeteilt. – Verzögert sich die vom Vermieter beabsichtigte Verwendung der Räume ohne sein Verschulden oder teilt der Vermieter dem Mieter nicht drei Monate vor Ablauf der Mietzeit schriftlich mit, daß seine Verwendungsabsicht noch besteht, so kann der Mieter eine Verlängerung des Mietverhältnisses um einen entsprechenden Zeitraum verlangen. Die Verlängerung ist also nur so lang wie die genannte Verzögerung oder das Versäumnis der Drei-Monats-Frist. Eine Verlängerung auf *unbestimmte* Zeit wie beim einfachen Mietvertrag kommt folglich *nicht* zustande.

Zeltdach. Das Zeltdach besteht aus vier gleich großen geneigten Dachflächen, die in der Spitze zusammenlaufen (s. Bildanhang 1).

Zementestrich. Oft verwendeter → Estrich, bestehend aus Zement, Sand und Wasser; hohe Druckfestigkeit.

Zubehör. Zubehör (§§ 97, 98 BGB) sind bewegliche Sachen, die, ohne Bestandteil der Hauptsache (hier: Immobilie) zu sein, dem wirtschaftlichen Zweck der Hauptsache zu dienen bestimmt sind und zu ihr in einem dieser Bestimmung entsprechenden räumlichen Verhältnis stehen. Was als Zubehör gilt, ist der Verkehrsanschauung zu entnehmen. Im Zweifel ist anzunehmen, daß sich die Grundstücksveräußerung auch auf das Zubehör erstrecken soll (§ 926 I BGB). Wie das Grundstück selbst, haftet auch das Zubehör für die Grundpfandrechte. Bsp. für Zubehör: Maschinen eines Fabrikgrundstücks (BGH, NJW 79, 2514); Möbel, die nicht Einbaumöbel sind (OLG Düsseldorf, DNotZ 87, 108). Siehe auch → Bekanntgabe des Zwangsversteigerungstermins.

Zubringergeschäft. Als synonyme Begriffe für Zubringergeschäft werden auch Zubringerverhältnis oder Zubringerdienst verwendet. Meist handelt es sich bei einem Zubringer um einen „Gelegenheitsvermittler“, der einem Makler gelegentlich Vertragsmöglichkeiten mitteilt. Der Hauptmakler ist nicht verpflichtet, aufgrund eines Hinweises des Zubringers tatsächlich tätig zu werden (BGH, BB 68, 729). Es fehlt an einer Vereinbarung über die Zusammenarbeit. Diese gelegentliche Tätigkeit zeigt, daß es sich hierbei in der Regel nicht um eine gewerbsmäßige Tätigkeit handelt. Üblicherweise hat der Zubringer einen Anspruch auf einen nur geringen Teil der Maklerprovision, zum Beispiel 10% (BGH 22. 05. 1963 – VIII ZR 254/61 – BB 63, 835; LG Hamburg 05. 11. 1991 – 321 O 132/90 – RDM-Rspr. A 178–10). Bei Vereinbarung eines anderen Provisionsanteils, hat der Zubringer natürlich auf diesen einen Anspruch (BGH, NJW 74, 1081). Hinsichtlich der „Anheuerung“ von Zubringern ist jedoch Vorsicht geboten. So hat der Bundesgerichtshof festgestellt, daß eine Provisionsvereinbarung eines Kreditsachbearbeiters einer Bank mit einem Makler für die Benennung von Grundstückskaufinteressenten sittenwidrig ist, wenn der Angestellte sein Wissen dienstlich erworben hat (BGH, RDM.-Rspr. C 304–3).

Zurückbehaltungsrecht des Mieters. Der Mieter hat hinsichtlich seiner Miete ein Zurückbehaltungsrecht (§§ 273 I, 320 I S. 1 BGB). Der Mieter muß aber später die zurückbehaltene Miete an den Vermieter wieder auszahlen, wenn der Grund der Zurückbehaltung beseitigt ist. Das Zurückbehaltungsrecht dient bspw. dazu, den Vermieter zur Mangelbeseitigung zu bewegen. Das Zurückbehaltungsrecht kann nicht neben dem Mietminderungsrecht des § 537 BGB angewendet werden (LG Mannheim, MDR 76, 316). Der zurückbehaltene Betrag darf rund das Drei- bis Fünffache des möglichen Minderungsbetrags oder des zur Mangelbeseitigung erforderlichen Betrags ausmachen (AG München, WM 87, 216; BGH, NJW 82, 2494). Während der Mieter seinen Mietminderungsanspruch verliert, wenn er bei Mietvertragsabschluß den Mangel kennt (§ 539 BGB), verliert er aber nicht sein Zurückbehaltungsrecht wegen der Vorkenntnis (LG Hamburg, WM 89, 566). Er verliert es aber, wenn er sich selber vertragsuntreu verhält (BGH, NJW, 89, 3224), also z. B. seiner Mängelanzeigepflicht gegenüber dem Vermieter nicht nachkommt (§ 545 II BGB). Das Zurückbehaltungsrecht hinsichtlich bestehender Ansprüche des Mieters aus § 538 BGB wird in § 552 a BGB näher geregelt. Danach muß der Mieter dem Vermieter seine Absicht zur Zurückbehaltung mindestens einen Monat vor Fälligkeit des Mietzinses schriftlich anzeigen. Die Ansprüche aus § 538 BGB sind: 1. *Schadensersatz wegen Nichterfüllung.* Der Mangel ist bei Mietvertragsabschluß vorhanden *oder* der Mangel entsteht später aufgrund eines Umstands, den der Vermieter zu vertreten hat *oder* der Vermieter kommt mit der Beseitigung eines Mangels in Verzug. 2. *Aufwendungsersatz.* Der Mieter kann den Mangel selbst beseitigen, wenn der Vermieter in Verzug geraten ist; die erforderlichen Aufwendungen hat der Vermieter dem Mieter zu ersetzen. – Das Zurückbehaltungsrecht aus § 552 a BGB wird durch o. g. Vorkenntnis des Mieters beseitigt, weil auch die Ansprüche aus § 538 BGB durch die Vorkenntnis beseitigt werden.

Zuschlagstoffe. Stoffe verschiedener Korngrößen (z. B. Sand), die neben dem Bindemittel (z. B. Zement, Kalk) und Wasser zur Beton-, Estrich- und Mörtelherstellung benötigt werden.

Zuschlag im Zwangsversteigerungsverfahren. Den Zuschlag bekommt prinzipiell der Meistbietende (→ Meistgebot). Mit dem Zuschlag geht die Gefahr des zufälligen Untergangs hinsichtlich des Grundstücks auf den Ersteher über (bezüglich der übrigen Gegenstände: Gefahrübergang mit dem Schluß der Versteigerung). Mit dem Zuschlag gehen ebenfalls die Nutzungen und Lasten auf den Ersteher über (§ 56 ZVG). Der Zuschlagsbeschluß ist ein Vollstreckungstitel, der der Zwangsvollstreckung auf Räumung und Herausgabe dient (§ 93 ZVG). Der Zuschlagsbeschluß als Vollstreckungstitel kann aber auch gegen den Ersteher wirken. Zahlt er sein Meistgebot nicht, kann in sein Privatvermögen vollstreckt werden (§§ 132, 133 ZVG).

Zuteilungsperiode. Zeitraum, für den hinsichtlich der → Zuteilungsreihenfolge der Bausparverträge ein bestimmter → Bewertungsstichtag mit einer → Bewertungszahl gilt.

Zuteilungsreihenfolge der Bausparverträge. Sie gibt die an den → Bewertungszahlen orientierte Reihenfolge an, in der die Bausparverträge während einer → Zuteilungsperiode zugeteilt werden können.

Zuteilungsvoraussetzungen der Bausparsumme. Damit die Bausparsumme und somit das darin enthaltene Bauspardarlehen ausgezahlt werden kann, müssen im wesentlichen folgende Bedingungen erfüllt sein, deren Ausgestaltung nicht zuletzt davon abhängen, ob es sich um eine öffentliche oder private Bausparkasse handelt: 1. → Mindestsparzeit wurde eingehalten. 2. → Mindestsparguthaben wurde erreicht. 3. Mindestbewertungszahl wurde erreicht (→ Bewertungszahl). 4. Zuteilungsmasse reicht aus, die Bausparsumme auszuzahlen.

Zuträgerwerbung. Im Maklergeschäft kann die Laienwerbung als unzulässig angesehen werden. Im wesentlichen versprechen Makler beliebigen Dritten eine Prämie für den Fall, daß diese dem Makler einen Hinweis auf ein zu vermaklendes Objekt geben und es schließlich auch zum Abschluß eines Maklervertrags oder → Hauptvertrags kommt. Der BGH hat hierin einen Verstoß gegen § 1 UWG (Schadensersatz und Unterlassungsanspruch wegen Verstoßes gegen die guten Sitten) gesehen (BGH, GRUR 81, 655). Sogar eine Prämie von 120,– DM wurde als unzulässig eingestuft (OLG Stuttgart, GRUR 90, 205).

Zwangssicherungshypothek. Eine Form der → Zwangsvollstreckung. Die Sicherungshypothek wird auf Antrag des Gläubigers ins Grundbuch eingetragen (§ 867 I ZVG). Er benötigt für die Eintragung einen Vollstreckungstitel. Diese Sicherungshypothek darf nur für einen Betrag von mehr als 500,– DM eingetragen werden (§ 866 III ZVG). Um sich aus der Zwangshypothek zu befriedigen (sprich: Zwangsversteigerung zu erwirken; → Zwangsvollstreckung) benötigt der Gläubiger noch einen Duldungstitel (Verurteilung des Schuldners, aus der Zwangssicherungshypothek die Zwangsversteigerung zu dulden).

Zwangsversteigerung und Maklerprovision. Die Maklerprovision ist nur aufgrund des nachgewiesenen bzw. vermittelten Vertrags zu fordern (§ 652 BGB). Im Falle der Zwangsversteigerung liegt aber kein Kaufvertrag vor. Hierbei handelt es sich um einen Erwerb aufgrund staatlichen Hoheitsaktes. Nachweis und Vermittlung sind nach Ansicht des BGH nicht möglich (BGH, NJW 90, 2744).

Zwangsverwaltung. Eine Form der → Zwangsvollstreckung. Die Zwangsverwaltung wird auf Antrag vom zuständigen Vollstreckungsgericht angeordnet (§ 146 i. V. m. § 15 ZVG). Der Anordnungsbeschluß gilt als → Beschlagnahme. Für das beschlagnahmte Grundstück (§ 148 ZVG) wird vom Gericht ein Zwangsverwalter bestellt (§ 150 ZVG). Seine Aufgabe ist es, alle Handlungen vorzunehmen, die erforderlich sind, um das Grundstück in seinem wirtschaftlichen Bestand zu erhalten und ordnungsmäßig zu benutzen; er hat die Ansprüche, auf welche sich die Beschlagnahme erstreckt, geltend zu machen, und die für die Verwaltung entbehrlichen Nutzungen in Geld umzusetzen (§ 152 ZVG). Das Gericht ordnet die planmäßige Zahlung der Beträge an die Berechtigten nach der Feststellung des Teilungsplans an (§ 157 I ZVG). Oft wird die Zwangsverwaltung mit der Zwangsversteigerung kombiniert. Der Grund kann sein, daß man den Wert des Objekts erhalten möchte, damit die spätere Zwangsversteigerung zu einem besseren Ergebnis führt.

Zwangsvollstreckung. Drei Formen der Zwangsvollstreckung (§ 866 ZPO) gibt es: 1. Zwangsversteigerung (→ Ablauf des Zwangsversteigerungsverfahrens, → Erlösverteilung im Zwangsversteigerungsverfahren, → Rang, → Verkehrswert im Zwangsversteigerungsverfahren); 2. → Zwangsverwaltung; 3. → Zwangssicherungshypothek (§ 867 ZPO).

Zweckentfremdung. Regelung in Art. 6 MietRVerbG. Die Landesregierungen sind ermächtigt, für Gemeinden, in denen die Versorgung der Bevölkerung mit Wohnraum zu angemessenen Bedingungen besonders gefährdet ist, durch Rechtsverordnung zu bestimmen, daß Wohnraum nur mit Genehmigung der von der Landesregierung bestimmten Stelle zugeführt werden darf. Schutzwürdiger, vom Zweckentfremdungsverbot betroffener Wohnraum ist Wohnraum, der vom Markt angenommen wird (BVerwG, GE 87, 633). Sowohl Mieter als auch Eigentümer können als Zweckentfremder gelten. Krasse Zweckentfremdung ist der Abbruch eines Wohnhauses, die Vermietung einer Wohnung als Laden, bewußte Verwahrlosung von Wohnraum, unbegründetes Leerstehenlassen von Wohnraum. Anspruch auf Zweckentfremdung kann bestehen, wenn der Zweckentfremder innerhalb der Gemeinde, in zeitlichem Zusammenhang Ersatzwohnraum in gleicher Größe und ähnlichem marktüblichen Standard schafft. Zweckentfremdung wird als Ordnungswidrigkeit mit einer Geldbuße geahndet.

Zweispänner. Befinden sich in einem Mehrfamilienhaus pro Geschoß zwei Wohnungen, die an einem Treppenhaus liegen, spricht man vom Zweispänner.

Zweite Berechnungsverordnung (II. BV). Vorschrift über Wirtschaftlichkeitsberechnung, Lastenberechnung und Wohnflächenberechnung, die im öffentlich geförderten Wohnungbau angewendet wird. Sie ist aber auch im freifinanzierten Wohnungs- und Gewerbebau im Einsatz. Dies gilt insbesondere für die Betriebskosten und die Wohnflächenberechnung.

Zweitwohnungsteuer. Von vielen Gemeinden wird aufgrund einer jeweiligen Gemeindesatzung eine Steuer auf Zweitwohnungen erhoben. Die Zweitwohnung dient neben der Hauptwohnung persönlichen Zwecken des Eigentümers bzw. seiner Familienangehörigen. Die Steuer richtet sich nach den Mietwerten (Jahresrohmieten). Sie wird entweder nach Mietwertgruppen ermittelt oder nach Prozentsätzen des Mietwerts (z. B. 10% der Jahresrohmiete).

Bildanhang

1. Dachformen
2. Dachgauben
3. Dachkonstruktionen (Sparren- und Pfettendach)
4. Dachisolierungen (Kaltdach, Warmdach)
5. Dachziegel
6. Mauerverbände (Kreuz-, Läufer-, Binderverband)
7. Fensterformen

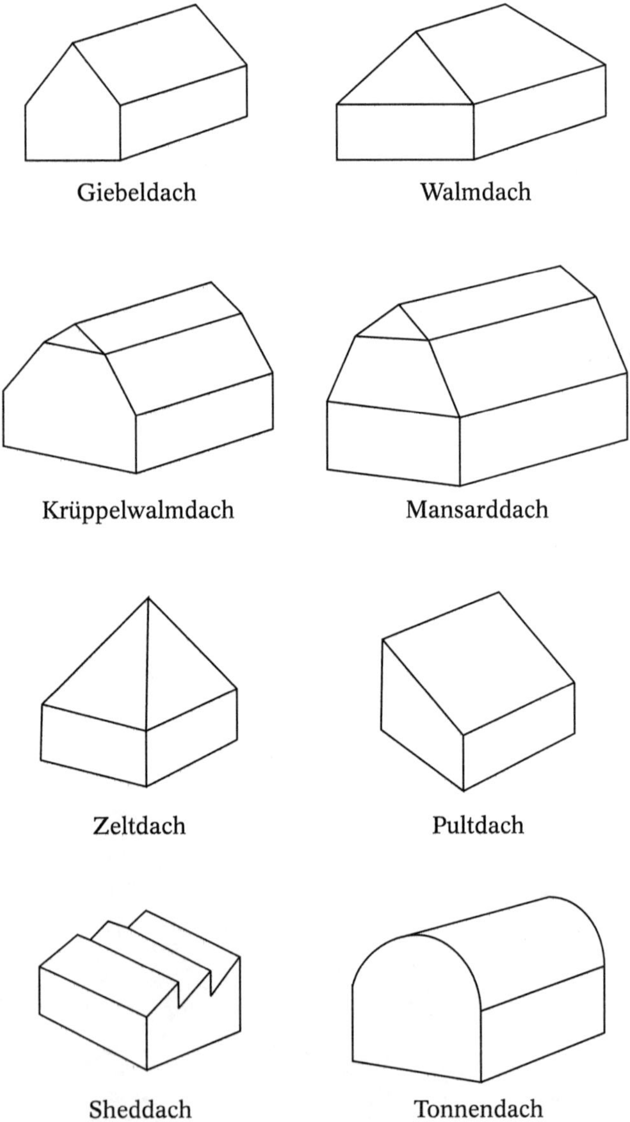

1. Dachformen

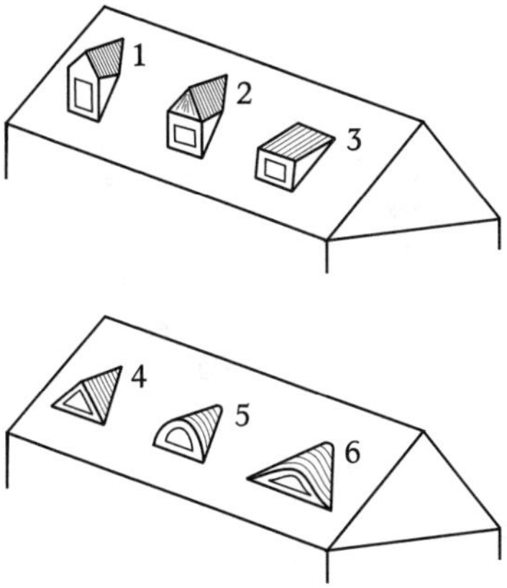

1 Giebelgaube
2 Walmgaube
3 Schleppgaube
4 Spitzgaube
5 Rundgaube
6 Fledermausgaube

2. Dachgauben

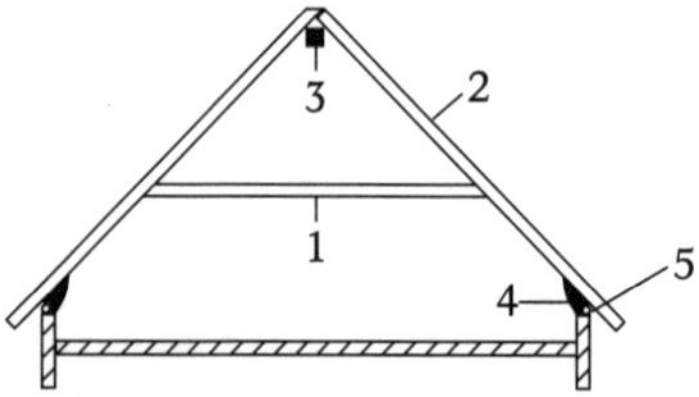

Kehlbalkendach
(Form des Sparrendachs)

1 Kehlbalken
2 Sparren
3 Firsträhm
4 Knagge
5 Fußschwelle/-pfette

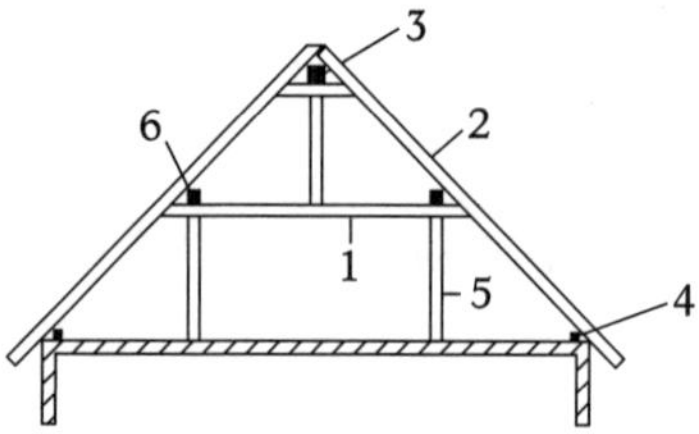

Pfettendach

1 Zarge
2 Sparren
3 Firsträhm
4 Fußschwelle/-pfette
5 Pfosten
6 Kopfband

3. Dachkonstruktionen (Sparren- und Pfettendach)

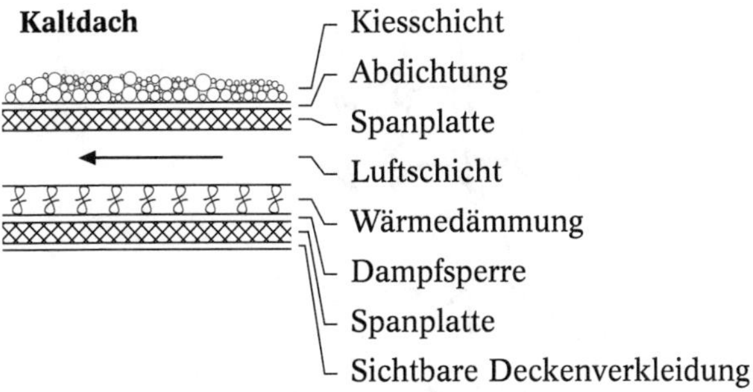

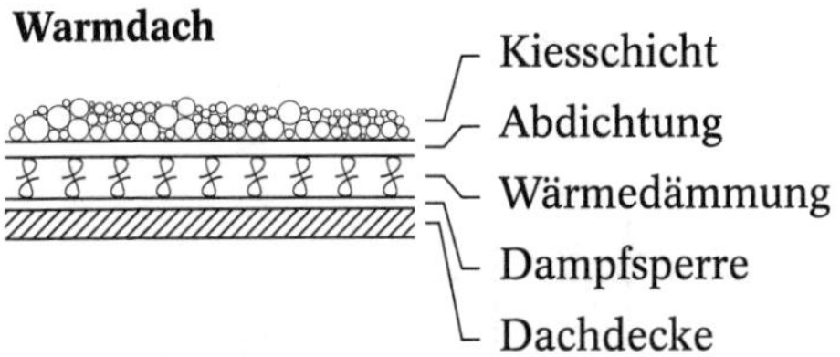

4. Dachisolierungen (Kaltdach, Warmdach)

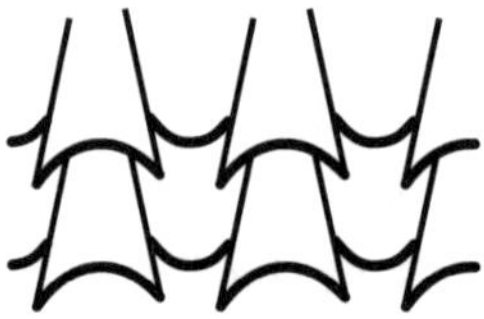

Mönch und Nonne
(Hohlziegel)

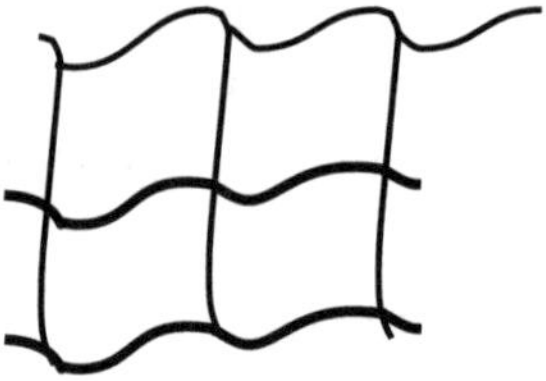

Hohlpfanne
(Hohlziegel)

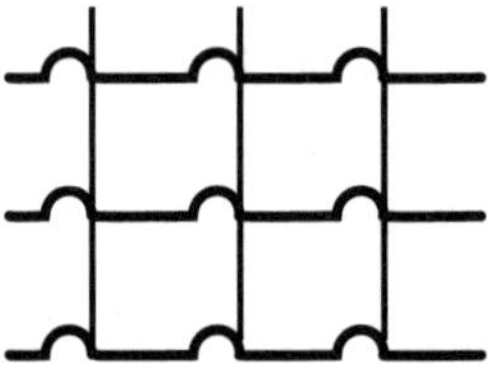

Flachdachpfanne
(Falzziegel)

Biberschwanz
(Flachziegel)

5. Dachziegel

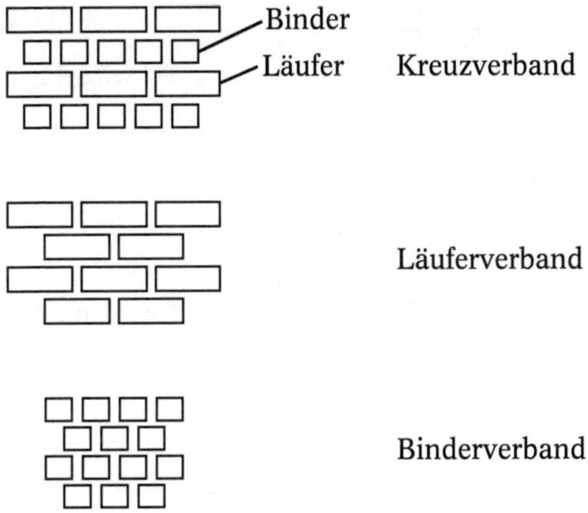

6. Mauerverbände (Kreuz-, Läufer-, Binderverband)

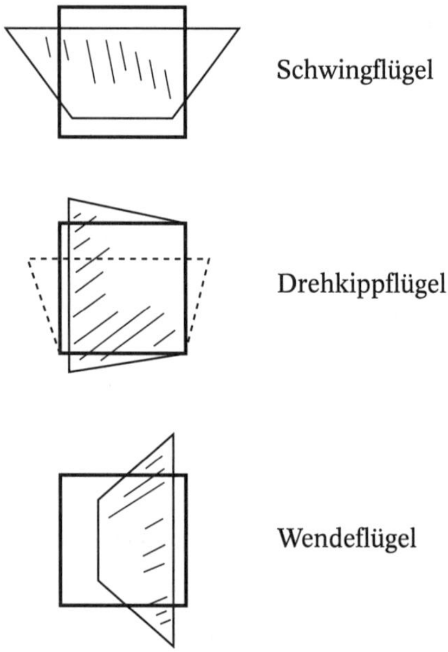

7. Fensterformen

Buchanzeigen

Schreyer/Cämmerer
Einkommen-Steuersparer 1998
Zur Einkommensteuer-Erklärung 1997.
(dtv-Band 5261, Beck-Rechtsberater)

Wilde · Die Eigenheimförderung
Eigenheimzulage, Zusatzförderungen, Zulagenverfahren
(dtv-Band 5663, Beck-Rechtsberater)

Sauer/Luger
Vereine und Steuern
Die Besteuerung des Vereins, Steuervorteile für Spender und Sponsoren, Aufwendungen der Mitglieder und ehrenamtlich Tätigen, Sonderregelungen für gemeinnützige Vereine.
(dtv-Band 5264, Beck-Rechtsberater)

Fromm/Vogt
Neues Erbschaftsteuerrecht: Richtig schenken und Vererben
Steuertips und Gestaltungshinweise. Schenkung und Erbfall im Bürgerlichen Recht, Schenkungsteuer, Erbschaftsteuer und ihre Auswirkungen bei der Einkommensteuer.
(dtv-Band 5614, Beck-Rechtsberater)

Schäfer
Steuertips für Studierende
mit Hinweisen zur Sozialversicherung. Ein umfassender Steuerratgeber für Auszubildende und Studierende sowie deren Eltern.
(dtv-Band 5661, Beck-Rechtsberater)

Wirtschaftsberater

Bombita/Köstler
Gewinnermittlung für Selbständige und Existenzgründer
Praktische Darstellung der Einnahme-/Überschußrechnung
(dtv-Band 50823, Beck-Wirtschaftsberater im dtv)

Loipfinger
Lexikon der steuersparenden Kapitalanlagen
Von Agio bis Zweitmarkt.
(dtv-Band 5892, Beck-Wirtschaftsberater im dtv)

Software – Steuerrecht

Schreyer/Cämmerer/Uranic/ Spriesterbach · Einkommensteuer-Berechnungs-Programm zur Einkommensteuer-Erklärung 1997
Buch mit 9 cm (3 1/2")-Diskette und Programmanleitung.
Version für MS-DOS
(dtv-Band 50561, Beck-Software)
Version für Windows
(dtv-Band 50571, Beck-Software)

Jungbeck/Zeitlhöfler
Lohnabrechnung 1998 am PC
Programm zur Lohn- und Gehaltsabrechnung 1998.
9 cm (3 1/2")-Diskette mit Programmanleitung.
Version für MS-DOS
(dtv-Band 50563, Beck Software)
Version für Windows
(dtv-Band 50583, Beck Software)

Helfrich · LEASCALC
Leasing oder Kauf – Entscheidungsfindung am PC
Version für MS-DOS: Je eine 9 cm (3 1/2")- und 13 cm (5 1/4")-Diskette mit Programmanleitung.
(dtv-Band 50554, Beck Software)
Version für Windows:
CD ROM mit Programmanleitung.
(dtv-Band 51010, Beck CD-ROM im dtv)

Heyel/Schmidt · VIERDREI Einnahmen-Überschuß-Rechnung am PC
Erfassung, Beratung, Auswertung.
Eine 9 cm (3 1/2")-Diskette mit Programmanleitung.
Version für MS-DOS
(dtv-Band 50556, Beck Software)
Version für Windows
(dtv-Band 50565, Beck Software)

Przysiecki · BauWin
Baufinanzierung am PC
Bauen, Kaufen, Finanzieren, Steuern sparen.
Zwei 9 cm (3 1/2")-Disketten mit Programmanleitung.
(dtv-Band 50557, Beck Software)

dtv Deutscher Taschenbuch Verlag

BECK-RECHTSBERATER im dtv

RECHT einfach

Hüttenbrink
Fragen zur Sozialhilfe
Voraussetzungen und Umfang meines Rechtes auf Sozialhilfe.
(dtv-Band 50605)

Wetter · Ärger im Betrieb
Rechtsfragen im Arbeitsverhältnis und bei der Kündigung.
(dtv-Band 50606)

Wetter
Der richtige Arbeitsvertrag
Die wichtigsten Rechtsfragen bei Vertragsabschluß und späteren Änderungen.
(dtv-Band 50607)

Nasemann · Richtig bewerben
Praktische Hinweise für die Stellensuche, Inhalt und Form der Bewerbung, alle Rechtsfragen zu Vorstellungsgespräch und Einstellungstest.
(dtv-Band 50608)

Frieser
Wie gestalte ich mein Testament?
Alle wichtigen Rechtsfragen für den Erblasser.
(dtv-Band 50609)

Frieser
Was tun im Erbfall?
Rechte und Pflichten des Erben.
(dtv-Band 50610)

Grziwotz
Wichtige Rechtsfragen zur Ehe
Alles was ich wissen muß zu Eheschließung, Rechten und Pflichten in der Ehe, ehelichem Güterrecht, Eheverträgen.
(dtv-Band 50611)

Grziwotz
Trennung und Scheidung
Wichtige Rechtsfragen zu Getrenntleben, Scheidungsvoraussetzungen Vermögensauseinandersetzung und Unterhalt.
(dtv-Band 50612)

Schmidt · Rentenversicherung leichtgemacht
Wichtige Fragen zur Berufs- und Erwerbsunfähigkeitsrente, Alters- und Hinterbliebenenrente.
(dtv-Band 50614)

Schmitz · Was tun bei Wohnungskündigung?
Alles was ich wissen muß zu Kündigungsschutz und Beendigung eines Mietverhältnisses.
(dtv-Band 50615)

Gallwas · Polizei und Bürger
Rechtsfragen zu polizeilichem Handeln.
(dtv-Band 50616)

Schmoeckel · Meine Rechte und Pflichten als junger Unternehmer
(dtv-Band 50617)

Nasemann · Guter Rat bei der Wohnungssuche
Praktische Hinweise und Rechtsfragen zu Wohnungsvermittlung, Abschluß und Inhalt des Mietvertrags, Wohngeld und Umzug.
(dtv-Band 50618)

Schmidt · Guter Rat zur Pflegeversicherung
Alle wichtigen Rechtsfragen zu: Versicherungspflicht, Beitragsbemessung, Pflegeleistungen.
(dtv-Band 50619)

FAMILIENRECHT UND

Textausgaben

BtR · Betreuungsrecht

Bürgerliches Gesetzbuch (Auszug), Betreuungsgesetz (Auszug – Art. 9), Einführungsgesetz zum Bürgerlichen Gesetzbuch (Auszug), Ehegesetz (Auszug), Gerichtsverfassungsgesetz (Auszug), Rechtspflegergesetz (Auszug), Gesetz über die Angelegenheiten der Freiwilligen Gerichtsbarkeit (Auszug), Betreuungsbehördengesetz (Art. 8 des Betreuungsgesetzes), Kostenordnung (Auszug), Bundesgebührenordnung für Rechtsanwälte (Auszug).

(dtv-Band 5570, Beck-Texte)

FamR · Familienrecht

mit allen im Familienrecht relevanten Gesetzen und Verordnungen. Vorschriften für die neuen Bundesländer. Im Anhang Tabellen und Leitlinien.

(dtv-Band 5577, Beck-Texte)

Rechtsberater

v. Münch · Ehe- und Familienrecht von A–Z

(dtv-Band 5042, Beck-Rechtsberater)

Heiß/Heiß · Die Höhe des Unterhalts von A–Z

Aktueller Rat für Berechtigte, Verpflichtete und Juristen.

(dtv-Band 5059, Beck-Rechtsberater)

Winkler · Erbrecht von A–Z

(dtv-Band 5061, Beck-Rechtsberater)

Friedrich
Testament und Erbrecht

(dtv-Band 5084, Beck-Rechtsberater)

v. Münch
Die Scheidung nach neuem Recht

(dtv-Band 5209, Beck-Rechtsberater)

Oberloskamp
Wie adoptiere ich ein Kind? Wie bekomme ich ein Pflegekind?

Rechtliche Erfordernisse und Folgen, Kindesvermittlung, behördliches und gerichtliches Verfahren.

(dtv-Band 5215, Beck-Rechtsberater)

Jerschke
Mein und Dein in der Ehe

Die Regelung von Vermögensfragen zwischen Eheleuten.

(dtv-Band 5217, Beck-Rechtsberater)

v. Münch
Zusammenleben ohne Trauschein

Gemeinsame Wohnung, Unterhaltsansprüche, Gemeinsame Kinder, Steuern, Erbrecht, Folgen der Trennung, Partnerverträge.

(dtv-Band 5224, Beck-Rechtsberater)

Langenfeld
Der Ehevertrag

(dtv-Band 5226, Beck-Rechtsberater)

Oberloskamp
Ich erziehe mein Kind allein

(dtv-Band 5245, Beck-Rechtsberater)

van Delden
Elterliche Sorge, Adoption und Betreuung

Das Vormundschaftsgericht und seine Verfahren.

(dtv-Band 5257, Beck-Rechtsberater)

ERBRECHT im dtv

Eckert
Wenn Kinder Schaden anrichten
Die Pflicht zur Beaufsichtigung von Minderjährigen und Behinderten in Elternhaus, Schule, Heim und Kindergarten.
(dtv-Band 5290, Beck-Rechtsberater)

Zimmermann
Betreuungsrecht
(dtv-Band 5604, Beck-Rechtsberater)

Fromm/Vogt
Richtig schenken und vererben
Steuertips und Gestaltungshinweise.
(dtv-Band 5614, Beck-Rechtsberater)

Zimmermann
Rechtsfragen bei einem Todesfall
(dtv-Band 5632, Beck-Rechtsberater)

Marburger
Kindergeld und Kindergeldzuschlag
(dtv-Band 5640, Beck-Rechtsberater)

Schwab/Töpper
Meine Rechte bei Trennung und Scheidung
ZDF-Begleitbuch.
(dtv-Band 5647, Beck-Rechtsberater)

Knauth
Behindertes Kind
Ratgeber durch das Behindertenrecht.
(dtv-Band 5649, Beck-Rechtsberater)

Frieser
Was tun im Erbfall?
Rechte und Pflichten des Erben.
(dtv-Band 50610, Beck-Rechtsberater)

Grziwotz
Wichtige Rechtsfragen zur Ehe
Alles was ich wissen muß zu Eheschließung, Rechten und Pflichten in der Ehe, ehelichem Güterrecht, Eheverträgen.
(dtv-Band 50611, Beck-Rechtsberater)

Grziwotz
Trennung und Scheidung
Wichtige Rechtsfragen zu Getrenntleben, Scheidungsvoraussetzungen, Vermögensauseinandersetzung und Unterhalt.
(dtv-Band 50612, Beck-Rechtsberater)

Viefhues/Hinkers
Heiraten – oder nicht?
Rechtsberater mit Gesetzen, Gerichtsurteilen und Musterschreiben.
Eine CD-ROM mit Programmanleitung.
(dtv-Band 51006,
Beck CD-ROM-Rechtsberater)

Wirtschaftsberater

Hauptmann
Alles über den Versorgungsausgleich
So regeln Sie Rentenansprüche und -verpflichtungen bei einer Scheidung.
(dtv-Band 5863,
Beck-Wirtschaftsberater)

dtv
Deutscher
Taschenbuch
Verlag